협상근력

협상근력

초판 1쇄 발행 | 2025년 10월 27일

지은이 | 임채훈
펴낸이 | 박영욱
펴낸곳 | 북오션

주　소 | 서울시 마포구 월드컵로 14길 62 북오션빌딩
이메일 | bookocean@naver.com
네이버블로그 | blog.naver.com/bookocean_rabbit
페이스북 | facebook.com/bookocean.book
인스타그램1 | instagram.com/bookocean777
인스타그램2 | instagram.com/supr_lady_2008
X | x.com/b00k_0cean
틱톡 | www.tiktok.com/@book_ocean17
유튜브 | 쏠쏠TV·쏠쏠라이프TV
전　화 | 편집문의: 02-325-9172　　영업문의: 02-322-6709
팩　스 | 02-3143-3964

출판신고번호 | 제 2007-000197호

ISBN 978-89-6799-902-5 (93320)

협상근력

Strength of Negotiation

임채훈 지음

북오션

머리말

2025년 3월 19일, 성균관대학교로부터 한 통의 메일을 받았습니다.

"교수님 안녕하세요, 2024학년도 경영대학 OOO입니다. 경영대학은 매 학년도 상위 10명을 강의평가 우수교원으로 선정하고 있습니다. 교수님께서는 2024학년도 경영대학 강의평가 우수교원'으로 선정되시어 안내 메일 드립니다. 지난 2024년 교수님의 공헌에 진심으로 감사드립니다.

OOO 드림"

메일을 읽고 난 뒤 벅찬 감동이 밀려왔습니다. 삼성화재에서 30년간 협상 실무자로서 수많은 현장을 누비며 살아온 시간, 협상을 주제로 박사 학위를 준비하며 밤낮없이 씨름하던 날들, 그리고 강단에서 대학생들과 협상의 본질을 함께 고민하는 현재까지. 그 모든 여정이 하나의 질문으로 수렴되었습니다.

"협상이란 과연 무엇인가?"

이 책은 그 오랜 질문의 답을 찾아가는 과정에서 시작되었습니다. 우리는 살아가면서 알게 모르게 수많은 협상 상황에 놓입니다. 아침에 가족과 함께 어떤 메뉴를 먹을지 정하는 사소한 대화부터, 직장에서 동료와의 업무 조율, 고객과의 거래 조건 협의, 심지어 친구와의 약속 시간과 장소를 정하는 일까지, 이 모든 것이 넓은 의미의 협상입니다.

협상을 '상대를 이겨야만 하는 게임'으로만 이해하는 경우가 많습니다. 저 역시 커리어 초기에는 그렇게 생각했습니다. '내가 더 많이 가져와야만 이기는 싸움'이라고 믿었습니다. 그러나 시간이 흐르고 수많은 협상 현장을 경험하면서, 그 믿음은 조금씩 변하기 시작하였습니다. 협상의 진정한 가치는 상대를 굴복시키는 데 있는 것이 아니라, 함께 문제를 해결하고 새로운 가치를 창출하는 과정에 있음을 깨닫게 되었습니다.

협상은 단순히 기술이나 전략이기 이전에, 사람과 사람 사이의 문제입니다. 상대를 적으로 여기기보다, 함께 길을 찾는 동반자로 여길 때 비로소 협상은 창의적이고 지속 가능한 결과를 만들어냅니다. 그리고 그 모든 과정의 중심에는 '신뢰'라는 단단한 축이 존재합니다. 신뢰는 닫힌 마음의 문을 여는 열쇠이며, 복잡하게 얽힌 실타래를 푸는 시작점입니다.

지난 2024년 5월, 저는 생애 처음으로 리더십에 대한 책을 집필했고, 이제는 고인이 되신 삼성의 한종희 부회장님께 그 책을 선물로 드렸습니다.

뜻밖에도 부회장님께서는 책을 받으신 후 저에게 소중한 선물과 함께 "좋은 책 많이 써주세요."라는 따뜻한 격려의 말씀을 주셨습니다. 그 말씀이 여전히 생생하게 기억에 남습니다. 이 책은 그 격려의 말씀에 보답하고 싶은 마음, 그리고 어디선가 협상에 대해 고민하는 이들에게 작게나마 도움이 되고자 하는 염원에서 탄생하게 되었습니다.

이 책은 협상이라는 주제를 실무와 학문으로 모두 경험한 저의 지난 삶의 이야기입니다. 현장에서 몸으로 체득한 생생한 사례들과 교단에서의 깊이 있는 이론이 하나로 엮여 있습니다. 전문 용어보다는 일상의 언어로, 딱딱한 이론보다는 살아 있는 경험으로 가득 채워, 누구나 협상의 본질을 쉽고 깊이 있게 이해할 수 있도록 쓰고자 했습니다. 전문 작가는 아니지만, 30년을 협상가로 살아오며 몸과 마음으로 익힌 제 삶의 흔적이 이 책 곳곳에 배어 있음을 느끼실 수 있을 것입니다.

이 책을 집필하는 과정에서 많은 분들이 떠올랐습니다. 협상으로 박사 학위를 마칠 수 있도록 아낌없이 지도하고 지원해주신 한국기술교육대학교 김주일 교수님, 대학 강단에서 협상을 가르칠 수 있도록 귀한 길을 열어주신 성균관대학교 정홍주 교수님께 진심으로 감사드립니다. 학문의 길을 함께 걸었던 서울대학교 동물자원학과, 성균관대학교 IMBA, 한국기술교육대학교 인력경영전공 동문 여러분들은 제 삶에 잊지 못할 소중한 추억을 선물했습니다. 삼성화재해상보험(주), 삼성화재애니카손해사정(주), 삼성화재서비스손해사정(주)에서 함께했던 모든 선후배님들과 동료 분들은 지나온 삶의 귀중한 기억이자 동력이 되고 있습니다.

제가 책을 쓸 수 있도록 진심 어린 도움을 주신 법무법인 YG 여남구, 김태용 대표님과 함께 근무하는 동료분들, 인코칭의 홍의숙 회장님과 김재은 대표님 및 구성원 여러분들, 그리고 유베이스 전산 헬프데스크의 동료분들에게 이 자리를 빌어 깊이 감사드립니다. 이 책은 북오션의 박영욱 대표님과 서정희 실장님의 헌신과 열정적인 지원이 없었으면 세상에 나오지 못했을 것입니다.

제 삶의 든든한 뿌리가 되어주신 가족들에게도 뜨거운 감사의 마음을 전합니다. 하늘에서도 저를 응원하고 계실 아버지, 매일 자녀들을 위해 기도하시는 어머님,

1995년 저를 아들로 따뜻하게 품어주신 장인, 장모님, 언제나 긍정의 응원을 보내
주는 동생 임은정과 임재진 가족, 그리고 지난 30년 간 저를 한결같은 사랑으로 지
켜주는 고맙고 사랑하는 아내 오지원 여사, 제 삶의 가장 큰 기쁨이자 선물인 자녀
임하은 양에게 이 책을 바칩니다.

　이 책이 협상이라는 단어가 낯선 이들에게는 따뜻한 길잡이가 되고, 협상의 길
을 걷는 분들에게는 견고한 토대가 되기를 바랍니다. 무엇보다, 사람과 사람 사이
에서 더 나은 길을 찾고자 하는 모든 이들에게 진정한 소통과 공감의 작은 울림으
로 다가가기를 소망합니다.

2025년 여름
임채훈

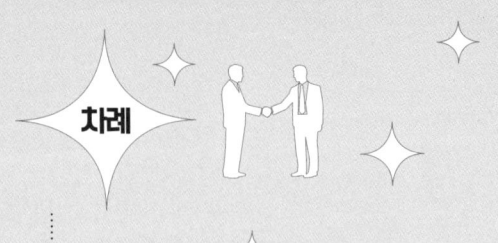

차례

제2장 ⋯ 협상 심화

제3장 ··· 협상 사례

제1장
협상 기본

진정한 협상이란, 나와 당신이 각자 따로 가진 것을 놓고
다투는 것이 아니라, 협상 당사자가 함께 직면한 문제를
인식하고, 이를 공동의 노력으로 해결해 나가는 과정이라고
볼 수 있습니다.
즉, 협상은 거래가 아니라 문제 해결입니다.

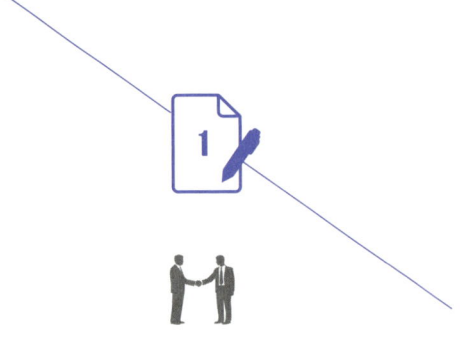

협상은 빼앗는 것이 아니라, 함께 짓는 것

"협상이란 서로 다른 이해관계를 가진 둘 이상의 당사자가 대화를 통해 공동의 만족스러운 합의에 도달하기 위한 상호작용적인 의사소통 과정이다."

위의 문장을 처음 접했을 때는 단지 협상에 대한 수많은 이론의 정의 중 하나라고 생각했습니다. 그저 머리로만 이해하고 깊이 고민할 겨를도 없이 지나쳤지요. 하지만 30년 넘게 현장에서 수만 명의 사람과 테이블에 마주 앉아 협상하고, 대학 강단에서 협상을 가르치면서 저는 위의 문장이 단순히 이론에 머무는 게 아니란 걸 깨달았습니다. 오히려 협상의 본질을 가장 정확하게 드러낸 문장이라는 걸 알게 됐습니다. 이런 깨달음은 한 가지 분명한 결론을 내리게 했습니다. "협상은 협상 이론과 전략에 앞서 사람이 먼저다."라는 사실이었습니다.

생각해보면 우리 일상 자체가 크고 작은 협상의 연속입니다. 아침에 가족과 어떤 메뉴를 먹을지 정하는 대화, 직장에서 동료와 업무를 조율하는 과정, 고객과 거래 조건을 논의하는 순간, 심지어 친구와 약속 시간을 정하는 일까지 이 모든 게 협상입니다. 우리는 이러한 과정을 특별히 '협상'이라고 부르지 않지만 사실상 크든 작든 의사소통을 통해 조율하고 합의하는 모든 순간이 '협상의 장'인 셈입니다.

많은 사람이 협상을 '무조건 이기는 게임'이라고 오해합니다. 저 또한 초기에는 협상이 '상대의 것을 더 많이 가져오는 싸움'이라 믿었습니다. '내가 이기면 상대는

진다'라는 제로섬(Zero-sum) 사고방식에 사로잡혀 있었던 겁니다.

그러나 시간이 흘러 수많은 협상을 경험하면서 생각이 바뀌었습니다. 협상의 진정한 가치는 상대를 굴복시키는 데 있는 게 아니라, 함께 문제를 정의하고 해결해 나가는 과정이라는 걸 깨달았습니다. 오히려 상대방을 내 편으로 만들었을 때 놀랍도록 창의적이고 지속 가능한 결과가 도출되는 것을 확인했습니다.

그렇다면 협상의 분위기를 전환시킨 열쇠는 무엇일까요?

그건 바로 '신뢰'였습니다.

신뢰가 없는 협상에서는 아무리 논리적이고 정교한 전략을 구사해도 상대는 마음을 열지 않습니다. 겉으로는 합의에 응하는 듯 보이지만, 실제로는 긴장이 감돌고 진정한 합의에 이르지 못하는 경우가 많습니다. 반면, 신뢰가 형성되면 상황은 달라집니다. 복잡한 말이나 치밀한 계산 없이도 의도가 통하고, 막혀 있던 대화의 실마리가 하나둘씩 풀려나갑니다. 신뢰는 협상의 가장 단단한 기반이며, 그 위에서 전략과 전술이 비로소 힘을 발휘하게 됩니다.

물론 세상에는 까다롭고 때로는 비열하기까지 한 협상 상대도 존재합니다. 그러나 대부분은 신뢰를 느끼는 순간 눈에 띄게 달라졌습니다. 그들은 의외로 따뜻하고 합리적인 태도로 변했습니다. 신뢰는 마치 그 사람 안에 잠들어 있던 선함을 깨우는 역할을 하였습니다. 특히 장기적으로 관계를 맺어가며 협상하는 경우에는 신뢰가 더더욱 중요하였습니다.

그래서 저는 협상의 첫 과정을 이렇게 정의하고자 합니다.

"상대방을 장애물이 아니라 함께 문제를 해결할 파트너로 인식하는 것."

상대를 경계의 대상으로 바라보는 대신 공동의 목표를 향해 머리를 맞댈 수 있는 동반자로 받아들이는 순간 협상은 새로운 길을 걷기 시작합니다.

이 책의 첫 장은 협상 기술이나 전략 같은 '방법론'보다 먼저 '사람'에 주목합니다. 협상은 결국 사람이 사람과 함께 만들어가는 과정입니다. 상대를 진정으로 이해하고, 긍정적인 관계를 맺으며, 견고한 신뢰를 쌓는 것 이야말로 모든 협상의 시작이자, 동시에 성공적인 협상을 이끄는 가장 강력한 원동력입니다.

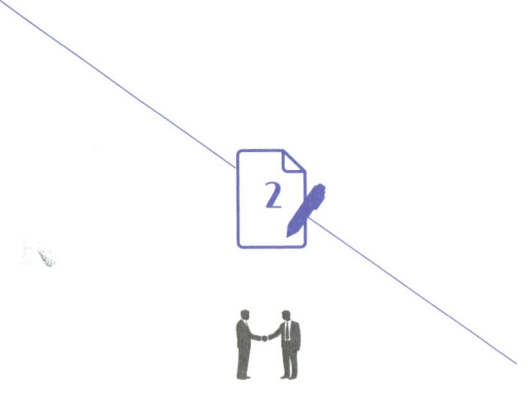

협상 근력이란 무엇이며 왜 중요할까?

우리 몸이 건강을 유지하기 위해서는 근력이 반드시 필요합니다. 근력이 부족하면 무거운 물건을 들거나 오랜 시간 걷기가 어려워지고, 신체의 균형을 유지하는 것조차 힘들어집니다. 마찬가지로 협상에서도 근력이 필요합니다. 협상에서 말하는 '근력'이란 단순한 힘이 아니라, 협상을 효과적으로 이끌어나갈 수 있는 지식, 감정 조절 능력, 신뢰 형성 기술 등을 포함하는 총체적인 능력을 의미합니다.

협상력에 대해 강의할 때 저는 '협상 근력'이라는 단어를 많이 사용합니다. 이렇게 표현하면 수강생들이 협상에 대해 좀 더 쉽게 이해하기 때문입니다. 협상력이 탁월하다는 건 그만큼 '협상 근력'이 상당히 발달된 걸 의미합니다.

협상 근력이 강한 사람은 상대방의 압박이나 예상치 못한 상황에서도 흔들리지 않고 자신의 목표를 유지하면서 협상을 주도할 수 있습니다. 반면 협상 근력이 부족한 사람은 상대의 강한 논리나 감정적 압박에 쉽게 흔들려 불리한 조건을 받아들이게 됩니다. 그렇다면 협상 근력이 왜 중요한지 구체적으로 살펴보겠습니다.

1. 협상 근력의 중요성

공자의 『논어』에는 "君子務本, 本立而道生(군자무본, 본립이도생)"이라는 구절이 있습니다. 이는 "군자는 근본에 충실해야 하며, 근본이 확립되면 올바른 길(道)이 저절로 생긴다."는 의미입니다. 협상에서도 기초가 튼튼한 사람이 다양한 협상 환경에서도 흔들리지 않고 효과적으로 대처할 수 있습니다.

(1) 일상생활에서의 협상 근력의 중요성

우리 일상 속에서 협상 근력은 갈등을 원만하게 해결하고 더 나은 결과를 이끄는 데 필수적인 역할을 합니다.

흔한 사례 중 하나가 이웃 간의 층간소음 문제입니다. 소음 문제는 감정이 격해지기 쉬운 민감한 사안입니다. 이때 협상 근력이 있는 사람은 불쾌감을 그대로 드러내기보다, 피해 상황을 구체적으로 설명하고, 해결 방안을 함께 모색하는 방식으로 접근합니다. 예를 들어 "밤 10시 이후에는 아이가 자고 있으니 조용히 부탁드릴 수 있을까요?"처럼 공감과 요청을 균형 있게 전달하는 것이죠. 반면 감정적으로 항의하거나 일방적인 요구만 하면 갈등이 오히려 심화될 수 있습니다.

또 다른 사례는 부동산 매매 협상입니다. 아파트나 상가를 사고팔 때 감정에 휘둘리면 시장 가격보다 과도하게 높은 금액에 구매하거나, 너무 낮은 가격에 매도할 수도 있습니다. 협상 근력이 있는 사람은 시세, 거래 사례, 세금, 대출 조건 등을 철저히 분석한 후 협상을 시작합니다. 가격만이 아니라 잔금일, 옵션 포함 여부, 중개수수료 등의 세부 조건에서도 유리한 위치를 확보할 수 있습니다.

이처럼 일상의 다양한 장면에서 협상 근력은 불필요한 갈등을 피하고, 이익을 지키며, 관계를 해치지 않는 방식으로 문제를 해결하는 힘입니다. 단순히 말을 잘하는 능력이 아닌, 정보 수집, 전략적 사고, 감정 조절이 어우러진 종합적인 역량입니다.

(2) 비즈니스 세계에서의 협상 근력의 중요성

기업 내 대표적인 협상 사례 중 하나는 노사 협상입니다. 임금, 근로조건, 복지제도 등 핵심 사안을 놓고 노동자와 사용자가 협상 테이블에 마주 앉습니다.

노조 측이 협상 근력을 갖추면, 산업 평균임금, 물가 상승률, 기업의 재무 상태 등 객관적인 데이터를 근거로 요구안을 설계하고, 대체 가능한 양보안과 최저 수용 조건을 명확히 합니다. 이렇게 준비된 노조는 감정이 아닌 논리로 설득하며 실질적인 개선을 이끌 수 있습니다.

회사 측도 협상 근력이 중요합니다.

사용자는 성과 기반의 임금 체계, 생산성 향상과 연계된 성과급, 지속 가능한 인건비 구조를 정교하게 설계해야 합니다. 또 협상 중 감정적 방어보다는 장기적인 관계 구축과 조직 전체의 안정이라는 관점에서 설득 전략을 구사해야 합니다. 협상력이 부족한 기업은 단기적 갈등 회피에 급급하여 장기적으로 부담이 되는 합의를 하고, 이로 인해 조직 내 신뢰를 잃을 수 있습니다.

또 다른 사례는 기업 간 인수·합병(M&A) 협상입니다. 인수 기업은 대상 기업의 기술력, 시장 점유율, 성장 가능성 등을 평가해 적정한 가격과 조건을 제시하고, 피인수 기업은 자사의 전략적 가치를 설득력 있게 전달함으로써 조건을 유리하게 이끌 수 있습니다. 이때 협상 근력이란 정보 분석 능력과 대안을 마련하는 전략적 사고, 그리고 핵심 이익을 지켜내는 논리와 태도를 의미합니다.

(3) 국가 간 협상에서의 협상 근력의 중요성

국가 간 협상에서도 협상 근력은 국가의 이익을 지키는 힘입니다. 대표적인 예가 무역 협상입니다. 예를 들어 관세율을 조정하는 협상에서는 단순히 세율만 조정하는 것이 아니라, 국가의 산업 보호 전략, 수출입 균형, 환율 정책 등 여러 요소가 얽혀 있습니다. 이때 협상 근력이 약한 국가는 상대국의 요구를 그대로 수용하거나, 자국 산업에 불리한 조건을 받아들이는 실수를 범할 수 있습니다.

또 하나의 사례는 기후 환경 협상입니다. 각국은 탄소 배출량 감축 목표를 놓고 협상하면서 자국 경제에 미치는 영향을 최소화하려 노력합니다. 협상 근력이 강한 국가는 단순히 감축 목표를 받아들이는 데 그치지 않고 기술 이전, 기후 기금 지원, 유예 기간 등 부가적 이익을 함께 확보해냅니다. 반면 협상력이 부족하면, 감축 부담만 떠안고 실질적 보상 없이 협약을 이행해야 할 수도 있습니다.

이처럼 국가 간 협상에서 협상 근력은 외교적 수사력만이 아닌, 데이터 기반의 분석력, 명확한 전략 목표, 다양한 대안 시나리오의 준비에서 비롯됩니다. 감정이 아니라 전략으로 접근할 때, 국익을 지키면서도 국제 사회에서 책임 있는 역할을 수행할 수 있습니다.

2. 협상 근력의 구성 요소

(1) 신뢰 형성을 위한 비즈니스 매너 및 감정통제 능력

협상에서 신뢰는 매우 중요한 요소입니다. 적절한 복장, 공손한 말투, 상대방의 말을 경청하는 태도는 협상가의 신뢰를 높이는 데 기여합니다. 협상은 긴장된 상황에서 이루어지는 경우가 많기에, 감정적으로 대응하면 불리한 위치에 놓이게 됩니다. 예를 들어, 연봉 협상 과정에서 회사 측의 제안에 불만을 품고 즉각적으로 화를 내면 오히려 협상의 기회를 잃을 수 있습니다.

(2) 협상 주제에 대한 깊은 지식과 이해

협상가는 자신이 다루는 주제에 대한 충분한 지식을 갖추어야 합니다. 예를 들어, 부동산 협상을 진행하는 경우 부동산 시장 동향, 관련 법률, 계약 조건 등에 대한 이해가 필수적입니다. 전문적인 지식 없이 협상에 임하면 상대방의 주장에 쉽게 설득당하거나 불리한 조건을 받아들일 가능성이 큽니다.

(3) 협상 이론 및 전략에 대한 학습

협상은 단순한 대화가 아니라, 전략적으로 접근해야 하는 과정입니다. 성공적인 협상을 위해서는 협상 이론과 전략을 체계적으로 학습하고, 이를 실전에 적용할 수 있어야 합니다. 우리는 가끔 직관에 의존하여 협상에 임하지만, 전략 없이 직관에만 의존한 협상은 예측할 수 없는 결과를 초래할 수 있습니다.

반면, 협상 이론과 전략을 학습한 협상가는 체계적인 사고를 바탕으로 협상을 주도하고, 상대방의 반응을 예측하며 최적의 협상안을 도출할 수 있습니다. 때론 데이터 등 객관적 자료가 없는 경우 직관이 필요할 때도 있습니다. 하지만 직관과 더불어 이론과 전략에 대한 학습은 협상력을 높이는 데 상당한 밑거름이 될 수 있습니다.

3. 결론

협상 근력은 개인의 일상, 기업의 성장, 국가의 경쟁력 유지에 필수적인 요소라고 볼 수 있습니다. 우리가 몸을 단련하여 건강을 유지하듯, 협상에서도 근력을 강화하여 어려운 상황에서도 흔들리지 않고 전략적으로 대처할 수 있어야 합니다. 협상 근력은 단순한 기술이 아니라, 지속적인 연습과 경험을 통해 키워나가야 하는 능력입니다. 협상 근력을 갖춘다면 더 나은 협상 결과를 이끌 수 있을 뿐만 아니라, 장기적으로 신뢰와 존중을 바탕으로 한 협력 관계를 구축할 수 있습니다. 이제부터 저자와 함께 협상 근력을 기르기 위한 구체적인 방법을 살펴보도록 하겠습니다.

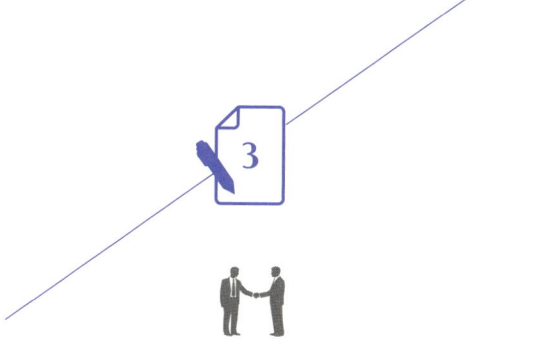

훌륭한 협상가의 조건, 업무 전문성

1. 협상가에게 업무 전문성이 중요한 이유

협상가가 협상 테이블에서 성공적인 결과를 끌어내기 위해서는 협상 기술과 전략이 필수적입니다. 여기서 말하는 협상 기술과 전략이란 협상과 관련한 각종 이론이라고 볼 수 있습니다. 그러나 이러한 협상 기술과 전략만으로는 부족합니다. 협상가가 다루는 업무 분야에 대한 깊은 이해와 전문성을 갖추지 않는다면, 협상 과정에서 상대방을 설득할 논리적 근거가 약해질 수밖에 없습니다.

업무에 대한 전문성은 협상가가 신뢰를 얻고, 자신감을 가지고 협상하며 상대방의 의도를 정확하게 파악하는 데 필수적인 요소입니다. 협상의 본질이 서로 다른 이해관계를 조율하는 과정이라면, 협상가가 자신의 분야를 정확히 알고 있어야 효과적으로 논리를 펼칠 수 있습니다.

참고로 대규모의 협상을 하는 경우가 있는데 이 경우 협상단을 조직해서 운영할 때도 있습니다. 이 경우 협상단장은 업무에 대한 전문성이 부족할 수 있겠지만 협상단의 구성원은 반드시 그 업무에 대한 전문적 지식을 갖추어야 하며 협상단장과 구성원의 원활한 소통이 필수입니다.

(1) 전문성은 협상가에게 자신감을 부여합니다

IT 분야의 협상에서 클라이언트가 기술적 질문을 했을 때, 협상가가 이에 대한 깊은 지식을 갖추고 있다면 설득력 있는 답변을 통해 상대방의 신뢰를 얻을 수 있습니다. 반면, 전문성이 부족한 협상가는 상대방의 질문에 머뭇거리거나 부정확한 답변을 하게 되며, 협상 과정에서 주도권을 잃게 됩니다.

이처럼 협상 테이블에서 상대방의 질문이나 반론에 흔들리지 않고 자신 있게 대응하려면, 협상가는 해당 분야에 대한 깊은 이해를 갖추어야 합니다. 협상에서 상대방이 신뢰하는 협상가는 단순히 말솜씨가 좋은 사람이 아닙니다. 신뢰를 형성하려면 해당 분야에 대한 깊은 지식을 바탕으로 논리적으로 설명할 수 있는 능력이 필요합니다.

(2) 전문성은 상대방의 의도를 정확히 이해하고 협상을 유리한 방향으로 이끕니다

중국의 고전 『손자병법』에는 "지피지기 백전불태(知彼知己 百戰不殆)"라는 구절이 있습니다. 이는 "상대를 알고 나를 알면 백 번 싸워도 위태롭지 않다"는 의미입니다.

협상에서도 마찬가지입니다. 자기 업무에 대한 전문성을 갖춘 협상가는 자신의 강점과 약점을 정확히 알고, 상대방의 요구와 한계를 분석하여 효과적인 협상 전략을 세울 수 있습니다. 반대로, 협상 내용에 대한 이해가 부족한 협상가는 상대방이 제공하는 조건이 유리한지 불리한지조차 판단하지 못할 가능성이 큽니다.

또 다른 예를 볼까요? 부동산 개발 협상에서 협상가가 건축법, 시장 동향, 개발 비용 등을 철저히 이해하고 있다면, 상대방의 제안이 실현 가능성이 있는지 빠르게 판단할 수 있습니다. 또한, 어떤 요소에서 가장 많은 이익을 얻으려 하는지 분석하여 협상을 유리한 방향으로 이끌 수 있습니다. 상대의 의도를 정확히 파악하기 위해서 전문성이 매우 중요합니다.

2. 업무 전문성을 높이는 방법

업무 전문성을 높이기 위해서는 한두 번의 학습이 아니라, 지속적이고 체계적인 노력이 필요합니다. 협상가는 자신이 속한 산업의 최신 정보를 파악하고, 변화하는 시장 환경에 적응하며, 관련 지식을 꾸준히 습득해야 합니다.

(1) 지속적인 학습과 경험을 통한 전문성 강화

글로벌 컨설팅 기업 맥킨지(McKinsey)와 BCG(Boston Consulting Group)의 협상가들은 산업 데이터를 지속적으로 분석하며, 기업 고객과의 협상에서 신뢰를 얻기 위해 철저히 준비하는 것으로 유명합니다. 협상가는 항상 배우고 성장해야 합니다. 지속적인 자기 계발과 실전 경험이 없으면 협상 테이블에서 경쟁력을 잃게 됩니다. 관련 산업의 논문과 보고서를 읽고, 전문가 강연을 듣고, 세미나에 참석하는 등 학습을 게을리하지 않아야 합니다.

(2) 전문 네트워크 구축과 협력

테슬라(Tesla)의 일론 머스크는 자동차 산업과 배터리 기술 관련 협력업체들과 긴밀한 네트워크를 구축하며, 협상 과정에서도 산업 전문가들의 의견을 적극적으로 반영하여 유리한 조건을 확보합니다. 저자도 학회, 포럼, 세미나 등 전문 네트워크로 구성된 단체 활동을 통해 그들과 교류하면서 전문 지식을 넓히는 것을 소중히 하고 있습니다. 협상가는 업계 내에서 다양한 네트워크를 구축하여 실무적인 인사이트를 얻는 것이 중요합니다. 다른 전문가들과 교류하고, 협업을 통해 새로운 정보를 습득하며, 시장 트렌드를 빠르게 파악할 수 있어야 합니다.

(3) 데이터 기반 협상 전략 수립

기업 간 인수·합병(M&A) 협상에서 협상가는 복잡한 재무 정보, 시장 상황, 기업 가치 평가 등을 철저히 분석해야 합니다. 전문성이 부족한 협상가는 상대방의 제안이 합리적인지조차 판단하지 못하여 협상이 실패하거나 불리한 결과를 초래할 수 있습니다. 전문성을 높이는 또 다른 방법으로 데이터 기반 협상이 상당히 중요합니다. 이를 통해 협상에서는 직관적 판단 외에도 데이터와 근거를 활용해 논리를 펼칠 수 있어야 합니다. 특히 기업 협상에서는 기본적으로 시장 조사, 재무 분석을 할 수 있는 능력이 요구됩니다.

3. 업무 전문성이 협상 성공을 이끈 사례

두 가지 사례를 보겠습니다.

하나는 스타트업 CEO의 벤처캐피탈 투자 협상 성공 사례입니다. 2014년, 핀테크 스타트업 '스트라이프(Stripe)'의 공동 창업자 패트릭 콜리슨(Patrick Collison)은 벤처캐피탈과의 협상에서 성공을 거두었습니다. 그는 결제 산업의 미래, 시장 잠재력, 경쟁 환경 등을 철저히 분석하고, 투자자들에게 명확한 근거와 성장 전략을 제시하였습니다. 그 결과, 2억 4천만 달러(약 3조 원)의 투자를 유치하며 스트라이프는 글로벌 결제 시장에서 강력한 기업으로 성장할 수 있었습니다.

또 다른 하나는 자동차 산업에서의 공급망 협상 사례입니다. 2021년, 전기차 제조업체 테슬라는 배터리 공급망 확보를 위해 일본의 '파나소닉(Panasonic)'과 대규모 협상을 진행했습니다. 반도체와 원자재 가격 상승으로 인해 배터리 공급 비용이 증가하는 상황에서도, 테슬라는 철저한 데이터 분석을 기반으로 협상을 유리하게 이끌었습니다. 그 결과, 테슬라는 배터리 제조 공정을 자체적으로 개선하고, 원자재를 확보할 수 있는 새로운 공급업체들과 계약을 체결하며 더 나은 조건을 확보할 수 있었습니다.

4. 결론

훌륭한 협상가는 단순히 협상 기술만 익힌 사람이 아닙니다. 그는 자신이 다루는 분야에 대한 깊은 이해를 바탕으로 상대방을 설득하고, 협상을 주도할 수 있어야 합니다. 전문성을 갖춘 협상가는 신뢰를 얻고, 자신감을 유지하며, 협상을 전략적으로 이끌어갈 수 있습니다. 협상 기술만으로는 성공적인 협상을 보장할 수 없습니다.

협상에서 중요한 것은 단순한 말솜씨가 아니라, 논리적 사고, 데이터 기반의 접근, 그리고 철저한 분석을 바탕으로 한 전문성입니다. 지속적인 학습과 연구를 통해 최고의 협상가로 성장해야 합니다.

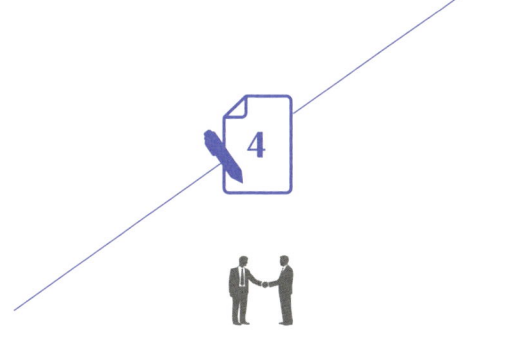

협상가에게 중요한 복장·용모·태도

1. 협상가의 복장·용모·태도가 중요한 이유

협상가의 복장·용모·태도는 단순히 외적인 요소가 아니라 협상 성패에 결정적 영향을 미치는 전략적 도구입니다. 첫 만남에서 협상가가 주는 인상은 상대방에게 신뢰와 호감을 줄 수 있지만 반대로 긴장과 불신을 일으킬 수도 있습니다. 협상에서는 첫인상이 그 후의 모든 대화와 결정 과정에 큰 영향을 미치기 때문에 이를 철저히 준비하는 것이 중요합니다.

동양 고전에서 강조하는 '신언서판(身言書判)' 개념은 협상에서 복장, 용모, 태도의 중요성을 잘 설명합니다. 신언서판은 몸가짐(신, 身), 말(언, 言), 글(서, 書), 판단력(판, 判)을 인재 평가 기준으로 삼았는데, 그중 첫 번째인 '신(身)'은 협상가의 복장, 용모, 태도를 의미한다고 볼 수 있습니다. 이는 협상가의 내면적 자질을 표현하는 동시에 상대방에게 전하는 첫 메시지로, 협상 분위기를 좌우합니다.

2. 복장·용모·태도의 핵심

(1) 복장은 협상 상황에 맞춰 신중히 선택해야 합니다

지나치게 격식을 차린 옷차림은 상대방에게 부담감을 줄 수 있고, 너무 가벼운 복장은 전문성을 의심받을 수 있습니다. 예를 들어, 비즈니스 협상에서는 보통 정장 차림이 신뢰와 전문성을 표현합니다. 아시아권에서는 보수적인 정장 차림이나 전통 복장이 존중과 겸손의 표현으로 인식됩니다. 반면에 기술 중심 산업, 특히 실리콘밸리에서는 오히려 가벼운 복장이 창의성과 혁신성을 상징하며 친밀감을 높이기도 합니다. 일반적으로 첫 만남에서는 정장 차림을 추천합니다. 그리고 협상을 시작할 때는 제3자를 통해 드레스 코드(Dress Code)를 확인하고 준비하는 것도 도움이 될 수 있습니다.

(2) 용모 역시 중요한 역할을 합니다

용모는 단순히 외모의 아름다움만 의미하지 않으며, 전반적인 단정함과 청결함을 포괄합니다. 깔끔한 헤어스타일, 정돈된 수염, 적절한 표정 관리는 협상가의 세심함과 신뢰감을 표현하는 중요한 수단입니다. 상대방은 협상가의 용모를 통해 그의 성격이나 신뢰성을 판단하며, 이는 협상 결과에 큰 영향을 줄 수 있습니다.

(3) 태도는 협상에서 강력한 비언어적 커뮤니케이션 수단입니다

상대방의 말을 경청하고 침착한 몸짓과 긍정적인 에너지를 전달하는 태도는 협상 분위기를 부드럽게 만듭니다. 상대방의 말을 들을 때 적절히 고개를 끄덕이며 공감을 표현하거나 안정적인 눈빛과 차분한 손짓은 신뢰와 존중을 느끼게 하여 협상 분위기를 긍정적으로 만듭니다.

3. 고전 사례를 통한 인사이트

다음 초상화들은 당시 큰 영향력을 지녔던 유명 인물들을 그린 것입니다. 여러분이라면 이들 중 협상장에서 마주하고 싶지 않은 인물로 누구를 고르시겠습니까?

저라면 첫 번째 행, 왼쪽에서 두 번째에 있는 인물을 선택하겠습니다. 첫 만남에서 이분을 뵌다면 왠지 그리 유쾌한 마음이 들지 않을 것 같습니다.

제가 초상화를 통해 협상장에서 만나고 싶지 않은 인물은 고려시대 문신 이조년이라는 분입니다. 이 분의 초상화를 조금 더 살펴보자면 그의 모습은 흐트러지고 건방져 보이는 인상을 줍니다. 이조년은 고려 시대에 대제학까지 오른 뛰어난 학자였으며, 유명한 시 "이화에 월백하고 은한이 삼경인제, 일지춘심을 자규야 알랴마는 다정도 병인 양하여 잠 못 들어하노라."를 지은 인물입니다. 이 시는 봄밤의 정경을 묘사하며 섬세하고 다정한 감정을 표현한 작품입니다. 하지만 초상화에서 드러난 그의 흐트러진 모습과 어쩌면 건방져 보이는 태도는 협상장에서 상대방에게 불쾌감을 주거나 불필요한 긴장을 초래할 수 있습니다. 협상은 첫인상이 중요한데, 이러한 태도는 신뢰 형성에 걸림돌이 될 수 있습니다.

다시 그림을 보면 두 손을 공손하게 모은 분들이 몇몇 보입니다. 저는 그림 두 번째 행 왼쪽에서 세 번째 공자에 대하여 좀 더 말씀드리고 싶습니다. 공자의 초상화는 셀 수 없을 정도로 많이 그려져 있습니다. 공자의 또 다른 초상화를 볼까요?

공자 초상

공자의 초상화들을 보면 한 가지 공통점이 있습니다. 그는 항상 두 손을 가지런히 모으고 있는 공손하고 차분한 태도를 보입니다. 공자는 단정한 복장과 태도로 제자들과의 관계뿐 아니라 제후들과의 소통에서도 신뢰를 얻었습니다. 『논어』옹야편(雍也篇) 제3장을 보면 "질승문즉야, 문승질즉사, 문질빈빈, 연후군자(質勝文則野, 文勝質則史, 文質彬彬, 然後君子)"라는 글이 있습니다. 이는 "내용이 외형보다 뛰어나면 투박하고, 외형이 내용보다 뛰어나면 가식적이다. 내용과 외형이 조화로워야 비로소 군자다워진다."라는 의미로 외적 요소(복장, 태도)와 내면적 요소(인격, 전문성)의 균형을 강조합니다. 공자의 이러한 태도는 현대 협상에서도 상대방과의 신뢰 형성과 존중을 얻는 데 큰 도움이 됩니다.

일례로, 한 글로벌 기업의 협상가는 중동 국가와의 협상에서 현지 문화를 존중한 복장과 겸손한 태도로 상대방의 호감을 얻어 협상을 성공적으로 이끌었습니다. 반면, 또 다른 협상가는 상대 문화에 대한 이해 부족으로 부적절한 복장과 태도로 임해 초반부터 신뢰를 잃고 결국 협상 실패를 초래했습니다.

4. 결론

저자는 수십 년간 조직에 몸담고 있으면서 복장, 용모, 태도를 제대로 갖추는 사람들이 조직에서 성공한 지위까지 오르는 경우를 많이 보았습니다. 이러한 복장, 용모, 태도는 첫 대면 협상에서 매우 중요한 부분입니다. 물론 기만적 전술을 사용하는 협상자를 만나는 경우는 복장, 용모, 태도를 무시하기도 합니다. 이에 대하여는 추후 소개하겠습니다. 신언서판의 지혜를 바탕으로, 협상에서 자신의 외적 표현을 세심하게 준비하고 전략적으로 활용하는 것이 중요합니다. 이는 협상의 성공 가능성을 높이고, 상대방과의 관계를 강화하는 데 중요한 도구가 될 것입니다.

신뢰 구축의 힘,
협상 성공의 보이지 않는 기반

협상에서 신뢰 구축은 단순히 거래를 성사시키는 것을 넘어, 장기적인 협력 관계를 발전시키고 서로에게 지속적인 가치를 제공하는 가장 중요한 과정입니다. 신뢰는 협상이 시작되는 기반이자, 성공적인 결과를 뒷받침하는 강력한 요소입니다. 협상 초반부터 견고한 신뢰를 쌓는 것이 협상 과정과 결과에 직접적인 영향을 미칩니다.

1. 신뢰 구축의 중요성

신뢰란 상대방이 우리의 말을 믿고, 우리의 의도를 의심하지 않는 상태를 의미합니다. 신뢰가 형성되지 않은 상태에서는 아무리 훌륭하고 합리적인 제안을 하더라도 상대방은 경계심을 품고 협상에 임할 수밖에 없습니다. 진정한 의미의 개방적인 대화와 협력은 불가능에 가깝습니다. 신뢰는 단기간에 형성되지 않으며, 진정성과 일관성을 통해 꾸준히 쌓아야 하는 귀한 자산입니다. 이러한 신뢰가 구축될 때 비로소 협상에서 불필요한 갈등을 줄이고, 원활한 합의를 이끌어낼 수 있으며 단기적인 이익을 넘어 장기적인 협력의 문이 열립니다.

중국 고전 『사기』에 나오는 관포지교(管鮑之交)는 신뢰의 중요성을 잘 보여주는 좋은 예시입니다. 관중과 포숙아는 어릴 때부터 둘도 없는 친구였으나, 각기 다른 길을 걷게 되었습니다. 포숙아는 제나라의 중요한 자리에 올랐지만, 관중은 여러 차례 실패를 거듭하며 어려움을 겪었습니다. 그러나 포숙아는 관중의 능력과 진정성을 끝까지 믿고 의심하지 않았으며, 심지어 제나라 왕에게 그를 천거하기까지 했습니다. 결국, 관중은 제나라의 국정을 맡아 강력한 개혁을 이끌었고, 제나라가 강국으로 성장하는 데 지대한 공을 세웠습니다. 이 모든 게 포숙아의 관중에 대한 깊은 신뢰가 있었기에 가능했습니다. 이 사례는 협상에서도 상대방이 우리의 능력과 진정성을 믿을 때, 협상이 얼마나 원활하고 생산적으로 진행될 수 있는지를 명확히 보여줍니다. 신뢰가 형성되면 상대방은 전보다 개방적으로 정보를 공유하며 협력적인 태도를 보이며, 이는 협상의 성공률을 크게 높입니다. 반대로 신뢰가 없다면 제안을 의심하고 방어적인 태도를 고수해 협상 진행 자체가 어려워질 수 있습니다.

2. 신뢰를 구축하는 방법

(1) 투명한 커뮤니케이션

정보를 투명하게 공유하고, 혹 불확실한 부분이 있다면 솔직하게 알리는 것이 신뢰 구축의 첫걸음입니다. 예를 들어, 기업 간 인수·합병(M&A) 협상에서 한 회사가 부정적인 재무 상황을 숨겼다가 협상 중반에 뒤늦게 밝혀진다면, 상대방은 즉각 신뢰를 잃고 협상을 철회할 가능성이 큽니다. 반면, 처음부터 문제점을 솔직히 공개하고 함께 해결 방안을 모색한다면, 상대방은 당신의 진정성을 인정하고 협상을 계속할 가능성이 있습니다. 솔직함은 가장 강력한 신뢰의 무기입니다.

(2) 작은 약속을 지키는 것

신뢰는 거창한 약속을 지키는 것에서 시작되는 것이 아니라, 일상 속 작은 약속들을 꾸준히 이행하는 것에서 출발합니다. 협상 초반에 회의 시간을 정확히 지키거나, 요청받은 자료를 제때 제공하는 등 사소해 보이는 약속들을 일관되게 지키면, 상대방은 당신을 신뢰할 수 있는 사람으로 인식하게 됩니다. 애플(Apple)은 협력업체와의 협상에서 미리 약속된 일정과 조건을 철저히 준수하며 장기적인 신뢰를 쌓았고, 그 결과 안정적이고 견고한 글로벌 공급망을 구축할 수 있었습니다. 신뢰는 벽돌 하나하나를 쌓아 올리듯, 작은 약속들의 이행으로 완성됩니다.

(3) 상대방의 입장으로 생각하고 공감하는 태도 보이기

상대방의 필요와 입장을 깊이 이해하고 공감하는 모습을 보이는 것은 신뢰와 호감을 동시에 얻는 지름길입니다. 윌리엄 유리(William Ury) 교수는 "협상에서의 성공은 상대방의 눈을 통해 세상을 보는 능력에 달려 있다."라고 강조했습니다. 예를 들어, 가격 협상 시 단순히 우리의 요구만 주장할 것이 아니라, 상대방의 예산 한계를 이해하고 그들의 현실적인 상황을 고려한 제안을 한다면, 상대방은 당신을 신뢰하고 협상에 더욱 협조적으로 임할 가능성이 많아집니다. 공감은 단순한 감정 표현을 넘어, 상대방과 문제를 함께 해결하려는 의지를 보여주는 강력한 신뢰의 신호입니다.

3. GM과 토요타의 신뢰 구축 성공 사례

신뢰 구축이 어떻게 장기적인 협력을 이끌어내는지 보여주는 대표적인 성공 사례로 1980년대 GM과 토요타의 협력 사례를 들 수 있습니다. 당시 일본 자동차 기업들은 높은 품질과 효율적인 생산 시스템을 바탕으로 미국 시장에서 빠르게 성장하고 있었습니다. 반면, 미국 자동차 기업들은 품질 문제와 생산성 저하로 어려움을 겪고 있었죠.

이러한 상황에서 GM과 토요타는 협력을 통해 상호 이익을 추구하기로 했습니다. 두 회사는 캘리포니아에 NUMMI(New United Motor Manufacturing, Inc.)라는 합작 회사를 설립하고, 토요타의 생산 시스템을 기반으로 자동차를 생산했습니다. NUMMI는 단순한 합작 회사를 넘어, 두 회사의 문화와 기술을 융합하는 실험적인 시도였습니다. 토요타는 GM 직원들에게 생산 시스템과 품질 관리 노하우를 아낌없이 전수했고, GM은 미국 시장에 대한 깊은 이해와 강력한 판매망을 제공했습니다. 이러한 협력은 양사 간의 견고한 신뢰를 구축하고 장기적인 파트너십을 형성하는 데 결정적인 역할을 했습니다. NUMMI는 성공적인 협력 모델로 평가받으며, 이후 많은 기업이 벤치마킹하는 사례가 되었습니다.

현재 NUMMI 합작 법인의 직접적인 생산 협력은 종료되었지만, GM과 토요타는 여전히 전동화 및 배터리 분야, 자율주행 및 커넥티드 기술 분야, 그리고 새로운 모빌리티 서비스 분야에서 꾸준히 새로운 협력 관계를 모색하고 있습니다. 이는 과거 NUMMI를 통해 구축된 신뢰가 현재까지도 지속적인 협력의 강력한 원동력이 되고 있음을 명확히 보여줍니다.

4. 결론

신뢰 구축은 협상의 성공을 좌우하는 가장 중요한 요소입니다. 투명한 커뮤니케이션을 유지하고, 작은 약속을 성실히 지키며, 상대방의 입장을 이해하고 공감하는 태도를 보이는 것이 신뢰를 쌓는 핵심적인 방법입니다.

또한, 협상에서 단기적인 이익에만 매몰되기보다 신뢰 구축을 통한 장기적인 협력 관계 형성에 초점을 맞춘다면, 훨씬 더 큰 협력과 성과를 기대할 수 있습니다. 협상가는 이러한 요소들을 철저히 준비하고 실천하여 협상에서 원하는 결과를 넘어, 지속 가능한 성공을 이끌 수 있습니다.

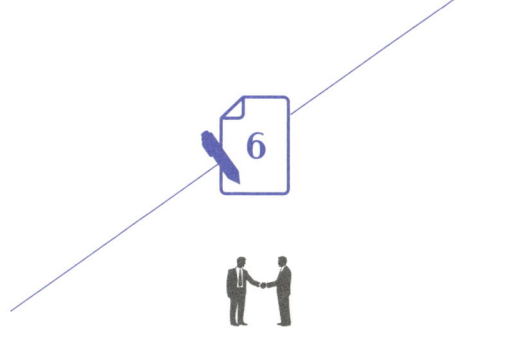

협상 전 무엇을 준비해야 할까?

협상에서 성공을 거두기 위해서는 철저한 준비가 필수적입니다. 미국의 정치가이자 협상 전략가였던 벤자민 프랭클린(Benjamin Franklin)은 "준비하지 않는 것은 실패를 준비하는 것이다."라고 말했습니다. 이는 협상에서도 그대로 적용됩니다. 협상은 전투와 같아서, 철저히 준비한 쪽이 승리할 가능성 또한 높아집니다. 그렇다면 협상 전에 무엇을 준비해야 할까요?

1. 협상의 목표와 한계를 명확히 설정하기

협상의 목표는 협상 과정 전체의 방향을 결정짓는 중요한 요소입니다. 협상가는 최종적으로 얻고자 하는 결과를 명확하게 정의해야 합니다.

협상에 앞서, 자신이 요구할 수 있는 최고 조건과 양보할 수 있는 최저 조건을 미리 정해 두어야 합니다. 중국 고전 『손자병법』 모공편에 "지승자, 선산이후전(知勝者, 先算而後戰)"라는 글이 있습니다. 이는 "승리를 아는 자는 전투 전에 이미 충분히 계산한다."라는 뜻입니다. 즉, 협상에서 승리하려면 목표와 전략을 철저히 수립하고 명확히 해야 합니다.

2. 협상 상대방에 대한 치밀한 정보 수집

상대방의 성격, 선호하는 협상 스타일 등을 사전에 파악해야 합니다. 피터 드러커(Peter Drucker)는 "상대방을 아는 것이 전략의 출발점이다."라고 말했습니다. 글로벌 제약회사 화이자(Pfizer)는 협상 전 상대 기업의 주요 결정권자의 성향과 의사 결정 방식을 철저히 연구하는 것으로 유명합니다. 이를 통해 협상 시 상대방이 신뢰하는 데이터를 제시함으로써 성공적인 협상을 이끌어내고 있습니다.

3. 협상 전 바트나(BATNA) 준비

협상에서 강력한 대안을 가진 사람이 유리한 위치를 점할 가능성 또한 높습니다. 이러한 강력한 대안 또는 최선의 대안을 협상 용어로 바트나(BATNA, Best Alternative To a Negotiated Agreement)라고 말합니다. 즉 협상 중 원하는 결과를 얻지 못했을 때의 차선책이라고 볼 수 있습니다. '플랜 B' 또는 '안전망'이라고도 할 수 있습니다. 협상 실패를 대비하여 바트나를 준비하면 심리적으로 안정감을 가지고 자신감 있게 협상에 임할 수 있습니다.

실제 사례를 보겠습니다. 2022년, 뉴욕 맨해튼의 대형 부동산 개발사 SL Green Realty는 대형 오피스 빌딩 매입 협상을 진행하였습니다. 협상 초기, SL Green Realty는 원하는 가격을 제시했으나, 건물 소유주는 더 높은 가격을 요구하며 협상이 지연되었습니다. 이에 SL Green Realty는 협상이 원하는 방향으로 진행되지 않을 경우를 대비하여, 맨해튼 내 다른 대체 빌딩 매입 가능성을 사전에 조사하고 대체 협상을 병행 진행하였습니다. 결국, 원래 협상 대상이었던 건물 소유주는 SL Green Realty가 대체 건물을 확보하려는 움직임을 보고 협상 태도를 완화하며, 초기 요구보다 낮은 가격에 건물을 매각하는 데 동의하였습니다.

이 사례는 부동산 협상에서 강력한 바트나(BATNA)를 확보하는 것이 협상을 유리하게 이끄는 데 얼마나 중요한지를 보여줍니다. 결과적으로 더 나은 조건을 확보하여 협상을 성사시킬 수 있었습니다.

4. 협상의 전략과 전술 사전 계획

협상의 각 단계에서 사용할 전략과 전술을 사전에 정리해 두면 협상 상황에서 신속하게 대응할 수 있습니다. 『군주론』의 저자 니콜로 마키아벨리(Niccolò Machiavelli)는 전략은 전투 전에 세워져야 한다고 강조하였습니다.

2008년 금융 위기 이후, 미국의 자동차 제조사 포드(Ford)는 공급업체들과의 부품 가격 협상에서 단계적 양보 전술을 사전 계획하였습니다. 처음부터 모든 조건을 제시하지 않고, 작은 양보를 반복적으로 제시하며 신뢰를 얻고 목표 가격에 근접하는 방식으로 협상을 진행했습니다. 그 결과, 포드는 장기적 협력 관계를 유지하면서도 비용 절감에 성공하였습니다.

5. 협상에 필요한 자료와 데이터 준비

협상에서 객관적인 데이터와 논리적인 근거는 협상가의 주장을 뒷받침하며 상대방을 설득하는 데 중요한 역할을 합니다. 국제 회계법인 PwC(PricewaterhouseCoopers)는 고객사와의 협상 전에 산업 동향, 경쟁사의 사례, 시장 데이터를 철저히 준비하는 것으로 유명합니다. 이러한 방법은 협상 테이블에서 강력한 설득력을 발휘하기 때문입니다.

6. 다양한 시나리오 플래닝 준비

협상 과정에서 발생할 수 있는 다양한 시나리오를 예상하고, 이에 따른 대응책을 미리 준비하는 것이 중요합니다. 이를 '시나리오 플래닝(Scenario Planning)'이라고 합니다.

일본의 소프트뱅크(SoftBank)는 대형 투자 협상 전에 상대방의 요구가 급변하거나 시장 상황이 악화될 경우를 대비해 다양한 대응 시나리오를 준비합니다. 실제 협상에서 신속하고 효과적인 대응을 할 수 있었던 것은 사전 시나리오 플래닝 덕분이었습니다.

7. 결론

결론적으로 협상가는 다음과 같은 요소들을 철저히 수행해야 합니다.

목표 설정: 협상의 방향성을 명확히 한다.
상대방에 대한 정보 수집과 분석: 협상 상대의 성향과 협상 스타일을 사전 파악한다.

바트나(BATNA) 준비: 협상이 실패할 경우의 차선책을 마련한다.

전략과 전술 수립: 협상 과정에서 사용할 전략을 미리 계획한다.

자료와 데이터 확보: 객관적인 근거를 통해 협상의 신뢰도를 높인다.

시나리오 플래닝: 다양한 변수를 고려한 대비책을 마련한다.

이렇게 철저한 준비 과정을 거친 협상가는 협상 테이블에 앉았을 때 더욱 자신감을 가지고 협상에 임할 수 있으며, 궁극적으로 원하는 결과를 얻을 가능성을 극대화할 수 있습니다.

좋은 협상으로 이끄는 대화법

협상은 단순한 논리 싸움이 아니라, 효과적인 대화를 통해 상대방과 신뢰를 쌓고 상호 이익을 극대화하는 과정입니다. 협상을 성공적으로 이끌기 위해서는 단순히 정보를 전달하는 것을 넘어, 상대방과의 심리적 연결을 형성하고 감정을 조율하며, 공감과 설득을 적절히 조합해야 합니다. 좋은 협상 대화법은 관찰, 경청, 질문을 모두 아우르는 기술이며, 이 세 가지 요소가 조화를 이루어야 협상의 성과를 극대화할 수 있습니다.

1. 관찰: 상대방의 반응을 읽고 대화 방향을 조정하기

협상에서 첫 단계는 상대방을 면밀하게 관찰하는 것입니다. 상대방이 보내는 언어·비언어적 신호를 정확히 파악하면, 협상 전략을 더욱 정교하게 조정할 수 있습니다. 상대방이 이야기할 때의 표정 변화, 목소리의 높낮이, 몸짓 등을 세심하게 살피면 그들의 심리 상태를 알 수 있습니다.

『손자병법』의 '군쟁편(軍爭篇)'에 '필근찰지(必近察地)'라는 문구가 있습니다. 각한자별로 뜻풀이를 하면 반드시(필, 必), 가까이(근, 近), 살피다(찰, 察), 땅, 지형(지, 地): 땅, 지형입니다. 이는 반드시 가까이에서 지형을 살펴야 한다는 의미이며, 전쟁에서 지형의 중요성을 강조하는 말입니다. 이를 현대적으로 해석하면 변화하는 상황을 면밀하게 관찰하고 분석하여, 적절한 대응 전략을 수립해야 한다고 볼 수

있습니다.

이는 협상에서도 마찬가지로 적용됩니다. 상대방이 특정 주제에서 시선을 피하거나 긴장하는 모습을 보인다면, 그 주제가 그들에게 민감한 사안일 가능성이 큽니다. 이때는 직접적인 압박보다는 유연한 접근법을 활용하여 상대방이 편하게 이야기할 수 있도록 분위기를 조성하는 것이 중요합니다. 예를 들어, 한 국제 기업이 파트너사와의 가격 협상에서 상대방이 특정 가격 범위에서 주저하는 모습을 보였을 때, 이를 간파한 협상가는 추가적인 질문을 통해 상대방이 가지고 있는 내부적 제한 사항을 파악했고, 이를 토대로 상호 이익을 얻을 수 있는 새로운 가격 구조를 제안하여 협상을 성공적으로 마무리할 수 있었습니다.

유비 초상화

2. 경청: 신뢰 구축과 협상의 틀 마련하기

관찰과 함께 대화법의 핵심은 경청입니다. 상대방의 말을 진심으로 듣는 태도를 보이면 신뢰가 형성되며, 상대방은 더욱 개방적인 자세로 협상에 임하게 됩니다. 경청이란 단순히 상대방의 말을 듣는 것이 아니라, 상대방이 전달하고자 하는 핵심 메시지를 깊이 이해하고 이를 다시 표현하는 과정을 포함합니다.

우리는 흔히 경청을 잘하는 사람을 비유하여 귀가 크다고 이야기하곤 합니다. 이와 관련된 사례로 『삼국지』의 촉나라 황제 유비를 들 수 있습니다. 유비의 특징적인 외모 중의 하나가 큰 귀라고 할 수 있습니다. 심지어 조선의 『용비어천가』에서도 유비는 대이아(大耳兒, 큰 귀를 가진 아이)로 나오고 있습니다. 그만큼 유비를 경청의 아이콘으로 보았다는 의미입니다. 실제로도 유비는 경청의 대가였으며, 그의 경청 능력 덕분에 제갈량을 설득하여 자신의 책사로 삼을 수 있었습니다. 유비는 제갈량의 의견을 끝까지 듣고, 그의 지혜를 존중하며, 스스로 해결책을 내도록 유도하는 방식을 사용했습니다. 이 과정에서 제갈량은 유비를 신뢰하게 되었고, 결국 촉나라를 건국하는 데 핵심적인 역할을 하게 되었습니다.

협상에서 효과적인 경청 방법 한 가지는 패러프레이징(Paraphrasing)입니다. 이는 상대방이 말한 내용을 요약하여 다시 말해주는 방식으로, 상대방이 자신의 의견이 정확히 전달되었다고 느끼게 합니다. 예를 들어, 상대방이 "우리 회사는 지금 비용 절감이 가장 중요한 사안입니다."라고 말했을 때, "즉, 현재 가장 중요한 우선순위는 비용을 절감하는 것이군요. 그렇다면 어떤 방식이 가장 적절할까요?"라고 응답하면 상대방은 경청 받고 있음을 느끼게 되며, 더욱 협력적인 자세로 협상에 임할 가능성 또한 높아집니다.

3. 질문: 논리적으로 이끌어가고 협상 구도를 주도

질문은 협상의 핵심 도구로, 상대방이 생각하지 못한 새로운 관점을 열어줄 뿐만 아니라 협상의 흐름을 유리한 방향으로 이끌어가는 역할을 합니다. 질문은 정보를 얻는 것뿐만 아니라 상대방의 의도를 탐색하고, 상대방이 본인도 몰랐던 필요를 깨닫게 하는 효과도 있습니다.

질문의 중요성은 고대 그리스 철학자 소크라테스의 '산파법'에서도 확인할 수 있습니다. 소크라테스는 대화 상대방에게 적절한 질문을 던져 상대가 스스로 진리를 깨닫게 했습니다. 협상에서도 이 방식이 유효합니다. 예를 들어, "이 협상을 통해 귀사가 가장 중요하게 생각하는 요소는 무엇인가요?" 또는 "현재의 제안에서 어떤 점이 보완되면 더 만족스러우실까요?"와 같은 질문은 상대방이 스스로 해결책을 찾도록 유도하면서, 협상을 유리한 방향으로 이끌 수 있습니다.

질문 유형에는 개방형 질문(Open-ended Question), 가정형 질문(Hypothetical Question), 확인형 질문(Clarifying Question) 등이 있습니다. 이에 대하여는 질문에 대해 말할 때 좀 더 상세히 소개하겠습니다.

4. 결론: 관찰, 경청, 질문이 조화를 이루는 협상 대화법

좋은 협상 대화법은 단순한 논리적 주장이나 정보 교환이 아니라, 관찰, 경청, 질문이 조화를 이루는 과정입니다. 상대방을 세심하게 관찰하여 심리적 신호를 포착하고, 적극적으로 경청하여 신뢰를 구축하며, 전략적인 질문을 통해 협상을 주도해야 합니다.

그러므로 협상가는 세 가지 요소(관찰, 경청, 질문)를 유기적으로 결합하여 협상을 전략적으로 이끌어나가야 합니다. 효과적인 대화법을 익히고 활용하면, 협상에서 더 나은 결과를 얻을 수 있으며, 장기적인 협력 관계를 구축하는 데도 큰 도움이 될 것입니다. 다음 글에서는 각각의 요소에 대하여 좀 더 구체적으로 살펴보도록 하겠습니다.

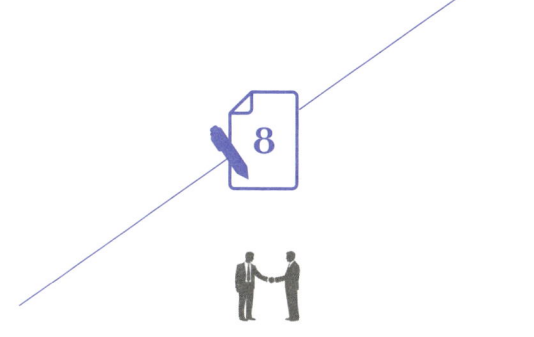

좋은 협상 대화법의 첫 번째 단계: 관찰

협상에서 성공적인 대화를 이끄는 첫 단계는 상대방을 면밀하게 관찰하는 것입니다. 효과적인 관찰은 협상의 흐름을 결정짓는 핵심 요소이며, 상대방의 말뿐만 아니라 비언어적 표현까지 읽어내는 능력을 요구합니다. 즉 관찰 능력을 키우면 말로 표현되지 않은 비언어적 신호들을 통해 상대방의 감정과 의도를 파악할 수 있습니다.

심리학자 앨버트 메라비언(Albert Mehrabian)에 따르면, 대화에서 전달되는 메시지의 93%가 비언어적 요소(표정, 몸짓, 목소리 톤)에 의해 전달된다고 합니다. 이 연구는 메시지의 내용(단어)과 목소리 톤, 표정이 서로 일치하지 않을 때(예: "나는 정말 괜찮아"라고 말하면서 불안한 표정을 하거나 떨리는 목소리를 낼 때) 어떤 요소가 더 강하게 감정을 전달하는지를 알아보고자 한 연구였습니다. 그 결과 단어(Verbal)가 7%, 목소리 톤(Vocal)이 38%, 표정, 몸짓(Visual)이 55%로 비언어적 요소가 93%라는 것이었습니다.

이 연구는 1960년대에 발표되었으며 특정 연구결과가 일반적인 모든 대화 상황으로 해석되어 오용되고 있다는 비판도 있습니다. 하지만 협상 영역에서는 여전히 상대방의 미세한 표정 변화나 몸짓, 목소리 톤의 변화는 상대방의 진짜 감정이나 의도를 읽을 수 있는 단서가 됩니다. 상대방이 보내는 언어·비언어적 신호를 정확히 파악하면 협상 전략을 더욱 정교하게 수립할 수 있습니다.

1. 관찰의 중요성: 협상의 판을 읽는 능력

관찰은 단순히 상대방의 외적 행동을 바라보는 것이 아니라, 그 속에 숨겨진 진짜 의도와 감정을 파악하는 과정입니다. 협상 상대방은 자신의 속내를 모두 드러내지 않으며, 종종 의도를 숨기거나 과장된 태도를 보일 수 있습니다. 그러나 말로 표현되지 않은 미세한 표정 변화, 시선의 이동, 자세의 변화, 손의 움직임 등을 통해 상대방이 숨기려 하는 감정과 욕구를 읽어낼 수 있습니다.

율리우스 카이사르의 대표적인 저서인 『갈리아 전기』를 보면 그가 군사 작전뿐만 아니라 갈리아 부족들 간의 복잡한 역학 관계, 각 부족장의 성향과 야망, 그리고 그들의 심리를 얼마나 면밀하게 관찰하고 이를 전략적으로 활용했는지를 알 수 있습니다. 그는 협상에 임하기 전에 해당 부족이나 인물에 대한 방대한 정보를 수집했습니다. 내부 분열, 경쟁 관계, 핵심 인물의 성격과 약점, 강점 등을 파악하는 데 주력했습니다. 협상장에서는 상대방의 비언어적 신호(신체적 움직임, 표정)와 언어적 패턴(발언 스타일, 반복되는 주장)을 면밀하게 관찰하여 누가 실질적인 권력을 쥐고 있고, 누가 영향력이 있는지 파악했습니다. 그는 모든 부족원을 설득하려 들기보다, 가장 영향력 있는 부족장이나 핵심 인물을 파악하여 그들을 자신의 편으로 만드는 데 집중했습니다. 이들에게는 특별한 대우, 물질적 보상, 또는 명예를 약속하거나, 때로는 위협을 통해 복종을 유도했습니다. 이를 통해 그는 상대방을 직접 설득하기보다는 부족 내에서 이미 강한 영향력을 가진 지도자를 자신의 편으로 끌어들여 협상을 성공적으로 마무리했습니다.

2. 효과적인 관찰 기술

효과적인 관찰을 위해서는 몇 가지 실질적인 기술을 적용할 필요가 있습니다.

(1) 비언어적 신호를 읽어내기

협상 상대가 특정 주제에서 순간적으로 찡그리거나 미묘한 미소를 보일 경우, 이는 긍정적이거나 부정적인 감정을 표현하는 신호일 수 있습니다. 심리학자 기욤 뒤센(Guillaume Duchenne)은 진짜 미소를 짓는 얼굴은 자연스럽고 환한 웃음이라고 말합니다. 좀 더 구체적으로 말하면 눈꼬리의 근육이 수축해 눈이 반달 모양이 되고 입꼬리는 자연스럽게 올라가는 미소를 짓는다는 연구결과를 발표하였습니다, 이런 이유로 진짜 미소를 뒤셴 미소라고 부르기도 합니다. 반면 가짜 미소는 입꼬리는 올라가지만, 눈꼬리의 변화는 거의 없다고 합니다. 그러기에 마스크를 쓴다면 가짜 미소와 진짜 미소는 눈꼬리의 변화를 보고도 알 수가 있게 되죠. 예시를 들기 위해 그림에 마스크를 씌워볼까요? 어떤 미소로 보이시나요?

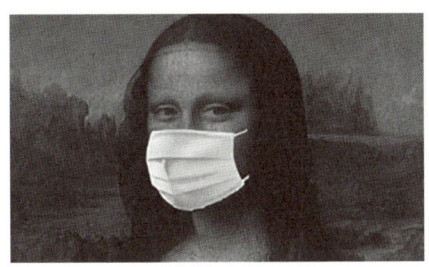

모나리자 팬데믹 패러디

또 상대방이 말을 하면서 눈을 피하는 경우, 해당 주제가 불편하거나 숨기고 싶은 정보일 확률이 높습니다. 협상 중 상대방이 갑자기 자세를 바꾸거나 팔짱을 낀다면 방어적인 태도를 보여주는 의미일 수 있습니다.

(2) 상대방의 언어적 패턴 분석

협상 상대가 자주 사용하는 특정 표현이나 단어가 있다면, 이를 활용하여 상대방이 강조하는 핵심 가치를 파악할 수 있습니다. 말의 속도가 갑자기 빨라지거나 느려지는 경우 해당 주제에 대해 상대방이 확신하거나 불안해하고 있음을 의미합니다.

(3) 상황에 따른 맥락 고려하기

협상 전에 상대방이 속한 기업이나 조직의 최근 뉴스, 재무 상황 등을 조사하면 상대방이 어떤 이슈에 가장 민감할지를 예상할 수 있습니다. 협상 장소와 분위기도 상대방의 태도에 영향을 줄 수 있습니다. 예를 들어, 상대방이 편안함을 느끼는 환경에서는 더 개방적이고 협조적인 태도를 보일 가능성이 큽니다.

3. 실전에서의 관찰 활용 사례

어느 IT 대기업은 협상 전에 상대방 기업의 문화와 주요 인물의 성향을 철저히 조사하여 협상 테이블에서 효과적으로 활용하는 전략을 사용합니다. 예를 들어, 일본 기업과의 협상에서 상대방이 비언어적 표현(고개 끄덕임, 침묵 등)에 큰 의미를 부여하는 문화를 가지고 있음을 인지하고, 협상 중 상대방의 침묵이 단순한 동의가 아니라 추가 논의가 필요하다는 신호로 해석하여 협상을 성공적으로 조율하였습니다.

또한, 글로벌 자동차 제조 기업은 협력 업체와의 협상에서 상대방 대표의 말뿐만 아니라 그의 보디랭귀지와 반응 속도까지 세밀히 분석하여 협상 전략을 조정합니다. 그 협상팀은 협력업체가 가격 조정에 대해 언급할 때 순간적으로 시선을 피하거나 주제를 바꾸는 경우, 그 지점이 협상의 주요 쟁점임을 빠르게 파악하고, 해당 부분에서 전략적으로 접근하여 유리한 결과를 도출합니다.

4. 결론

협상에서 관찰 능력은 상대방의 진정한 의도를 파악하고 협상의 흐름을 유리하게 조정하는 강력한 도구입니다. 단순히 상대방의 말을 듣는 것에서 벗어나, 비언어적 신호와 상황적 맥락을 고려하는 것이 필수적입니다. 협상에서 승리하는 자들은 상대방을 면밀하게 분석하고 전략적으로 접근하는 능력을 갖춘 자들입니다. 철저한 관찰을 통해 협상의 주도권을 확보하고, 더 효과적인 협상 결과를 얻을 수 있습니다.

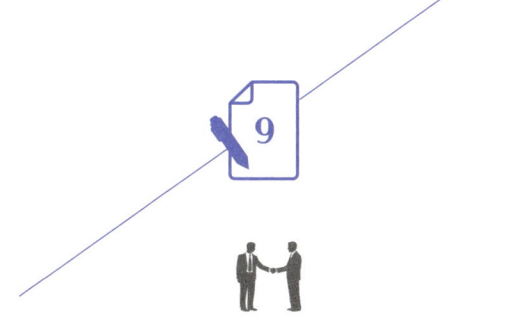

좋은 협상 대화법의 두 번째 단계: 경청

협상에서 상대방을 효과적으로 이해하고 설득하기 위해서는 단순히 듣는 것이 아니라 경청하는 것이 필수적입니다. 경청은 상대방이 말하는 내용을 단순히 받아들이는 것을 넘어 그 의미와 숨은 의도를 파악하고 상대방이 신뢰와 존중을 느끼도록 하는 중요한 과정입니다. 이는 협상의 두 번째 단계로서 경청은 신뢰를 구축하고 상대방의 심리를 이해하며, 협상의 흐름을 긍정적으로 조율하는 데 중요한 역할을 합니다.

1. 경청의 중요성

우리는 상대방이 진심으로 자신의 말을 들어준다고 느끼면 더 개방적으로 입장을 공유하고, 협력적인 태도를 보이게 됩니다. 경영 컨설턴트 스티븐 코비(Stephen R. Covey)는 "진정으로 이해하려고 듣기 전에, 이해받기를 기대하지 말라."라고 말하며, 경청이 성공적인 협상의 핵심임을 강조했습니다.

앞서 소개한 유비의 커다란 귀는 타인의 말을 잘 듣고 존중하는 뛰어난 경청의 능력을 지녔다는 상징적 의미를 담고 있습니다. 유비는 제갈량, 관우, 장비 등 뛰어난 인재들의 의견을 경청하고 받아들여 삼국지의 위대한 영웅으로 성장할 수 있었습니다. 그의 경청 능력은 수많은 인재가 그를 따르게 했고, 이후 촉한이라는 나라를 세우는 기반이 되었습니다. 이처럼 경청은 위대한 리더십의 기반이며, 큰 업적을 이루는 데 결정적인 역할을 합니다.

이는 고대 중국의 사자성어 "이청이심(以聽以心)"에서도 잘 나타납니다. 이청이심은 귀로 듣고 마음으로 이해한다는 의미로, 상대방의 말 뒤에 숨겨진 감정과 의도를 마음으로 깊이 헤아리는 것이 중요하다는 가르침입니다. 서양에서도 그리스 철학자 소크라테스는 '경청이 지혜의 시작'이라고 하며 경청의 중요성을 강조했습니다.

2. 효과적인 경청 기술

협상에서 경청은 적극적 경청(Active Listening)이라고 할 수 있습니다. 적극적 경청은 상대방의 말을 듣고, 이해하며, 적절한 피드백을 제공하는 과정입니다. 단순히 듣는 것이 아니라, 상대방의 말에 맞춰 고개를 끄덕이거나, "그렇군요." "더 자세히 말씀해주시겠어요?"와 같은 반응을 보이며 경청하고 있음을 적극적으로 표현하는 것입니다. 경청 기술도 학습하면 향상될 수 있습니다. 이를 위한 방법 몇 가지를 소개하면 다음과 같습니다.

(1) 재진술(Paraphrasing)

재진술은 상대방의 발언을 요약하거나 재구성해 다시 전달함으로써, 상대방이 자신의 말을 이해받고 있다고 느끼게 만드는 중요한 소통 기술입니다.

예를 들어, 상대방이 "지금 우리 팀은 인력 부족으로 프로젝트 진행이 늦어지고 있습니다."라고 말했을 때, "현재 프로젝트 일정이 인력 문제 때문에 지연되고 있다는 말씀이시군요."라고 응답하면, 상대방은 자신의 말이 제대로 전달되었다고 느끼고 신뢰하게 됩니다.

(2) 공감적 경청(Empathetic Listening)

공감적 경청은 상대방의 감정까지 이해하려는 태도를 의미합니다. 단순히 말의 의미를 파악하는 것이 아니라, 상대방이 처한 상황과 감정을 이해하고 있음을 표현하는 것이 중요합니다. 예를 들어, "그 문제가 상당히 어려운 상황을 초래했겠군요."라고 말하면, 상대방은 자신의 감정을 이해받고 있다고 느낄 것입니다.

(3) 침묵 활용(Silent Listening)

경청에는 말을 하지 않는 것도 중요한 기술입니다. 상대방이 충분히 이야기할 수 있도록 침묵을 유지하면, 상대방은 자연스럽게 입장을 더욱 명확히 표현하려 합니다. 특히 협상에서 침묵은 상대방이 추가적인 정보를 제공하도록 유도하는 강력한 도구가 될 수 있습니다.

3. 경청 활용 사례

세일즈포스(Salesforce)는 클라우드 기반 CRM 솔루션을 제공하는 글로벌 선도 기업으로, 고객 중심 전략의 핵심에 '경청'을 두고 있습니다. 이들은 고객과의 초기 미팅에서 고객의 요구를 정확히 파악하기 위해 VOC(Voice of the Customer) 세션을 운영하며, 고객의 핵심 발언을 재진술 해 다시 확인하는 방식으로 신뢰를 쌓습니다.

특히, 고객이 말하는 표면적인 '문제' 뒤에 숨겨진 근본적인 '요구'(예: 단순 자동화 요청 뒤의 복잡한 고객 여정 개선 필요)를 포착하는 데 주력합니다. 이를 위해 경청과 더불어 전략적인 질문을 활용하고, 파악된 내용을 내부 전담팀에 공유하여 고객에게 최적화된 맞춤형 솔루션을 설계합니다.

이러한 경청 기반 접근 덕분에 세일즈포스는 단순 솔루션 공급자를 넘어 고객의 비즈니스 공동 설계자 위치를 확보했으며, 높은 장기 계약 유지율과 고객 만족도를 달성하고 있습니다. 이는 깊은 고객 이해가 비즈니스 성공의 핵심임을 보여주는 사례입니다.

또 다른 예로 전설적인 미국 외교관 헨리 키신저(Henry Kissinger)는 협상에서 상대방의 말을 끝까지 경청하고, 필요할 때만 말을 덧붙이는 전략을 활용했습니다. 그는 상대방이 자신이 존중받고 있다는 느낌을 받도록 하였으며, 이를 통해 협상 상대방이 더욱 개방적으로 의견을 표현하도록 만들었습니다. 그의 경청 기술은 미국 외교의 여러 중요한 협상을 성공시키는 데 기여했습니다.

4. 결론

경청은 협상의 핵심 요소로서 신뢰를 형성하고 협상의 흐름을 원활하게 만드는 중요한 기술입니다. 단순히 듣는 게 아니라 적극적 경청, 재진술, 공감적 경청, 침묵 활용 등의 기법을 통해 상대방과의 소통을 강화하고 협상을 효과적으로 이끌어야 합니다. 경청은 상대방이 자신의 의견을 존중받고 있다고 느끼게 만들며, 궁극적으로 협상을 성공적으로 마무리하는 데 결정적인 역할을 합니다.

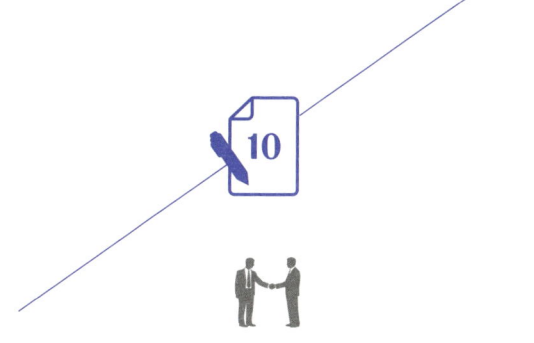

좋은 협상 대화법의 세 번째 단계: 질문

협상에서 질문은 단순히 정보를 얻는 도구를 넘어, 상대방의 생각을 확장하고 협상의 방향을 주도하는 강력한 전략적 수단입니다. 좋은 질문을 던지면 상대방은 스스로 해결책을 탐색하게 되고, 협상가는 협상의 흐름을 더욱 유리하게 이끌 수 있습니다. 질문은 상대방을 설득하는 가장 효과적인 방법 중에 하나이며, 협상의 핵심 기술로 자리 잡고 있습니다.

1. 질문의 힘: 협상을 주도하는 전략적 도구

질문은 상대방이 자신도 인지하지 못했던 욕구와 가능성을 탐색하게 하는 역할을 합니다. 질문을 통해 협상가는 상대방의 숨겨진 요구를 발견하고, 갈등을 최소화하며, 협력을 유도할 수 있습니다.

고대 그리스 철학자 소크라테스는 대화 상대가 스스로 답을 찾도록 유도하는 '소크라테스식 문답법'을 개발하였습니다. 그는 직접적인 답을 제시하지 않고, 끊임없는 질문을 통해 상대방이 논리적으로 스스로 해답을 도출하도록 만들었습니다. 협상에서도 이러한 질문 방식은 매우 효과적입니다. 예를 들어, "만약 우리가 이 조건을 변경한다면, 더 나은 대안이 있을까요?"와 같은 질문은 상대방이 새로운 해결책을 찾도록 유도합니다.

동양의 고전에서도 질문의 중요성이 강조됩니다. 『논어』에서 공자는 "불문부지

(不問不知)"를 언급하였습니다. 이는 "묻지 않으면 알지 못한다."라는 의미로 올바른 질문이 학습과 성장의 필수 요소임을 강조했습니다. 협상에서도 질문을 통해 상대방의 입장을 명확히 이해하고, 더 나은 협상안을 도출할 수 있습니다.

2. 효과적인 질문 기술

(1) 개방형 질문(Open-ended Questions)으로 정보 수집

개방형 질문은 단순한 '예'나 '아니오'가 아닌, 상대방이 스스로 깊이 생각하고 의견을 표현하도록 유도하는 질문입니다. 협상에서 개방형 질문을 사용하면 상대방이 더 많은 정보를 제공하게 되어 협상가는 더 나은 협상 전략을 구사할 수 있습니다.

예를 들면 다음과 같습니다.
"귀사가 현재 가장 중요하게 생각하는 요소는 무엇인가요?"
"이 계약에서 가장 우려되는 부분은 어떤 점인가요?"

(2) 가정형 질문(Hypothetical Questions)으로 가능성 탐색

가정형 질문은 상대방이 기존에 고려하지 않았던 새로운 대안을 탐색하도록 도와줍니다. 이는 협상에서 유연성을 높이고 창의적인 해결책을 찾는 데 유용합니다.

예를 들면 다음과 같습니다.
"만약 우리가 추가적인 서비스를 제공한다면, 협상 조건을 재조정할 의향이 있으신가요?"
"현재 가격이 문제가 된다면, 계약 기간을 조정하는 대안은 어떨까요?"

(3) 반영 질문(Reflective Questions)으로 상대방의 핵심 입장 확인

반영 질문은 상대방이 한 말을 요약하거나 반복하여 확인하는 방식입니다. 이를 통해 상대방이 입장을 명확하게 정리하도록 유도하며, 협상가는 상대방의 진짜 의도를 정확히 이해할 수 있습니다.

예를 들면 다음과 같습니다.

"즉, 귀사의 핵심 관심사는 품질 유지와 비용 절감이라는 말씀이시군요. 맞습니까?"

"다시 확인하자면, 귀하는 현재 제공된 조건에서 납기일이 가장 큰 이슈라고 보시는 거죠?"

(4) 명확화 질문(Clarifying Questions)으로 오해 방지

협상에서 오해는 종종 갈등을 초래합니다. 명확화 질문을 사용하면 상대방의 말을 정확히 이해할 수 있으며, 잘못된 가정을 방지할 수 있습니다.

예를 들면 다음과 같습니다.

"조금 더 구체적으로 설명해 주시겠어요?"

"방금 말씀하신 내용이 이 조항과 관련이 있는 건가요?"

(5) 유도 질문(Leading Questions)으로 원하는 방향 설정

유도 질문은 협상에서 상대방을 특정 방향으로 이끌어가는 강력한 기법입니다. 상대방이 원래 고려하지 않았던 선택지를 받아들이도록 만들 수 있습니다. 하지만 유도 질문의 경우 상대방이 조종당하는 느낌을 줄 수 있어 방어적인 태도를 유발할 가능성이 있고, 협상 신뢰가 손상될 수 있으며, 협상이 결렬될 가능성도 있습니다. 유도 질문을 사용한다면 상당히 조심스럽게 활용하셔야 하겠습니다.

예를 들면 다음과 같습니다.

"이 옵션이 비용 절감에도 도움이 되고, 품질도 유지되는 방법인데, 이렇게 진행하면 어떨까요?"

"현재 조건보다 이 조건이 더 유리해 보이지 않나요?"

3. 활용 사례

글로벌 대기업 A사는 공급업체와의 협상에서 질문을 전략적으로 활용하는 기업으로 유명합니다. 예를 들어, A사는 부품 공급업체들과의 가격 협상에서 "만약 더 장기적인 계약을 고려한다면, 단가를 조정할 수 있는 여지가 있을까요?"라는 가정형 질문을 사용하여, 공급업체가 스스로 더 저렴한 가격을 제안하도록 유도합니다. 이를 통해 A사는 공급망을 최적화하고 비용을 절감할 수 있었습니다.

앞서 언급한 헨리 키신저는 협상에서 질문도 능숙하게 활용한 인물입니다. 그는 상대국 대표와의 회담에서 "귀국이 이 협상에서 가장 우려하는 요소는 무엇인가요?"라는 개방형 질문을 사용하여 상대방의 실제 목적과 관심사를 끌어냈습니다. 이를 통해 키신저는 상대방이 받아들일 수 있는 타협점을 찾고, 국제 외교 무대에서 수많은 협상을 성공적으로 이끌어냈습니다.

4. 결론: 질문은 협상의 방향을 결정하는 강력한 도구

윌리엄 유리(William Ury) 교수는 협상 중 질문을 전략적으로 사용하여 상대방의 진심과 요구를 드러내는 데 탁월한 능력을 발휘하였습니다. 그는 "협상에서의 성공은 질문을 통해 상대방의 진짜 욕구를 알아내는 능력에 달려 있다."고 강조하며, 적절한 질문을 통해 상대방이 스스로 해결책을 제안하게 함으로써 많은 협상을 성공적으로 이끌었습니다.

이처럼 질문은 협상에서 상대방의 진짜 의도와 요구를 명확히 하고, 협상을 유리하게 이끌어 나갈 수 있는 매우 강력한 도구입니다. 효과적인 질문을 통해 상대방의 진심을 이끌어 내고, 새로운 가능성을 탐색하며, 신뢰와 공감을 형성할 수 있습니다. 협상가는 질문을 전략적으로 사용하여 협상의 성공 가능성을 극대화할 수 있어야 합니다.

결국, 협상에서 가장 중요한 것은 단순한 주장이나 논리적 설명이 아니라, 올바른 질문을 통해 상대방이 스스로 최선의 답을 찾도록 유도하는 것입니다. 효과적인 질문을 익히고 활용한다면, 협상의 흐름을 주도하고 더 나은 결과를 도출할 수 있을 것입니다.

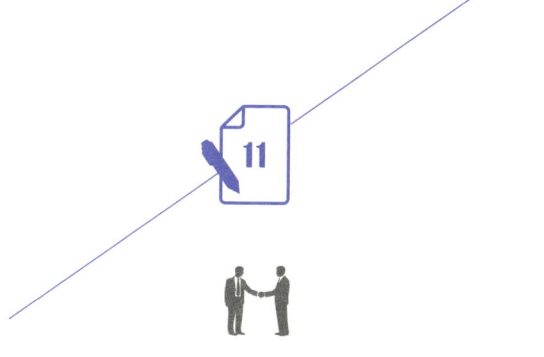

협상 중 감정 통제는 왜 중요한가?

협상은 논리와 전략의 게임이지만, 동시에 감정이 강하게 작용하는 고도의 심리적 과정이기도 합니다. 감정을 효과적으로 통제할 수 있는 협상가는 협상의 흐름을 주도하며, 상대방을 설득하고 원하는 결과를 도출할 가능성이 많아집니다. 반면, 감정이 격해진 상태에서 협상에 임하면 협상력을 잃고, 불리한 조건을 받아들이거나 협상이 결렬될 가능성이 많아집니다. 그렇다면 협상에서 감정 통제가 왜 중요한지, 그리고 효과적으로 감정을 조절하는 방법은 무엇인지 살펴보겠습니다.

1. 협상 중 감정통제가 중요한 이유

(1) 아킬레우스의 감정 절제 사례

서양 고전 『일리아드』에서는 아킬레우스의 분노와 감정 조절 실패가 전쟁의 흐름에 어떤 영향을 미치는지를 극적으로 보여줍니다. 트로이 전쟁 중, 아가멤논은 아킬레우스의 전리품이었던 브리세이스를 강제로 빼앗고, 이에 분노한 아킬레우스는 전투 불참을 선언합니다. 그는 격한 감정에 휘말려 아가멤논을 죽이려 칼을 뽑기도 하지만, 이때 여신 아테나가 하늘에서 내려와 개입합니다.

아테나는 아킬레우스의 머리카락을 붙잡고, 무모한 행동을 멈추도록 조언하며 그의 분노를 가라앉힙니다. 그녀는 감정적으로 대응하지 말고, 말로써 입장을 분명

미셸 마틴 드롤링, 「아킬레우스의 분노」
설명 : 그림 중앙, 투구를 쓴 아킬레우스
가 오른손을 들어 칼을 집어 아가멤논을
치려고 하는 순간
그림 위, 아테나 여신이 아킬레우스를
저지하고 있는 모습

히 밝히라고 충고합니다. 아킬레우스는 신의 조언을 받아들여 결국 칼을 거두고, 분노를 절제합니다.

만일 아킬레우스가 아테나의 만류를 거부하고 아가멤논과 싸움을 벌였다면 어떤 결과가 나왔을까요? 물론 상상력이 동원되는 내용이기는 하지만 두 사람 중 한 명이라도 죽거나 치명상을 입게 되었다면 아킬레우스 개인의 몰락뿐만 아니라 그리스군 내부 역시 붕괴되었을지도 모릅니다.

이처럼 감정의 절제는 협상에서도 매우 중요한 시사점을 줍니다. 감정이 극에 달했을 때, 이성적 조언과 내면의 절제가 극단적 충돌을 방지하고 더 나은 대안을 선택하는 데 도움이 된다는 것입니다.

협상에서도 상대방의 도발이나 부당한 요구에 즉각적으로 반응하기보다, 감정을 추슬러 상황을 분석하고 전략적으로 접근하는 태도가 중요합니다. 특히, 아킬레우스처럼 격한 감정을 느낄 때일수록 "내가 지금 무엇을 잃고 무엇을 얻을 수 있는가?"라는 냉정한 질문을 던지는 것이 갈등 해결의 실마리가 됩니다.

(2) 냉정함이 협상의 주도권을 가져온다

협상 테이블에서 냉정함을 유지하는 사람은 협상을 주도할 확률이 높습니다. 상대방이 감정적으로 격앙될수록 침착함을 유지하는 협상가는 더 유리한 협상 위치를 점할 수 있습니다.

쿠바 미사일 위기 협상은 감정 통제와 전략적 접근의 교과서적 사례입니다. 케네디 대통령은 소련이 쿠바에 핵미사일을 설치했다는 사실을 발견하고도 군부의 무력 사용 요구를 거부했습니다. 대신 해상 봉쇄(Quarantine)라는 제한적 압박 전술을 선택해 협상 공간을 열어뒀습니다. 좀 더 자세히 말하면 케네디 행정부는 '봉쇄(Blockade)'라는 용어가 전쟁 행위로 해석될 수 있음을 고려하여 '검역(Quarantine)'이라는 용어를 사용했습니다. 이는 소련의 추가 미사일 반입을 막으면서도 전면전으로 비화 될 가능성을 낮추는 제한적인 압박 전술이었습니다.

협상 과정에서 소련의 니키타 흐루쇼프(Nikita Khrushchyov)는 비공식적으로 온건한 1차 메시지를 통해 미국이 쿠바를 침공하지 않겠다고 약속하면 미사일을 철수하겠다고 제안했습니다. 다른 2차 메시지는 공식적이며 강경한 메시지로 다음 날 모스크바 라디오를 통해 방송된 공개서한에서는 흐루쇼프는 터키의 미사일 철수를 쿠바 미사일 철수의 조건으로 내걸었습니다. 그리고 케네디는 그중 온건한 1차 메시지만 공식적으로 수용하는 신중한 전략을 구사했습니다. 또 비공식 채널을 통해 터키 미사일 철수를 조용히 협의하여 공개적 양보 없이 소련에 퇴로를 열어주었습니다.

그 결과 소련은 쿠바 미사일을 철수하고, 미국은 터키 미사일을 비공식적으로 철수하는 합의에 이르렀습니다. 이 사례는 극도의 긴장 상황에서도 감정을 절제하고 제한적 압박, 선택적 메시지 수용, 비공식 채널 활용 같은 협상 전술을 통해 평화를 이끌어낼 수 있음을 보여줍니다.

(3) 감정적 대응은 협상을 불리하게 만든다

분노, 실망, 좌절 등의 감정이 표출되면 상대방은 이를 약점으로 활용할 수 있습니다. 예를 들어, 연봉 협상에서 직원이 회사의 첫 번째 제안에 실망하여 감정을 드러내면, 고용주는 이를 이용해 더 낮은 인상률을 제시할 수도 있습니다. 감정을 조절하고 논리적으로 접근하는 협상가는 더 유리한 조건을 도출할 확률이 높습니다.

(4) 감정 통제는 신뢰를 구축한다

감정을 절제하고 합리적으로 협상에 임하는 태도는 상대방에게 신뢰를 줍니다. 상대방이 신뢰를 가지면 협상 분위기가 개선되고, 더 나은 협력적인 관계를 형성할 수 있습니다.

예를 들어, 일본 기업들은 협상 중 침착함과 절제된 태도를 유지하는 것으로 유명하며, 이는 협상 파트너들에게 신뢰를 심어주는 요소로 작용합니다.

2. 협상에서 감정을 통제하는 방법

(1) 사전에 감정적 반응을 예측하고 객관적 사실 중심으로 대비하기

협상 과정에서는 상대방의 요구나 발언에 감정적으로 반응할 가능성이 있는 지점을 예상하고 대비하는 것이 중요합니다. 특히 가격 인하나 불합리한 요구가 예상될 때, 사전 준비가 되어 있지 않으면 쉽게 감정적으로 대응하거나 협상 주도권을 잃을 수 있습니다.

실제 사례로, P&G(프록터앤드갬블)와 월마트 간의 공급 협상을 들 수 있습니다. 월마트는 대규모 유통업체로서 공급 업체들에게 지속적으로 대량 할인 요구를 하는 것으로 유명합니다. P&G는 월마트가 협상 과정에서 강력한 가격 인하를 요구할 것을 사전에 충분히 예상했습니다.

이에 P&G는 단순히 가격 인하를 거부하는 대신, 재고 회전율(Turnover Rate) 데이터를 철저히 준비했습니다. "P&G 제품은 타사 제품 대비 재고 회전율이 높고, 이는 매장당 수익률을 높이는 효과가 있다."는 점을 근거로 삼아 협상에 임했습니다. 이처럼 데이터를 중심으로 논리를 강화한 덕분에 P&G는 감정적 대응을 피하면서, 합리적인 조건에서 공급 계약을 유지할 수 있었습니다.

이 사례는 협상 전에 상대방의 압박 전술을 예상하고, 이를 객관적 데이터로 차분히 대응할 준비를 하는 것이 얼마나 중요한지를 보여줍니다. 감정이 아니라 논리로 대응을 준비할 때, 협상은 훨씬 더 유리하게 전개될 수 있습니다.

(2) 심호흡 활용하기

감정이 격해질 때 즉각적으로 반응하기보다 심호흡하거나 잠시 침묵을 유지하는 것이 중요합니다.

4-7-8 호흡법(4-7-8 Breathing Method)을 활용하면 심박수를 안정시키고 감정을 조절하는 데 도움이 됩니다. 이를 좀 더 자세히 말씀드리면 다음과 같습니다.

코로 4초간 깊이 숨을 들이마십니다.

7초 동안 숨을 멈춥니다.

8초 동안 입으로 천천히 숨을 내쉽니다.

이 호흡법은 미국의 유명 통합의학 전문가인 앤드루 와일(Andrew Weil) 박사가 대중화시킨, 매우 잘 알려진 심호흡 기술입니다. 이 호흡법의 과학적 원리는 심호흡이 부교감신경을 활성화하면 신체가 '이완 모드'로 전환됩니다. 특히 숨을 오래 참는 7초와 천천히 내쉬는 8초 과정이 자율신경계를 조절해 긴장과 스트레스를 낮춰주게 됩니다.

(3) 상대방의 감정을 이해하고 공감 표현하기

상대방의 감정을 무시하는 것이 아니라, 이를 인정하고 공감하는 것이 오히려 협상에서 유리할 수 있습니다. 예를 들어, "귀사의 입장에서 가격 조정이 부담스러울 수 있다는 점을 이해합니다. 하지만…"과 같이 공감을 먼저 표현하면 협상이 원만하게 진행될 가능성이 많아집니다.

(4) 시간을 요청하여 감정을 조절할 기회를 갖기

협상 중 감정적으로 격앙될 경우, 즉시 반응하는 것이 아니라 "이 문제에 대해 좀 더 깊이 생각해보고 싶습니다. 잠시 시간을 주시겠습니까?"와 같이 시간을 요청하는 것이 좋습니다. 이는 감정을 가라앉히고 논리적으로 대응할 수 있는 시간을 벌어주는 전략입니다.

3. 결론: 감정 통제는 협상의 핵심 역량이다

협상에서 감정을 통제하는 것은 단순한 개인적 덕목이 아니라, 협상 성공을 좌우하는 핵심 역량입니다. 이를 정리하면 다음과 같습니다.

감정을 통제하면 협상의 주도권을 가질 수 있습니다.

감정적 대응은 협상을 불리하게 만들 수 있습니다.

감정 조절은 상대방에게 신뢰를 형성하는 데 중요한 요소입니다.

이를 위해 협상가는 사전에 감정적인 반응을 예측하고 대비하며, 침착함을 유지하는 방법을 익혀야 합니다. 또, 객관적인 논리를 활용하고, 상대방의 감정을 공감하며 조율하는 것이 효과적인 전략이 될 수 있습니다. 궁극적으로 감정을 통제할 줄 아는 협상가는 어떠한 상황에서도 냉정하게 협상을 이끌어나가며, 원하는 결과를 도출할 가능성을 극대화할 수 있습니다.

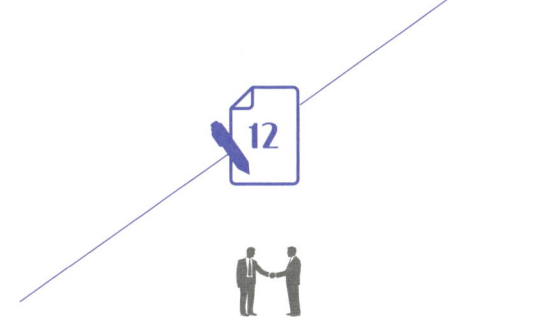

협상에서 까다로운 상대를 대하는 방법

협상에서 까다로운 상대란 단순히 강경한 태도를 보이는 상대뿐만 아니라, 논리적으로 설득하기 어려운 성향의 상대를 의미합니다. 이들은 협상 과정에서 과도한 요구를 하거나, 비협조적인 태도를 보이며, 때때로 감정적 반응을 보이기도 합니다. 협상가는 이러한 상대를 효과적으로 다루기 위해 감정을 조절하고, 전략적으로 접근해야 합니다.

1. 까다로운 협상 상대의 유형

(1) 완고한 입장을 고수하는 상대

어떤 상황에서도 자신의 입장을 고집하며 양보하려 하지 않는 상대입니다. 자신의 요구를 철저히 고수하고, 상대방의 주장을 쉽게 받아들이지 않습니다.

(2) 감정적으로 반응하는 상대

협상 중 쉽게 흥분하거나, 개인적인 감정을 협상에 반영하는 유형입니다. 감정적으로 대응할 경우 협상이 비효율적으로 진행될 수 있습니다.

(3) 비협조적인 태도를 보이는 상대

협상에 적극적으로 임하지 않고, 정보를 공유하지 않거나 협상 진행을 방해하는 상대입니다. 협상가가 이러한 상대와는 윈-윈(Win-Win) 방식의 협상을 진행하기가 쉽지 않습니다.

2. 까다로운 상대를 다루는 전략

(1) 감정을 통제하고 논리적으로 대응하기

상대가 고의로 도발하거나 감정을 자극할 때, 앞서 언급한 것처럼 냉정함을 유지하는 것이 중요합니다. 감정적으로 대응하면 협상에서 주도권을 잃을 수 있습니다.

『삼국지연의』에서 촉나라의 책사 제갈량(諸葛亮)과 위나라의 명장 사마의(司馬懿)는 오랜 기간 치열한 심리전을 펼쳤습니다. 제갈량은 북벌을 진행하며 위나라를 압박했지만, 사마의는 직접적인 충돌을 피하며 철저한 방어 전략을 구사했습니다. 제갈량은 사마의를 도발하기 위해 심리전을 활용했습니다. 그는 사마의를 조롱하는 편지를 보내며 "당신은 겁쟁이인가? 왜 싸우지 않는가?"라고 도발했습니다. 또한, 공성계(空城計)를 사용해 병력이 거의 없는 상태에서 성문을 활짝 열고 거문고를 연주하며 사마의를 유인하려 했습니다.

그러나 사마의는 이러한 도발에 감정적으로 반응하지 않고 철저한 방어 태도를 유지했습니다. 그는 황제에게 서신을 보내며 "제갈량의 군대는 보급이 어려울 것이니 시간을 끌면 자연히 물러날 것입니다."라고 보고하며 기다리는 전략을 택했습니다. 결국, 제갈량은 식량 부족으로 인해 철수해야 했고, 사마의는 단 한 번의 전투 없이 촉한의 북벌을 무력화시켰습니다.

이 사례는 협상에서도 상대가 감정을 자극할 때 이에 휘둘리지 않고 냉정하게 전략적으로 대응해야 한다는 점을 시사합니다.

(2) 상대방의 전략을 간파하고 대응하기

상대가 협상 과정에서 비현실적인 요구를 하거나, 일부러 협상을 어렵게 만드는 전략을 사용할 경우 이를 간파하고 대처해야 합니다.

2017년, 유럽연합(EU)은 구글이 검색 엔진 시장에서 독점적 지위를 남용했다며 27억 달러의 벌금을 부과하겠다고 발표했습니다. 협상이 시작되었을 때, EU는 구글이 검색 알고리즘을 조작하여 자사 서비스를 우선 노출한다고 주장하며 강경한 태도를 유지했습니다. 구글은 이 상황을 분석한 결과, 단순히 벌금 문제를 해결하는 것이 아니라 EU가 빅테크 기업에 대한 규제를 강화하고 정치적 영향력을 확대하려는 의도가 있는 것을 간파했습니다.

이에 구글은 방어적 태도 대신, 자사가 시장 경쟁을 촉진하고 소비자에게 혜택을 주고 있다는 점을 강조하는 전략을 택했습니다. 구글은 자체 데이터를 분석하여 검색 서비스가 경쟁사의 사이트에도 유리한 트래픽을 제공하고 있다는 점을 보여주었으며, 독점이 아니라 기술 혁신의 결과임을 논리적으로 입증했습니다. 또한, 유럽 내 중소기업 및 스타트업 회사들과 협력하여 '구글의 검색 서비스가 이들에게 어떤 혜택을 주고 있는지'를 강조하는 공공 캠페인을 전개했습니다. 이 사례는 협상에서 상대방의 숨은 의도를 분석하고, 논리적으로 반박하는 것이 중요함을 보여줍니다.

(3) 객관적인 데이터와 논리를 활용하기

감정적 논쟁을 피하고, 객관적인 자료를 바탕으로 논리적으로 설득하는 것이 효과적입니다.

2020년, 글로벌 반도체 부족 사태가 발생하면서 애플은 주요 반도체 공급업체인 TSMC(대만 반도체 제조사)와 협상을 진행해야 했습니다. 당시 많은 전자기기 제조사들이 반도체 공급 부족으로 생산 차질을 빚었고, 반도체 가격이 급등하는 상황이었습니다. 애플은 협상에서 불리할 수 있었지만, 객관적인 데이터와 협상력을 바탕으로 공급업체와의 계약을 조정하는 전략을 사용했습니다.

애플은 TSMC와의 협상에서 단순히 가격 인하를 요구하는 대신, 장기 계약을 제안하여 공급망의 안정성을 확보하는 방안을 논의했습니다. 또한, 애플은 대체 공급업체들과 접촉하고 있다는 신호를 주어 TSMC가 협상에서 더욱 유연한 태도를 보이도록 유도했습니다.

결과적으로 애플은 시장의 반도체 가격 상승에도 불구하고, 안정적인 공급망을 유지하면서 기존보다 유리한 조건으로 반도체를 확보할 수 있었습니다.

이 사례는 협상에서 객관적인 근거를 활용하고, 장기적인 시각을 가지고 협상을 진행하는 것이 성패를 좌우할 수 있음을 보여줍니다.

(4) 협상의 대안을 마련하기(바트나 활용)

협상에서 상대가 까다로운 태도를 보일 경우, 대체 방안을 미리 준비하여 협상력을 강화해야 합니다.

넷플릭스는 주요 콘텐츠 제작사들과의 협상에서 불리한 조건을 요구받았을 때, 자체 콘텐츠 제작 역량을 강화하는 전략을 사용했습니다. 디즈니가 자사 콘텐츠를 넷플릭스에서 회수하려 하자, 넷플릭스는 〈하우스 오브 카드〉 등의 오리지널 콘텐츠를 개발하여 협상에서 독립적인 위치를 유지했습니다.

결과적으로 넷플릭스는 장기적인 협상력을 확보하며 불리한 조건을 피할 수 있었습니다. 이 사례는 실제로 넷플릭스가 콘텐츠 시장의 변화에 대응하고 협상력을 강화하기 위해 사용했던 핵심 전략을 매우 정확하게 보여주는 사례라고 할 수 있습니다. 협상에서 외부 요인에 대한 의존도를 줄이고 자체적인 경쟁력을 확보하는 것이 얼마나 중요한지를 잘 설명해 줍니다.

(5) 협상 결렬을 두려워하지 않기

상대가 무리한 요구를 하거나 비현실적인 조건을 강요할 경우, 협상 결렬을 감수할 수도 있어야 합니다.

미국과 중국의 무역 협상(2018~2020년)에서, 미국은 중국이 미국 제품에 대한 수입 규제를 완화하지 않으면 협상을 중단할 것이라고 선언했습니다. 협상 결렬 가능성을 염두에 둔 미국은 기존 입장을 고수했고, 중국은 일부 양보함으로써 협상이 다시 진행될 수 있었습니다.

이는 협상에서 때로는 결렬을 감수하는 태도가 필요하다는 점을 보여줍니다. 다만, 이러한 전략은 신중하게 구사되어야 하며, 실제 결렬로 이어질 경우의 위험성도 충분히 고려해야 합니다. 그 위험성의 예시로 2025년 4월 현재 트럼프 2기 행정부 출범 이후 시작된 미국과 중국의 무역 협상이라고 볼 수 있습니다. 트럼프 2기 행정부의 미·중 협상은 1기 협상과는 상당히 다른 양상을 보여줍니다. 트럼프 2기 행정부 출범 이후 미국은 중국, 캐나다, 멕시코 등 주요 무역 파트너 국가들에 대해 추가적인 관세를 부과했습니다. 특히 중국에 대한 관세율이 대폭 인상되어, 일부 보도에 따르면 145%까지 재산정되기도 했습니다.

이에 대하여 중국은 강하게 반발하며 보복 관세로 맞대응하고 있으며 언론전도 마다하지 않습니다. 저자는 이러한 치킨 게임식 무역 갈등이 해소되리라 예측되지만, 글로벌 경제에 심각한 부정적 영향을 미치는 상처만 남는 협상 결과로 남을 것입니다.

3. 결론: 까다로운 상대에게 냉정하게 대응하는 것이 협상 성공의 핵심

까다로운 협상 상대를 다룰 때, 협상가는 감정적으로 대응하지 않고 논리적이고 전략적인 접근 방식을 취해야 합니다. 이를 정리하면 다음과 같습니다.

냉정을 유지하고 감정적으로 대응하지 않는다.
상대방의 전략을 간파하고 논리적으로 반박한다.
객관적인 데이터를 활용하여 협상을 유리하게 이끈다.
항상 대체 방안을 마련해 협상 결렬에 대비한다.
협상이 불리할 경우 결렬을 두려워하지 않는다. 하지만 그 위험성은 충분히 고려해야 한다.

이러한 원칙을 지킨다면 까다로운 상대와의 협상에서도 주도권을 유지하며 원하는 결과를 얻을 가능성을 극대화할 수 있습니다.

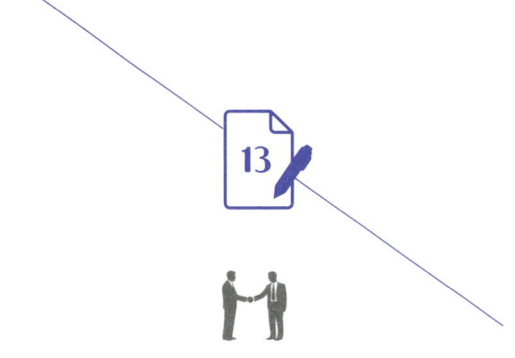

협상에서 비열한 상대를 대하는 방법

협상에서 우리는 때때로 비열한 상대를 만나게 됩니다. 이들은 협상 테이블에서 거짓 정보를 유포하거나, 속임수 전략을 활용하며, 심지어 협박과 회유를 통해 이득을 취하려 합니다. 하버드 협상 연구소의 로저 피셔(Roger Fisher)와 윌리엄 유리(William Ury)는 "협상에서 가장 위험한 것은 상대의 불공정한 전술을 간과하는 것."이라고 강조합니다. 따라서 협상가는 이러한 비열한 전략에 휘둘리지 않고 냉정하게 대처하는 방법을 익혀야 합니다.

1. 비열한 협상 상대의 유형

(1) 허위 정보 및 속임수 사용

상대가 잘못된 정보를 제공하여 협상에서 우위를 점하려는 전략을 사용합니다. 예를 들어, 협상 초기부터 가격이나 조건을 실제보다 과장하거나 축소하여 거짓 정보를 퍼뜨립니다.

(2) 의도적인 시간 지연 전술 사용

협상을 지연시키면서 상대방이 조급해지도록 유도하는 전략입니다. 상대가 협상 마감 시한을 무기로 삼아 불리한 조건을 받아들이도록 압박할 수도 있습니다.

(3) 협박과 강압적인 태도

"이 제안을 받아들이지 않으면 다른 경쟁사와 계약하겠다." 등의 협박성 발언을 사용하여 상대방을 압박하는 유형입니다.

(4) 분열 조장

협상팀 내부에서 의견 차이를 유발하여 내부 균열을 일으키는 전략을 사용합니다. 특히 기업 간 협상에서는 상대방이 같은 팀 내 협상가 사이의 갈등을 조장해 협상력을 약화시키려는 시도를 할 수 있습니다.

2. 비열한 상대를 다루는 전략

(1) 속임수를 간파하고 논리적으로 반박하기

상대방이 허위 정보를 제공할 경우, 이를 논리적으로 반박하고 객관적인 데이터를 요구해야 합니다.

지난 2001~2002년 휴렛팩커드(HP)와 컴팩(Compaq)의 인수 협상 사례를 보겠습니다. 2001년, 휴렛팩커드(HP)는 컴팩(Compaq) 인수를 추진했습니다. 당시 휴렛팩커드(HP) 이사회 내부는 크게 분열되었고, 시장에서는 '과연 컴팩 인수가 휴렛팩커드(HP)에 도움이 되는가'를 놓고 부정적 여론이 퍼졌습니다.

특히 주요 주주였던 월턴(Walton) 가문과 다른 주주 그룹은 '컴팩 인수는 실패할 것'이라며 반대하며, 휴렛팩커드(HP) 경영진에 강력한 압박을 가했습니다. 휴렛팩커드(HP)의 CEO였던 칼리 피오리나(Carly Fiorina)는 이러한 반대 움직임과 일부 허위 정보(인수 실패 가능성 과장, 비용 부풀리기 주장)에 감정적으로 대응하지 않았습니다.

오히려 ① 인수로 인한 시너지 효과 ② 서버, 스토리지 부문 점유율 확대 ③ 비용 절감 효과와 장기적인 성장 전망에 대하여 수치화하여 철저히 데이터 기반 논리로 대응했습니다.

이런 논리적이고 객관적인 자료들을 가지고 주요 주주들과 반복적으로 개별 면담을 하고, 시장 여론을 설득하기 위한 공개서한과 미디어 인터뷰를 통해 논리적 설득을 이어갔습니다.

결과적으로 휴렛팩커드(HP)는 주주총회 표 대결 끝에 컴팩 인수를 성사시켰고, 이후 서버·스토리지 시장에서 강력한 입지를 구축하는 데 성공했습니다.

(2) 협상의 흐름을 통제하고 시간 지연 전술에 대비하기

상대가 협상을 의도적으로 지연시키는 경우, 협상가는 시간 관리를 철저히 하고 중요한 마감 시한을 설정해야 합니다.

1980년대 일본과 미국의 자동차 수출 규제 협상은 실제로 있었던 중요한 무역 협상입니다. 당시 일본 자동차 산업의 급성장은 미국 자동차 산업에 큰 타격을 주었고, 양국 간에 무역 마찰이 심해졌습니다. 미국은 "일본이 자국 내 자동차 산업을 보호하기 위해 불공정한 무역 관행을 사용하고 있다."라고 일본산 자동차에 대한 높은 관세 부과 및 수입 제한을 고려했습니다.

이에 일본은 협상을 지연시키며 시간을 끄는 전략을 활용하였습니다. 미국이 조급해지면 더 나은 조건을 얻을 수 있을 것이라는 계산이었습니다. 그러나 미국 협상단은 이에 흔들리지 않고, "우리는 공정한 시장 경쟁을 원하지만, 불공정한 관행에는 대응할 것이다."라고 입장을 견지하며 강하게 대응했습니다. 또한, 일본 기업들과 직접적인 협상을 진행하면서 일본이 미국 내 자동차 공장을 설립하는 방식으로 문제를 해결할 수 있다는 대안을 제시했습니다. 이 전략은 일본이 시간을 끌며 유리한 협상 조건을 얻으려는 시도를 무력화시켰고, 일본 자동차 회사들은 미국 내 공장 설립을 약속하며 협상이 타결되었습니다. 이는 상대방이 협상을 지연시키려 할 때, 대체 전략(BATA)을 마련하고 협상 흐름을 통제하는 것이 중요하다는 점을 보여줍니다.

(3) 협박과 강압적인 전술에 창의적인 대안을 제시하고 상호 이익을 모색

협상에서 협박을 당할 경우, 감정적으로 대응하지 않고 차분하게 대체 방안을 마련하는 것이 중요합니다.

마이크로소프트와 유럽연합(EU) 반독점 협상을 살펴보겠습니다.

2004년, 유럽연합(EU)은 마이크로소프트(Microsoft)가 윈도우 운영체제 시장에서 독점적 지위를 남용했다며 6억 유로(약 8억 달러)의 벌금을 부과하겠다고 발표했습니다. 유럽연합(EU)은 마이크로소프트가 미디어 플레이어를 윈도우에 기본적으로 탑재하여 경쟁사 제품(예: 리얼플레이어, 퀵타임 등)을 시장에서 밀어내고 있다고 주장했습니다. 협상 초기, 마이크로소프트는 법적 대응을 시사하는 등 강경한 태도를 보였지만, 유럽연합(EU)이 반독점 규제를 강화할 의도를 지녔다는 점을 확인한 후 법적 소송으로 시간을 끌기보다, 대안을 제시하는 협상 전략을 택했습니다.

마이크로소프트는 "유럽 소비자들이 선택권을 가질 수 있도록 윈도우에서 미디어 플레이어를 선택적으로 설치할 수 있도록 하겠다."는 절충안을 내놓았습니다. 또한, 경쟁사 소프트웨어 기업들과 협업하여 일부 기술을 공유하는 방안을 발표하며, 유럽연합(EU)이 우려하는 경쟁 저해 문제를 완화하려 했습니다. 이 협상 전략은 마이크로소프트가 핵심 사업을 유지하면서도 유럽연합(EU)의 반독점 규제를 완화하는 결과를 낳았습니다.

이 사례를 요약하면 다음과 같습니다.

① 상대방의 의도를 정확히 파악하고(벌금 문제가 아닌 시장 경쟁 환경 개선이라는 EU의 목표)
② 핵심 이익을 훼손하지 않으면서(윈도우 운영체제 유지)
③ 상대방의 우려를 해소할 수 있는 대안을 제시하고(미디어 플레이어선택 설치)
④ 관계 개선을 위한 노력(경쟁사 협력)

이 사례는 협상에서 상대방이 협박성 전략을 사용할 때, 정면 대결보다는 대안을 마련하여 협상 테이블에서 유리한 합의를 내는 것이 중요하다는 점을 보여줍니다.

(4) 내부 분열을 조장하는 시도를 차단하기

협상 상대가 내부 갈등을 유발하려 할 경우, 팀 내 입장을 사전에 조율하고 결속을 강화하는 것은 상당히 중요합니다.

남북전쟁 초기 링컨과 미연방 분열 위기에 대한 사례를 살펴보겠습니다.

에이브러햄 링컨(Abraham Lincoln)은 1861년 미국 남북전쟁 초기, 북부(연방) 내부에서도 평화협정을 주장하는 세력과 강경론 세력이 충돌하는 상황에 직면했습니다. 특히 일부 북부 주에서는 "남부와 타협하자."는 목소리가 커졌고, 이는 연방의 분열 위험을 초래했습니다.

남부 연합(Confederacy) 측은 북부의 평화파를 부추기며, 북부 내부에서 분열을 촉진하려는 선전전을 펼쳤습니다. 실제로 남부는 북부 신문사를 매수하거나, 친남부 성향 인사를 통해 평화협정을 압박하는 시도를 벌였습니다.

이에 링컨은 다음과 같은 대응 전략으로 맞섰습니다.

북부 지도부와 정치권을 대상으로 "연방 분열은 미국 민주주의의 죽음이다."라는 명확한 메시지를 반복적으로 전달했습니다.

공식 연설과 문서에서 "우리의 목적은 연방 보존이며, 그 누구도 이를 흔들 수 없다."는 일관된 입장을 냈습니다.

내부 분열 시도를 경계하며, 북부 주지사들과 긴밀히 소통하고 공통의 대의(Union Preservation)를 강조했습니다.

이러한 노력으로 북부는 내부 분열 없이 연방을 유지했고, 남북전쟁에서 승리할 수 있는 발판을 마련했습니다.

3. 결론: 비열한 협상 상대에게 냉정하고 전략적으로 대응하는 것이 협상 성공의 핵심

비열한 협상 상대를 다룰 때, 협상가는 감정적으로 대응하지 않고 논리적이고 전략적인 접근 방식을 취해야 합니다.

허위 정보는 객관적인 데이터로 반박하라.
시간 지연 전술에 휘둘리지 않고 협상의 흐름을 통제하라.
협박 전술에는 감정적으로 반응하지 말고 차분하게 대체 방안을 마련하라.
내부 분열을 조장하는 시도를 차단하고 팀 내 의견을 사전 조율하라.

이러한 원칙을 지킨다면 비열한 상대와의 협상에서도 주도권을 유지하며 원하는 결과를 얻을 가능성을 극대화할 수 있습니다.

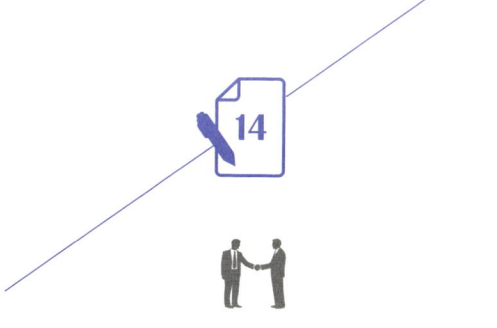

협상 전략의 하나인 공공 여론전
(Public Relations Campaign)

　공공 여론전은 특정 목표를 달성하기 위해 계획되고 조직적으로 실행되는 홍보 활동을 위한 일련의 과정입니다. 이는 기업, 정부, 비영리 단체 등 다양한 조직이 자신들의 이미지, 평판, 제품, 서비스 또는 정책 등에 대한 대중의 인식과 태도를 긍정적으로 변화시키거나 유지하기 위해 수행합니다. 공공 여론전은 홍보 캠페인, 커뮤니케이션 캠페인, 사회적 마케팅, 전략적 커뮤니케이션 캠페인 등 유사한 의미로 다양한 용어들이 사용되고 있습니다.

　이러한 공공 여론전은 단순한 마케팅 활동이 아니라, 협상 전략의 중요한 수단으로 기능할 수 있습니다. 특히 이해관계자나 일반 대중의 인식이 협상의 지형을 바꿀 수 있는 상황에서, 공공 여론은 협상의 숨은 '제3의 협상 테이블'이 됩니다. 아래는 공공 여론전이 협상 전략의 일부가 되는 방식입니다.

1. 외부 압력으로 유리한 협상 위치 선점

　공공 여론을 통해 협상 상대방에게 정치적·사회적 부담을 주는 방식입니다. 기업, 정부, 국제기구 등이 비판 여론에 노출될 경우, 협상 테이블에서 양보하거나 유연해질 가능성이 많아집니다.

　예를 들어 소비자 단체나 시민사회가 공공 여론을 통해 한 기업의 불공정 계약을 폭로한 경우 해당 기업이 이미지 실추를 막기 위해 협상 조건을 변경하기도 합니다.

2. 정당성 강화 및 정서적 지지 유도

협상은 단순한 이익 교환을 넘어 정당성과 명분이 중요한 경우가 많습니다. 공공 여론전은 협상 당사자의 입장을 사회적으로 합리화하며, 언론·전문가·시민의 지지를 받아 도덕적 우위를 확보할 수 있습니다.

예를 들어 노조가 '최저 생계 보장'을 외치며 언론과 SNS를 통해 여론을 형성할 경우 사용자 측이 명분 경쟁에서 열세로 밀릴 수도 있습니다.

3. 협상 주체 간 힘의 균형 재조정

협상은 종종 비대칭적 구조(예: 대기업 vs 중소기업, 강대국 vs 약소국)에서 진행되기도 합니다. 공공 여론전은 약자 입장에서 외부 자원을 지렛대처럼 활용하여 협상력의 불균형을 완화할 수 있습니다.

예를 들어 중소기업이 불공정한 하도급 계약 실태를 언론을 통해 보도하여 정부와 시민단체의 개입을 유도하게 되면 대기업이 협상 조건을 재조정하기도 있습니다.

4. 협상 결렬 시 명분 확보와 책임 회피

협상이 결렬되더라도 여론전을 통해 책임이 상대방에게 있다는 인식을 심어줄 수 있습니다. 이는 향후 추가 협상이나 법적 분쟁, 정치적 대응 시 유리한 위치를 선점하게 합니다.

예를 들어 '우리는 협상 의지를 충분히 보였고, 공개 제안까지 했다'는 프레임을 씌운다면 여론의 비난이 상대에게 집중되기도 합니다.

5. 장기 협상에서 지지 기반 유지

협상이 수개월, 수년간 이어지는 경우, 공공 여론전을 통해 지속적인 지지층 형성과 협상을 위한 동력을 유지할 수 있습니다. 이는 내부 구성원이나 주주, 외부 이해관계인의 피로감을 방지하고, 협상 주체의 정당성을 확보할 수 있습니다.

결론적으로 공공 여론전은 단순한 홍보를 넘어, 협상 테이블 바깥에서 지형을 재구성하고 균형을 조정하는 전략적 도구입니다. 특히 대중성과 정치성이 얽힌 협상일수록, 여론은 결정적인 승부처가 될 수 있습니다. 다만, 사실 기반, 윤리성, 전략적 절제를 동반되지 않으면 역풍을 맞을 수 있습니다.

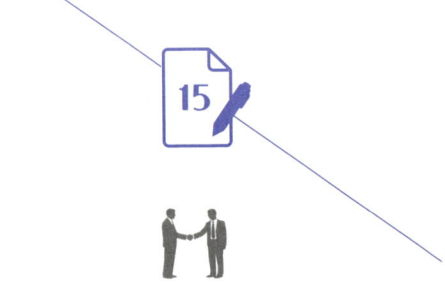

공공 여론전의 윤리적 문제와 위험

공공 여론전은 정치, 기업, 국제외교 등 다양한 분야에서 활용되며, 일정한 효과를 발휘해온 것도 사실입니다. 하지만 공공 여론전은 그 자체가 강력한 무기인 만큼, 잘못 사용될 경우 심각한 윤리적 문제와 위험을 동반할 수 있습니다.

1. 사실 왜곡 및 허위 정보 유포

공공 여론전이 가장 큰 비판을 받는 상황은 사실을 선택적으로 강조하거나 왜곡하여 진실을 왜곡하는 경우입니다.

예를 들어, 일부 기업이나 조직은 자사의 입장을 정당화하려고 의도적으로 일부 정보만을 노출하거나, 통계를 과장되게 해석해 여론을 유도합니다. 이는 단기적으로는 유리한 결과를 가져올 수 있지만, 사후 진실이 밝혀진다면 브랜드 신뢰도와 조직의 도덕성에 큰 타격을 줄 수 있습니다.

또 다른 예로 환경오염 논란이 있는 기업이 '친환경 캠페인'을 대대적으로 벌이는 그린워싱(Greenwashing) 사례가 있습니다.

2. 여론의 분열과 사회적 갈등 유발

공공 여론전은 종종 '우리 vs 그들'의 프레임을 조성하여 대립 구도를 강화합니다. 이로 인해 특정 이익집단이나 대중이 감정적으로 결집하면서, 사회적 분열을 심화시키고 협상의 본질이 흐려질 수 있습니다. 특히 공공부문 협상이나 정치 협상에서 이러한 전략이 사용될 경우, 정책 논의가 감정싸움으로 전락할 위험이 큽니다.

3. 장기적 신뢰 손실

공공 여론전은 협상 상대방을 압박하거나 몰아세우는 데 효과적일 수 있으나, 장기적인 관계 유지에는 독이 될 수 있습니다. 특히 파트너십이 중요한 비즈니스나 국제외교 분야에서는, 공개적으로 상대를 비판하는 여론전 이후 다시 협력 관계를 회복하기 어려운 경우가 많습니다. 따라서 협상에서 단기적 이익과 장기적 관계의 균형을 고려하는 것이 무엇보다 중요합니다.

"협상은 끝나도 관계는 남는다."는 말을 되새겨볼 필요가 있습니다.

4. 내부 갈등 유발

조직이 여론전에 집중할 경우, 내부적으로 윤리적 갈등이나 전략 방향에 대한 이견이 발생할 수 있습니다. 직원들이 '조작된 메시지'에 동참하기를 꺼리거나, 도덕적 부담을 느끼면서 조직 내부 결속력이 약해질 수 있습니다.

5. 법적 위험

공공 여론전에서 허위 사실을 유포하거나 타인의 명예를 훼손할 경우, 법적 책임으로 이어질 수 있습니다. 특히 금융, 의료, 정치 분야에서는 공공 커뮤니케이션이 법적 규제를 받기 때문에, 잘못된 정보가 기업가치나 주가에 영향을 줄 수 있습니다.

결론적으로 공공 여론전은 협상 전략에서 중요한 도구가 될 수 있지만, 사용에는 명확한 윤리적 기준과 전략적 절제가 필요합니다. 진실을 왜곡하지 않고, 감정을 자극하기보다 사실에 기반한 설득을 통해 여론을 형성해야 하며, 단기적 이익이 아닌 장기적 신뢰와 조직의 명예를 고려한 전략적 균형이 필요합니다.

공공 여론전 성공 사례:
넷플릭스 vs 사우디아라비아 검열 논란

1. 배경

2019년 1월, 넷플릭스가 코미디 쇼 〈하산 미나즈 쇼: 이런 앵글(Patriot Act with Hasan Minhaj)〉의 한 에피소드(2018년 10월 28일 방영분)를 사우디아라비아 내에서 만 삭제한 사건은 국제적으로 큰 논란이 되었습니다. 이 에피소드에서 하산 미나즈 (Hasan Minhaj)는 언론인 자말 카슈끄지 살해 사건을 다루며 사우디 정부의 무함마드 빈 살만 왕세자를 비판했습니다. 이에 대해 사우디 정부는 해당 콘텐츠가 자국 법을 위반했다며 넷플릭스에 삭제 요청을 공식적으로 전달했습니다.

넷플릭스는 사우디 정부의 요청을 받아들여 사우디아라비아 내에서만 해당 에피소드의 접근을 차단했습니다. 물론 다른 국가에서는 여전히 시청 가능했습니다. 넷플릭스는 당시 로이터 통신에 '현지 법률을 준수하기 위해서' 이러한 결정을 내렸다고 밝혔습니다. 그러나 넷플릭스의 이러한 결정은 국제적인 인권 단체, 언론 자유 옹호자들, 그리고 일반 대중으로부터 '표현의 자유 침해'라는 강력한 비판을 받았습니다. 표현의 자유를 옹호해야 할 글로벌 콘텐츠 기업이 특정 국가의 검열 요구에 굴복했다는 비판이 주를 이뤘습니다.

2. 실행 전략

넷플릭스는 검열 논란이 국제적 이슈로 확대되자, 단순 방어에 그치지 않고 적극적인 공공 여론전 전략을 펼쳤습니다.

(1) 메시지 전략

"법률 준수와 표현의 자유 사이에서 균형을 찾고 있다." 는 핵심 메시지를 명확히 설정하여 표현의 자유를 지지하되, 각국 법률을 따르는 글로벌 기업의 책무를 동시에 강조하였습니다.

(2) 주요 실행 행동

국제 언론 인터뷰에서 넷플릭스의 입장을 논리적으로 해명하였으며, 내부적으로는 〈하산 미나즈 쇼: 이런 앵글〉의 전체 시리즈를 전 세계에서 계속 스트리밍 할 수 있도록 유지하였습니다. 아울러 삭제된 에피소드를 유튜브 공식 채널을 통해 무료 공개하였으며 누구나 접근할 수 있도록 했습니다.

(3) 전략적 목표

사우디와의 갈등을 최소화하면서도 글로벌 사용자들의 신뢰를 유지하였으며, 표현의 자유를 지지하는 브랜드 가치를 손상시키지 않는 것에 초점을 맞추었습니다.

3. 결과

유튜브를 통한 무료 공개는 표현의 자유를 굽히지 않았다는 강한 상징성으로 받아들여졌습니다. 언론과 시민단체는 "법적 제한을 받으면서도 넷플릭스는 표현의 자유를 지키려 노력했다."는 긍정적 평가를 얻었으며 이후 사용자 수와 브랜드 신뢰도에는 부정적 영향 없이 오히려 지지 여론이 확대되는 결과를 낳았습니다.

넷플릭스는 명확한 메시지를 주는 동시에 행동으로 실천하면서 신뢰를 회복했습니다. 이는 단순한 항의나 해명만으로는 여론을 이길 수 없다는 것을 알 수 있습니다. 또 대중과의 정서적 연결이 협상 테이블 밖에서 기업의 지위를 결정짓는 요소가 될 수 있음을 보여줍니다. 이는 단기적인 손해(국가별 콘텐츠 삭제)를 감수하면서도, 장기적으로 브랜드의 가치 수호에 성공한 대표 사례라고 볼 수 있습니다.

공공 여론전 실패 사례: 맥도날드의 #McDStories 캠페인

1. 배경

2012년, 맥도날드는 소비자와의 긍정적인 관계를 강화하고 브랜드의 이미지를 높이기 위한 공공 여론전(Public Relations Campaign)의 하나로 트위터 기반의 #McDStories 캠페인을 시작하였습니다. 이 캠페인의 목적은 고객들이 맥도날드에서의 따뜻한 경험이나 감동적인 이야기를 자발적으로 공유하도록 유도함으로써, 브랜드에 대한 신뢰와 친밀감을 높이고자 한 것이었습니다.

2. 실행 전략

맥도날드는 이 캠페인의 성공을 위해 크게 3가지의 추진 전략을 도출하였습니다.

(1) 트위터에서 #McDStories라는 해시태그를 중심으로 고객의 참여를 유도하였습니다.

(2) "맥도날드는 가족의 추억이 있는 곳입니다." 라는 감성 메시지를 중심으로 한 스토리텔링 구조를 설계하였습니다.

(3) 자사 공식 계정(@McDonalds)을 통해 고객의 긍정적인 경험담을 리트윗하며 선순환을 유도하고자 하였습니다.

맥도날드의 공공 여론전 당시 트위터 모습

3. 예상과 다른 결과

하지만 캠페인이 공개되자마자 다수의 트위터 사용자들이 이 해시태그를 맥도날드에 대한 불만과 부정적인 경험을 토로하는 창구로 활용하기 시작하였습니다. 대표적인 사례는 다음과 같습니다.

음식 위생 상태에 대한 불만
매장 내 서비스 품질 저하에 대한 비판
'햄버거에서 이상한 것을 발견했다'는 조롱 섞인 이야기
과거의 불쾌한 경험을 해시태그로 전파하는 트윗 등

결국, 해시태그는 긍정적 이미지를 만들기 위한 도구에서 순식간에 부정 여론의 진원지로 전락하였고, 수천 건에 달하는 부정 트윗이 퍼지며 역풍이 발생하였습니다.

4. 맥도날드의 대응

맥도날드는 캠페인을 시작한 지 불과 몇 시간 만에 #McDStories 해시태그 사용을 중단하였습니다.

공식 계정을 통해 해명이나 대응을 진행하지 않은 채, 조용히 후속 커뮤니케이션을 마무리하였고, 내부적으로는 위기 커뮤니케이션 매뉴얼을 수정하고 향후 디지털 캠페인 전략을 재검토한 것으로 알려졌습니다.

5. 결론

이 사례는 여론이 통제의 대상이 아니라 반응의 대상임을 잘 보여주는 대표적인 사례입니다. 브랜드가 전달하고자 하는 기대 메시지와 실제 소비자들이 느끼는 현실 간의 괴리가 클 경우, 소비자는 그 메시지 프레임을 자발적으로 전복시킬 수 있습니다.

감성적 캠페인을 기획할 때는 반드시 브랜드에 대한 신뢰도와 과거 이력을 면밀하게 진단해야 하며, 위기 발생 시에는 신속하고 투명한 커뮤니케이션이 필수임에도 불구하고, 이 부분에서 미흡했다는 비판을 피할 수 없었습니다.

기업이 여론을 통해 유리한 협상 환경을 조성하려는 경우, 메시지의 통일성, 소비자 정서와의 정합성, 그리고 실행 타이밍이 모두 핵심 요인입니다. 만약 여론이 예상과 다른 방향으로 형성될 경우, 협상력 자체가 약화할 수 있으며 이는 브랜드 신뢰도 하락 → 협상력 약화라는 연쇄적 결과로 이어질 수 있습니다.

결론적으로, 공공 여론전은 전략적 설계 없이는 양날의 검(Double-Edged Sword)이 될 수 있다는 점을 명확히 인식해야 합니다.

이 사례는 공공 여론전이 부적절하게 설계되거나 통제되지 않았을 경우, 협상과 대외 커뮤니케이션 전반에 치명적인 위험을 일으킬 수 있음을 잘 보여줍니다.

협상은 파이를 키우는 것인가, 나누는 것인가?

1. 협상에서의 '파이(PIE)' 개념: 창출과 분배의 균형

협상을 이야기할 때 흔히 '파이'라는 단어를 많이 사용합니다. 이는 협상에서 다루는 자원과 닮아있기 때문입니다. 협상에서는 파이를 더 크게 만들 수도 있고, 기존의 파이를 나눌 수도 있으며, 이를 어떻게 분배하느냐에 따라 협상 당사자의 만족도가 달라집니다.

그렇다면 협상에서 가장 중요한 것은 파이를 키우는 것일까요, 아니면 나누는 것일까요? 이상적인 협상은 단순히 기존의 자원을 나누는 것이 아니라 새로운 가치를 창출하여 협상 당사자 모두가 더 많은 것을 얻을 수 있도록 하는 것입니다. 하지만 현실적으로 협상에서는 한정된 자원을 놓고 경쟁할 때도 있어서 나누는 방식 또한 중요한 고려 요소가 됩니다. 즉, 협상은 '파이를 키우는 과정'과 '파이를 나누는 과정'이 모두 포함된 균형 잡힌 전략적 과정입니다. 이를 효과적으로 수행하기 위해서는 두 가지 접근법을 모두 이해해야 합니다.

2. 파이를 키우는 협상: 창조적 해결책을 통한 가치 극대화

협상의 가장 이상적인 형태는 파이를 키우는 것, 즉 협상 당사자 모두가 더 큰 가치를 창출하는 것입니다. 이는 단순한 양보나 타협이 아니라, 새로운 기회를 발굴하여 협상 결과를 극대화하는 전략을 의미합니다.

(1) 이해관계 기반 협상(Interest-Based Negotiation)의 활용

하버드 협상 연구소에서 제시한 '이해관계 기반 협상'은 단순히 자원을 나누는 것이 아니라, 협상 당사자의 근본적인 이해관계를 파악하고 이를 조율하여 가치를 창출하는 협상 방식입니다.

예를 들어, 연봉 협상 시 단순히 '급여를 올려달라'고 요구하는 대신, 추가 교육 기회, 유연한 근무제, 인센티브 제도 등을 협상에 포함하면 협상의 가치가 극대화 될 수 있습니다. 이러한 방식은 단순한 분배 게임을 넘어 '새로운 가치를 창출하는 협상'으로 이어집니다.

(2) 파이를 키운 사례: 음악 스트리밍 서비스와 음반 제작사의 협상

과거 음반 판매가 주를 이루던 시대에 음악 스트리밍 서비스가 등장하면서 음 반 제작사들은 위기를 느꼈습니다. 스트리밍 서비스는 음원 당 수익이 낮았고, 불 법 복제에 대한 우려도 컸기 때문입니다. 초기 협상은 스트리밍 서비스의 낮은 수 익 배분율을 놓고 첨예하게 대립하며 '파이를 나누는' 제로섬(Zero-sum) 게임의 양 상을 보였습니다.

하지만 시간이 지나면서 양측은 다음과 같은 방식으로 '파이를 키우는' 창의적 인 해결책을 모색하기 시작했습니다.

새로운 수익 모델 창출

스트리밍 서비스는 광고 기반 무료 서비스와 유료 구독 모델을 도입하여 더 많 은 사용자를 확보하고, 이를 통해 발생하는 광고 수익과 구독료를 음반 제작사 와 공유했습니다. 이는 기존의 음반 판매라는 제한적인 파이에서 벗어나 새로운 수익원을 창출한 것입니다.

데이터 기반의 맞춤형 서비스

스트리밍 서비스는 사용자들의 음악 감상 데이터를 분석하여 개인 맞춤형 플레 이리스트, 추천 음원 등을 제공했습니다. 이는 사용자들의 만족도를 높이고 서 비스 이용 시간을 늘려 전체적인 음악 시장의 파이를 키우는 역할을 했습니다.

음반 제작사 역시 이러한 데이터를 활용하여 마케팅 전략을 수립하고 새로운 음악 트렌드를 파악하는 데 도움을 받을 수 있었습니다.

새로운 형태의 협업

단순히 음원을 제공하고 수익을 나누는 것을 넘어, 스트리밍 서비스와 음반 제작사는 공동으로 아티스트 육성, 콘서트 개최, 독점 콘텐츠 제작 등 다양한 협업을 진행했습니다. 이는 새로운 가치를 창출하고 팬덤을 확장하여 파이를 더욱 키우는 결과를 가져왔습니다.

장기적인 파트너십 구축

단기적인 이익 다툼에서 벗어나, 양측은 장기적인 관점에서 상호 협력을 통해 음악 산업 전체의 성장을 도모하는 파트너십을 구축했습니다. 이는 안정적인 수익 구조를 만들고 미래의 성장 가능성을 높이는 지속 가능한 파이 확대 전략이라고 할 수 있습니다.

3. 파이를 나눠야 할 때, 더 많이 가져오는 법

현실적으로 협상에서 항상 파이의 크기를 키우는 건 쉽지 않습니다. 한정된 자원을 놓고 경쟁하는 상황에서는 파이를 나누는 방식이 협상의 핵심 요소가 됩니다. 이때, 단순한 힘의 대결이 아니라, 전략적인 접근이 필요합니다. 협상 당사자 간 입을 수 있는 상처를 최소화하면서도 자신에게 유리한 분배를 얻어내는 방법은 다음과 같습니다.

여기에서 안내하여 드리는 바트나(BATNA)와 앵커(Anchor)는 협상 심화 부분에서 자세히 안내하여 드리겠습니다.

(1) 강력한 바트나(BATNA) 구축

협상에서 가장 강력한 무기는 협상이 결렬되었을 때 선택할 수 있는 최선의 대안, 즉 바트나(BATNA)를 확보하는 것입니다. 매력적인 바트나가 있다면 협상 테이블에서 더 강한 목소리를 낼 수 있고, 불리한 조건에 섣불리 합의할 필요가 없어집니다.

예를 들어 한 중소 제조 회사가 대기업과 납품 단가 협상을 진행할 때, 경쟁 대기업과의 거래 가능성을 확보해두었습니다. 이를 바탕으로 중소 제조 회사는 대기업에 합리적인 단가를 요구할 수 있었고, 결국 이전보다 유리한 조건으로 계약을 체결할 수 있었습니다. 강력한 바트나는 협상 결렬에 대한 두려움을 줄여주고, 더 적극적으로 자신의 이익을 추구할 수 있도록 돕습니다.

(2) 첫 제안의 중요성과 앵커링 효과 활용

협상에서 처음 제시하는 제안은 이후 협상의 범위를 설정하는 앵커(Anchor) 역할을 합니다. 일반적으로 첫 제안이 공격적일수록 최종 합의점이 자신에게 유리한 방향으로 진행될 확률이 높습니다. 다만, 비현실적인 제안은 협상 자체를 결렬시킬 수 있으므로 신중해야 합니다.

예를 들어, 부동산 매매 협상에서 매도인이 시장 가격보다 약간 높은 가격을 먼저 제시함으로써, 매수인의 협상 범위를 그 가격 근처로 제한하는 효과를 볼 수 있습니다. 물론, 과도하게 높은 가격은 매수인의 관심을 잃게 할 수 있으므로 적절한 수준을 유지하는 것이 중요합니다.

(3) 가치 있는 정보의 전략적 활용 및 숨기기

자신에게 유리한 정보는 협상 과정에서 적절한 때에 공개하여 영향력을 높일 수 있습니다. 반대로, 약점이나 불리한 정보는 신중하게 관리하거나 숨기는 전략이 필요합니다.

예를 들어 구직자가 연봉 협상을 할 때, 자신의 희망 연봉 범위를 먼저 밝히기보다는 회사의 연봉 수준이나 업계 평균 연봉 정보를 먼저 파악하는 것이 유리합니다. 이를 통해 자신의 가치를 객관적으로 평가하고, 더 높은 연봉을 요구할 수 있는 근거를 마련할 수 있습니다.

(4) 양보의 기술: 점진적이고 의미 있는 양보

협상 과정에서 불가피하게 양보를 해야 할 경우, 한 번에 큰 폭을 양보하기보다는 작고 점진적인 양보를 통해 상대방에게 더 많은 것을 얻어냈다는 인상을 줄 수 있습니다. 또한, 중요하지 않은 부분을 먼저 양보하고, 핵심적인 이익은 끝까지 지키는 전략이 효과적입니다.

예를 들어 자동차 구매 협상에서 구매자는 처음부터 큰 폭의 할인을 요구하기보다는 사소한 옵션이나 서비스 추가를 먼저 요구하면서 점차적인 가격 할인을 유도할 수 있습니다.

(5) 창의적인 절충안 모색 및 패키지 딜(Package Deal) 활용

단순히 하나의 쟁점에서 대립하기보다는 여러 쟁점을 묶어서 협상하는 패키지 딜을 활용하면 서로에게 가치가 다른 부분을 교환하여 만족도를 높일 수 있습니다. 또한, 기존의 틀을 벗어난 창의적인 절충안을 제시하여 모두가 만족할 수 있는 새로운 해결책을 찾는 것도 중요합니다.

예를 들어 소프트웨어 개발 계약 협상에서 개발사는 고객사의 개발 기간 단축 요구에 대하여 추가 비용을 제안하고, 고객사는 유지보수 기간 확대 요구를 하면서 계약 금액의 일부를 조정하는 방식으로 서로의 요구를 충족시키는 패키지 딜을 구성할 수 있습니다.

4. 결론: 협상의 본질은 균형 잡힌 접근

결국, 협상은 '파이를 키우는 과정'이기도 하고, '파이를 나누는 과정'이기도 합니다. 이상적인 협상은 최대한 파이의 크기를 키우면서도, 나눠야 할 때는 전략적으로 접근하여 자신에게 유리한 결과를 얻어내는 균형 잡힌 접근 방식이 필요합니다.

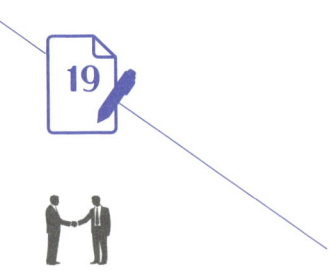

협상은 결국 서로가 가진 문제를
해결하는 과정이다

1. 협상은 상대를 이기기 위한 전쟁이 아닙니다

"내가 얼마나 더 얻을 수 있을까?" "상대의 양보를 얼마나 이끌어 낼 수 있을까?" 라는 생각부터 하곤 합니다. 협상을 일종의 흥정이나 심리전, 혹은 이기는 싸움으로 받아들이는 경우가 많습니다. 물론 이처럼 파이를 나누는 협상도 있습니다. 하지만 이러한 시각으로 협상에 임한다면 협상의 본질을 오해할 수도 있습니다.

진정한 협상이란, 나와 당신이 각자 따로 가진 것을 놓고 다투는 것이 아니라, 협상 당사자가 함께 직면한 문제를 인식하고, 이를 공동의 노력으로 해결해 나가는 과정이라고 볼 수 있습니다. 즉, 협상은 거래가 아니라 문제 해결입니다.

비즈니스든, 조직이든, 일상생활이든 우리는 끊임없이 이해관계가 얽힌 사람들과 상호작용하며 살아갑니다. 그 과정에서 갈등은 피할 수 없는 현실이지만, 그 갈등을 어떻게 풀어가느냐에 따라 협상의 성패는 크게 갈립니다. 협상이란 결국, 서로 다른 입장과 조건 속에서도 함께 해결 가능한 지점을 찾아가는 창의적 시도이며, 관계와 신뢰를 이어가는 도구입니다.

2. 협상을 문제 해결로 바라볼 때 생기는 세 가지 변화

협상을 단순한 입장의 충돌이 아니라, 함께 가진 문제를 해결하는 과정으로 바라보게 되면, 협상의 접근 방식과 결과가 달라집니다. 특히 '상대방의 문제가 곧 나의 문제다'라는 인식을 적용하면 다음과 같은 세 가지 실질적인 변화가 일어납니다.

(1) 갈등의 구도가 협력의 구도로 전환됩니다

기존의 갈등 상황에서는 흔히 상대가 문제라고 생각하기 쉽습니다. 그러나 그 문제를 나와 상관없는 일로 여기지 않고, 공동의 과제로 인식하는 순간, 협상의 프레임이 바뀝니다. 상대방을 꺾어야 할 '상대'가 아니라, 함께 해결안을 도출할 '파트너'로 보게 되는 것입니다.

(2) 해결책의 폭과 깊이가 넓어집니다

상대방의 문제와 제약을 함께 고려하면, 단순한 양보나 타협을 넘어서는 새로운 해결의 기회를 발견할 수 있습니다. 자원의 재배치, 조건의 조정, 공동의 이익 창출 등 다양한 차원의 접근이 가능해집니다. 협상의 본질이 파이를 나누는 데서 그치지 않고, 함께 파이를 키워가는 방향으로 확장되는 것입니다.

(3) 지속 가능한 신뢰 관계가 형성됩니다

상대의 문제를 공감하고 함께 해결해 나가는 태도는, 일회성 거래에서 벗어나 장기적 관계를 구축하는 기반이 됩니다. 상대방은 '이 사람은 나의 입장을 진지하게 고려해준다'는 인식을 갖게 되며, 이후 협상에서도 더 열린 마음으로 임하게 됩니다. 문제 해결 중심의 협상은 결국 신뢰 중심의 관계로 이어지며, 협력의 선순환을 만들어냅니다.

3. 협상을 함께 풀어야 할 문제 중심으로 설계하여 보기

이제 협상을 대할 때는, '내가 무엇을 얻을 수 있을까?'라는 질문보다는 '우리가 지금 어떤 문제를 함께 해결해야 하는가?'를 스스로 던져보는 것이 좋습니다. 이러한 관점을 적용한다면, 다음과 같은 전략적 태도가 중요해집니다.

(1) 갈등을 재정의해야 합니다

상대방의 요구나 입장을 단순한 공격이나 위협으로 받아들이는 것이 아니라, 그 요구 뒤에 있는 현실적 어려움, 감정적 반응, 조직적 제약을 함께 살펴보아야 합니다. 그러기 위해서는 경청과 공감이 선행되어야 합니다.

(2) 문제를 공동의 과제로 전환해야 합니다

협상의 초기부터 이 문제를 '당신의 문제' '나의 문제'가 아니라 '우리의 문제'로 설정하면, 대화의 방식이 바뀝니다. 주장이 아니라 이해, 요구가 아니라 질문, 감정이 아니라 데이터가 중심이 되는 대화로 전환됩니다.

(3) 협상은 가치를 창출하는 설계 과정이라는 인식이 필요합니다

협상은 상대방을 굴복시키는 게임이 아니라, 서로의 현실을 반영한 합리적 해법을 함께 만들어내는 과정입니다. 그러기 위해서는 상대방을 논리적 설득의 대상으로 보기보다, 공동의 목표를 함께 그려갈 파트너로 대하는 태도가 필요합니다.

4. 결론: 협상은 나와 당신의 문제를 함께 풀어가는 창조의 여정입니다

협상은 단순한 이익의 교환이 아닙니다. 그것은 서로의 차이를 조율하고, 갈등의 본질을 이해하며, 그 안에서 새로운 가치를 창출하는 과정입니다. 상대방의 문제를 진심으로 이해하고, 그 문제를 나의 과제로 받아들이는 순간, 협상은 힘겨루기가 아니라 '함께 성장하는 공동 설계'가 됩니다. '나'의 입장을 넘어 '우리'의 과제를 중심에 놓을 때, 협상은 단순한 타협이 아닌 지속 가능한 미래로 향하는 길이 됩니다.

제2장
협상 심화

협상에서 원하는 결과를 얻기 위한 핵심은 상대방이
어디까지 양보할 수 있는지, 즉 그들의 '최소 수용 조건'을
정확히 파악하는 데 있습니다. 이는 나의 최소 수용 조건과
상대방의 최소 수용 조건 사이에 형성되는 협상가능영역을
성공적으로 찾아내고 그 안에서 최적의 합의점을
도출하기 위한 필수적인 통찰력입니다.

왜 협상이론을 알아야 할까?

협상이란 단순히 계약을 체결하거나 가격을 조정하는 과정이 아닙니다. 이해관계가 충돌하는 두 당사자 이상이 상호 만족 가능한 합의를 도출하기 위해 의견을 조율하는 전략적 의사결정 과정입니다. 협상은 가정, 일상생활, 조직 내 의사결정, 기업 경영, 정치, 외교, 군사까지 다양한 분야에서 적용되고 있습니다.

많은 사람들은 협상을 직관에 의존하여 진행하지만, 이는 종종 감정적인 대응, 비효율적 타협 또는 불리한 조건 수용으로 이어질 수 있습니다. 하버드 협상 프로젝트의 로저 피셔(Roger Fisher)와 윌리엄 유리(William Ury) 교수는 "좋은 협상가는 감에 의존하지 않고, 협상이론과 전략을 체계적으로 학습한 사람이다."라고 강조하였습니다.

앞서 일부 소개한 바와 같이, 협상에는 다음과 같은 핵심 요소들이 존재합니다.

당사자(Parties): 협상에 참여하는 사람 또는 조직
이해관계(Interests): 협상에서 각 당사자가 원하는 목표 또는 근본적인 이유
바트나(BATNA): 협상이 결렬될 경우 각 당사자가 가질 수 있는 최선의 대안
커뮤니케이션(Communication): 협상 과정에서 정보 교환 및 설득의 역할
전략과 전술(Strategy & Tactics): 협상을 유리하게 이끌기 위한 기술과 접근법

이러한 요소들을 효과적으로 활용하기 위해서는 협상이론의 체계적 학습이 필수적입니다.

1. 협상이론을 학습해야 하는 이유

(1) 협력을 통해 가치를 창출할 수 있습니다

협상은 종종 서로의 몫을 나누는 '제로섬(Zero-sum) 게임'으로 인식되지만, 때로는 협력을 통해 가치를 창출(Value Creation)하고 모두에게 이익이 되는 결과를 만드는 기회의 장이 되기도 합니다. 단순한 양보와 타협을 넘어, 상호의 요구를 깊이 이해하고 새로운 가치를 함께 만들어낼 방법을 모색하는 것이 중요합니다.

페이팔(PayPal)과 이베이(eBay)의 초기 협력 사례를 통해 이러한 가치 창출의 가능성을 살펴보겠습니다. 2000년대 초, 온라인 결제 시장은 여러 경쟁자가 난립하며 혼란스러운 상황이었습니다. 당시 신생 기업이었던 페이팔은 온라인 경매 사이트인 이베이 이용자들에게 편리한 결제 시스템을 제공하고자 했습니다. 초기에는 이베이 역시 자체적인 결제 시스템을 구축하고 있었기에 페이팔과의 관계는 경쟁적이었습니다.

그러나 양사는 경쟁보다는 협력을 통해 더 큰 가치를 창출할 수 있다는 점을 인식하기 시작했습니다. 페이팔은 이베이 플랫폼에 최적화된 결제 솔루션을 제공함으로써 구매자와 판매자 모두에게 편리성을 높여 거래 활성화를 이끌 수 있다고 보았습니다. 이베이 역시 페이팔의 편리성이 자사 플랫폼의 경쟁력을 강화하는 데 이바지할 거라 판단했습니다.

이에 양사는 단순한 결제 수수료 협상을 넘어 전략적 파트너십을 구축했습니다. 페이팔은 이베이 플랫폼 내에서 우선적인 결제 옵션으로 자리매김하고, 이베이는 페이팔의 성장을 지원하며 플랫폼 이용자들에게 더욱 안전하고 편리한 거래 환경을 제공하기로 합의했습니다.

이러한 협력적 접근은 양사 모두에게 긍정적인 결과를 가져왔습니다. 페이팔은 이베이의 폭발적인 성장과 함께 빠르게 시장 점유율을 확대하며 온라인 결제 시장의 선두 주자로 자리매김했습니다. 이베이 역시 페이팔이라는 강력한 결제 시스템을 통합함으로써 사용자 경험을 향상하고 거래량을 늘려 플랫폼의 가치를 크게 높일 수 있었습니다.

이 사례는 협상에서 단순히 서로의 이익을 깎아내리는 경쟁적인 태도를 넘어 상호의 강점을 활용하고 시너지를 창출할 수 있는 협력적 접근 방식이 얼마나 중요한지를 보여줍니다. 페이팔과 이베이는 각자의 니즈를 충족시키는 동시에, 새로운 가치를 함께 만들어냄으로써 협상의 파이를 키우고 모두에게 윈-윈(Win-Win)의 결과를 가져올 수 있었습니다. 이는 협상가가 제한된 자원을 나누는 데 집중하기보다는, 협력을 통해 새로운 가치를 창출하고 공동의 이익을 극대화하는 방안을 끊임없이 모색해야 함을 시사합니다.

(2) 상대방의 전략을 간파하고 효과적으로 대응할 수 있습니다

성공적인 협상을 위해서는 단순히 자신의 목표를 명확히 하는 것뿐만 아니라, 상대방의 협상 전략을 정확히 이해하고 그에 맞춰 효과적으로 대응하는 능력이 필수입니다. 협상이론은 상대방이 어떤 프레임을 사용하여 협상을 이끌어가려 하는지, 어떤 심리적 압박을 가하려 하는지, 혹은 어떤 의도를 숨기고 있는지 등을 분석하는 틀을 제공합니다. 이를 통해 협상자는 상대방의 전략에 휘둘리지 않고, 자신의 목표를 달성하기 위한 최적의 대응 방안을 모색할 수 있습니다.

미국과 쿠바의 국교 정상화 협상 사례는 상대방의 전략을 간파하고 효과적으로 대응한 대표적인 사례로 볼 수 있습니다. 수십 년간 적대적인 관계를 유지해 온 미국과 쿠바는 2014년, 극비리에 국교 정상화 협상을 진행했습니다. 이 협상은 양국 모두에게 매우 민감하고 복잡한 사안이었기에, 각자의 국내 정치 상황과 국제적 입장을 고려한 고도의 전략이 요구되었습니다.

미국은 쿠바에 대한 경제 제재를 오랫동안 유지해 왔지만, 오히려 쿠바 정권을 약화하는 게 아닌, 고립시키는 결과를 낳았다고 판단했습니다. 오바마 행정부는 쿠바와의 관계 개선을 통해 미국의 영향력을 확대하고, 쿠바 국민에게 더 많은 자유와 기회를 제공하는 것이 목표였습니다.

반면, 쿠바는 미국의 오랜 경제 제재로 인해 경제적 어려움을 겪고 있었으며, 국제 사회에서의 고립에서 벗어나 경제 발전을 모색해야 하는 상황이었습니다. 라울 카스트로 정부는 체제 유지를 최우선 과제로 삼으면서도, 미국과의 관계 개선을 통해 외부 자원을 유치하고 국제 지위를 회복하고자 했습니다.

협상 과정에서 양측은 서로의 숨겨진 의도와 핵심적인 제약 조건을 파악하는 데 주력했습니다. 미국은 쿠바가 체제 변화에 대한 압박에 민감하게 반응할 것이라고 예상하여 점진적인 관계 개선과 경제 교류 확대를 제안하는 전략을 택했습니다. 쿠바 역시 미국의 국내 정치 상황을 주시하며 강경한 요구보다는 상호주의 원칙에 기반한 점진적인 관계 개선을 강조했습니다.

특히, 쿠바는 미국의 오랜 제재에 대한 역사적 책임을 강조하며 협상 테이블에서 도덕적 우위를 점하려 했습니다. 이에 대해 미국은 인도적 지원과 경제 교류의 필요성을 역설하며 실질적인 이익을 제시하는 방식으로 대응했습니다. 또한, 양측은 비밀 외교 채널을 활용하여 불필요한 공개적 갈등을 피하고, 신뢰를 구축하는 데 집중했습니다.

결국, 미국과 쿠바는 상호 간의 전략적 목표와 제약 조건을 정확히 파악하고, 단계적이고 신중한 접근 방식을 통해 극적인 국교 정상화 합의에 도달했습니다. 이 사례는 협상에서 상대방의 전략을 간파하는 것은 물론, 그 이면에 있는 진정한 요구와 우려를 이해하고, 자신의 목표와 상대방의 상황을 고려한 효과적인 대응 전략을 수립하는 것이 얼마나 중요한지를 잘 보여줍니다.

(3) 협상 결렬을 방지하고 최적의 대안을 찾을 수 있습니다

협상이론의 핵심 개념 중 하나인 바트나, 즉 '협상 결렬 시의 최선의 대안'을 명확히 이해하고 준비하는 것은 협상의 안정성을 높이고 성공적인 결과를 도출하는 데 결정적인 역할을 합니다. 강력한 바트나는 협상 테이블에서 협상가의 자신감을 높여주고, 불리한 조건에 섣불리 합의하는 것을 방지하며, 궁극적으로 최적의 합의에 도달할 수 있도록 안내하는 나침반과 같습니다.

넷플릭스(Netflix)와 콘텐츠 제작사 간의 계약 협상 사례를 통해 바트나의 중요성을 살펴보겠습니다. 스트리밍 서비스 시장의 경쟁이 심화하면서, 넷플릭스는 양질의 독점 콘텐츠 확보가 핵심 경쟁력으로 부상했습니다. 이에 따라 넷플릭스는 다양한 콘텐츠 제작사들과 오리지널 콘텐츠 제작 및 방영권 계약 협상을 활발하게 진행했습니다.

협상 과정에서 넷플릭스는 단순히 하나의 제작사에만 의존하는 것이 아니라, 다수의 잠재적 파트너들과 동시에 협상을 진행하는 전략을 취했습니다. 이는 특정 제작사와의 협상이 결렬되더라도 다른 매력적인 콘텐츠를 확보할 수 있는 강력한 바트나를 구축하기 위함이었습니다.

예를 들어, A라는 제작사와 계약 조건에 대한 이견이 좁혀지지 않을 경우, 넷플릭스는 이미 상당 부분 논의가 진행된 B, C 제작사와의 협상에 집중할 수 있었습니다. 매력적인 대체 콘텐츠 공급처가 존재했기 때문에, 넷플릭스는 A 제작사의 무리한 요구에 굴복할 필요가 없고 오히려 더 유리한 조건으로 계약을 체결하기 위해 적극적으로 협상할 수 있었습니다.

반대로, 콘텐츠 제작사 역시 넷플릭스라는 거대 플랫폼 외에도 다른 스트리밍 서비스나 전통적인 방송사 등 다양한 배급 채널을 바트나로 고려할 수 있습니다. 강력한 바트나를 가진 제작사는 넷플릭스의 낮은 계약금 제안에 쉽게 동의하지 않고, 시장 경쟁 상황을 활용하여 더 높은 가치를 인정받기 위해 협상에서 적극적인 태도를 보일 수 있습니다.

이처럼 넷플릭스와 콘텐츠 제작사 간의 협상 사례는 매력적인 바트나를 확보하는 것이 협상에서 얼마나 중요한 전략적 자산이 되는지를 명확하게 보여줍니다. 강력한 바트나는 협상 결렬에 대한 두려움을 줄여주고, 협상가가 더 나은 조건을 추구하며 결과적으로 최적의 합의에 도달할 수 있도록 돕습니다. 따라서 협상에 임하기 전에 현실적이고 매력적인 대안을 충분히 모색하고 준비하는 것은 성공적인 협상을 위한 필수적인 과정이라고 할 수 있습니다.

(4) 감정이 아닌 전략으로 협상을 주도할 수 있습니다

협상 테이블은 종종 다양한 감정이 교차하는 공간이 되기도 합니다. 상대방의 날카로운 비판, 예상치 못한 요구, 혹은 강압적인 태도는 협상가를 당황하게 만들고 감정적인 반응을 유발할 수 있습니다. 그러나 감정에 휘둘려 대응하는 것은 협상의 본질을 흐리고, 합리적인 해결책 도출을 어렵게 만들 뿐만 아니라, 장기적인 관계에도 부정적인 영향을 미칠 수 있습니다. 협상이론은 이러한 감정적인 함정을 인지하고 통제하며, 냉철하고 전략적인 사고를 바탕으로 협상을 주도할 수 있는 프레임워크(Framework)를 제공합니다.

미국과 이란의 핵 협상(JCPOA) 사례는 감정적인 대응을 절제하고 전략적으로 협상을 이끌어간 대표적인 사례 중 하나입니다. 이 협상은 주로 버락 오바마 미국 대통령 재임 기간인 2013년부터 2015년까지 집중적으로 진행되어 2015년 7월 최종 합의에 이르렀습니다.

수년간 첨예한 갈등을 겪어온 미국과 이란은 핵 개발 프로그램이라는 민감한 사안을 두고 복잡하고 장기적인 협상을 진행했습니다. 양국은 서로에 대한 깊은 불신과 역사적인 앙금을 가지고 있었으며, 협상 과정 곳곳에서 감정적인 대립이 불거질 수 있는 상황이었습니다.

그러나 협상의 주체들은 감정적인 반응을 최대한 억제하고 명확한 전략적 목표를 설정하는 데 집중했습니다. 미국은 이란의 핵무기 개발을 막고, 국제 사회의 안전을 보장하는 것을 최우선 목표로 삼았습니다. 이를 위해 경제 제재라는 강력한 카드를 활용하면서도, 외교적 해결의 가능성을 열어두고 인내심을 가지고 협상에 임했습니다.

이란 역시 핵 개발 권리를 주장하면서도 국제적인 고립에서 벗어나 경제 제재를 해제하고 국가 발전을 도모해야 하는 절박한 상황에 놓여 있었습니다. 이란 협상단은 자국의 이익을 최대한 확보하면서도 국제 사회와의 관계를 파국으로 몰고 가지 않기 위해 신중한 태도를 유지했습니다.

협상 과정은 많은 난관과 위기의 연속이었습니다. 양국 강경파의 반발, 언론의 비판, 그리고 돌발적인 국제 정세 변화 등 예측 불가능한 요소들이 끊임없이 협상을 위협했습니다. 그러나 협상단은 이러한 외부적인 압력과 내부적인 감정적 동요에 흔들리지 않고 핵심적인 전략 목표에 집중하며 단계별로 합의해왔습니다.

결국, 오랜 기간의 끈질긴 노력 끝에 미국과 이란은 포괄적 공동행동계획(JCPOA)이라는 역사적인 합의를 내놨습니다. 이 사례는 복잡하고 감정적인 이슈를 다루는 협상에서, 감정적인 대응을 절제하고 명확한 전략적 목표를 설정하며, 냉철하고 체계적인 접근 방식을 견지하는 것이 얼마나 중요한지를 보여줍니다. 협상가는 개인적인 감정에 매몰되기보다는 상황을 객관적으로 분석하고 장기적인 목표를 고려하여 전략적으로 움직여야 비로소 성공적인 결과를 이끌어낼 수 있습니다.

2. 결론: 협상이론을 학습하면 성공적인 협상을 이끌어낼 수 있습니다

니콜로 마키아벨리(Niccolò Machiavelli)는 『군주론』에서 "권력 유지와 협상은 분리될 수 없다."고 주장했습니다. 그는 협상에서 상대방의 심리를 정확히 간파하고 필요할 때는 강경한 태도를 유지하는 것이 중요하다고 강조했습니다.

마키아벨리는 군주가 때로는 사자와 같이 강인하고, 때로는 여우와 같이 교활해야 한다고 보았습니다. 이는 협상 상황에서도 마찬가지로 해석될 수 있습니다. 단순히 선의에 호소하기보다는 힘의 균형을 유지하고, 필요에 따라서는 전략적인 술책을 활용해야 협상에서 유리한 위치를 점할 수 있다는 의미로 이해될 수 있습니다.

현대 비즈니스 협상에서도 협상가는 상대방이 선의로 행동할 것이라는 가정을 하기보다 여러 가능성을 대비하는 것이 중요합니다. 협상이론을 체계적으로 학습하면 나뿐만 아니라 상대방도 더 좋은 결과를 도출할 수 있고, 상호 원하는 목표를 효과적으로 달성할 수 있습니다.

결국, 협상이론을 익히는 것은 개인과 조직, 모두의 성공을 위해 필요한 전략적 자산이라고 할 수 있습니다.

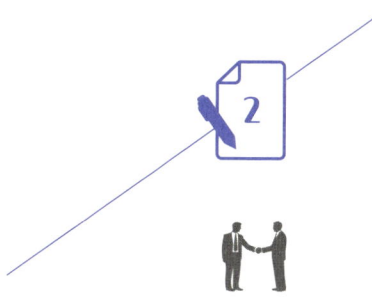

강성 입장 협상, 연성 입장 협상, 원칙 협상이란 무엇인가?

협상에는 다양한 접근 방식과 전략이 존재하지만, 모든 협상 방법을 학습하고 적용하는 건 현실적으로 쉽지 않습니다. 그런데도, 협상을 효과적으로 진행하기 위해서는 보편적으로 활용되는 핵심 이론을 이해하는 것이 중요합니다.

그중에서도 로저 피셔와 윌리엄 유리 교수가 제안한 협상이론은 협상 과정에서 고려해야 할 핵심 원칙을 제시합니다. 이들은 강성 입장 협상(Hard Positional Negotiation), 연성 입장 협상(Soft Positional Negotiation), 원칙 협상(Principled Negotiation)이라는 세 가지 협상 접근법을 제안하며, 협상 상황에 따라 적절한 전략을 선택해야 한다고 강조하였습니다.

1. 강성 입장 협상(Hard Positional Negotiation): '이기는 것이 전부다'

(1) 개념 및 특징

강성 입장 협상은 협상 상대를 경쟁자로 간주하고, 자신의 목표를 최대한 관철하려는 전략입니다. 이 접근법을 사용하는 협상가는 다음과 같은 특징을 보입니다.

승패 중심 사고방식

협상을 단순한 '승리 vs 패배'의 개념으로 인식하며, 상대보다 더 많은 것을 얻어야 한다는 목표를 설정합니다.

강한 입장 고수

상대방의 요구를 거의 수용하지 않으며, 나의 입장을 철저히 유지합니다.

압박 전술 활용

위협, 최후통첩, 감정적 압박 등의 강경한 전술을 사용해 상대방이 양보하도록 만듭니다.

(2) 강성 입장 협상의 장단점

강성 입장 협상은 단기적으로 성과를 얻기 쉬우나, 상대방과의 관계가 악화될 가능성이 큽니다. 협상에서 우위를 점할 수 있으나 상대방이 방어적 태도를 보이거나 강한 저항을 보일 수 있습니다. 아울러 타협 없이 자신의 목표를 달성할 가능성이 있는 반면에 장기적인 협력 관계 구축이 어려울 수 있습니다. 이를 정리하면 아래 표와 같습니다.

장점	단점
단기적으로 성과를 얻기 쉬움	상대방과의 관계가 악화될 가능성이 높음
협상에서 우위를 점할 수 있음	상대방의 강한 저항을 불러올 수 있음
타협없이 자신의 목표를 달성할 가능성이 있음	장기적 협력 관계 구축이 어려움

(3) 퀄컴과 국내 휴대폰 제조사 간의 특허 협상 사례

1990년대 후반부터 2000년대 초반, 한국의 휴대폰 산업은 CDMA 기술을 기반으로 급성장했습니다. 이 시기, 핵심 특허를 다수 보유한 미국의 퀄컴은 국내 제조사들에게 높은 로열티를 요구하며 강경한 입장을 취했습니다.

퀄컴은 자사의 기술 없이는 휴대폰 생산이 어렵다는 점을 활용, 새로운 기술 표준 채택 과정에서도 유리한 조건을 강하게 밀어붙였습니다. 막강한 특허 장벽은 퀄컴의 협상력을 극대화했고, 초기에는 국내 제조사들이 퀄컴의 요구를 상당 부분 수용해야 했습니다. 핵심 기술에 대한 의존도가 높아 협상력이 열세였기 때문입니다.

그러나 시간이 흐르면서 국내 제조사들은 자체적인 기술 개발에 힘쓰며 퀄컴 의존도를 점차 낮춰갔고, 공동 대응 전략 모색을 통해 협상력을 키웠습니다.

국제 사회의 문제 제기와 규제 움직임 또한 퀄컴의 강경한 입장에 제동을 걸었습니다. 이는 압도적인 기술 우위를 가진 기업의 강성 입장이 단기적으로는 효과를 볼 수 있지만, 장기적으로는 상대방의 반발과 자체적인 역량 강화 노력을 촉진할 수 있음을 시사합니다.

2. 연성 입장 협상(Soft Positional Negotiation): '관계를 우선시 해라'

(1) 개념 및 특징

연성 입장 협상은 협상 상대를 협력자로 간주하고, 우호적인 관계를 유지하는 것을 우선시하는 접근법입니다. 이 협상 방식은 다음과 같은 특징을 갖습니다.

관계 중심 사고방식

협상 상대방과의 관계를 유지하는 것을 최우선 과제로 삼습니다.

양보와 타협 강조

갈등을 최소화하기 위해 상대방의 요구를 적극 수용하는 경향이 있습니다.

장기적인 협력 관계 중시

단기적 이익보다 지속적인 협력을 중요하게 여깁니다.

(2) 연성 입장 협상의 장단점

연성 입장 협상은 상대방과의 관계를 원만하게 유지할 수 있으나 과도한 양보로 손해볼 가능성이 높습니다. 또한 감정적인 충돌이 감소될 수 있지만 상대는 이를 악용하여 추가적인 요구를 할 가능성이 높습니다. 장기적인 협력관계 형성에는 유리하지만 단기적 협상에 초점을 둔 강성 입장 협상자와의 협상에서는 불리할 수 있습니다. 이를 표로 정리하면 다음과 같습니다.

장점	단점
상대방과의 관계를 원만하게 유지할 수 있음	과도한 양보로 인해 손해를 볼 가능성이 있음
협상에서 감정적 충돌을 줄일 수 있음	상대방이 이를 악용하여 추가적인 요구를 할 가능성이 있음
장기적인 협력 관계를 형성하는 데 유리함	강성 입장 협상자와의 협상에서 불리해질 수 있음

(3) 1938년 뮌헨 협정 사례

1938년 뮌헨 협정은 연성 입장 협상이 얼마나 위험한 결과를 초래할 수 있는지를 보여주는 역사적 사례입니다. 당시 독일의 아돌프 히틀러는 체코슬로바키아의 주데텐란트 지역을 독일에 합병할 것을 강하게 요구했습니다. 주데텐란트는 독일계 주민이 많이 거주하는 체코슬로바키아 서부 국경 지역으로, 당시 체코슬로바키아의 주요 방어선이 위치한 전략적 요충지였습니다. 전쟁을 피하고자 했던 영국(네빌 체임벌린 총리)과 프랑스는 체코슬로바키아의 의사를 묻지 않고 히틀러의 요구를 수용하는 유화 정책을 택했습니다. 체코슬로바키아는 독일에 항전할 준비를 하고 있었지만, 동맹국들의 압력으로 주데텐란트를 포기할 수밖에 없었습니다.

체임벌린은 '우리 시대의 평화'를 가져왔다고 자부했지만, 뮌헨 협정은 히틀러에게 더 큰 야망을 품게 하는 계기가 되었습니다. 주데텐란트 합병은 체코슬로바키아의 국방력을 약화했고, 결국 1939년 독일은 체코슬로바키아 전체를 점령했습니다. 서방 강대국들의 소극적인 대응은 히틀러에게 국제 사회가 자신에게 강력하게 맞서지 않을 것이라는 잘못된 확신을 심어주었고, 이는 폴란드 침공과 제2차 세계대전 발발의 주요 원인이 되었습니다.

뮌헨 협정은 연성 입장이 때로는 관계 유지라는 단기적인 목표를 달성하는 듯 보일 수 있지만, 상대방의 부당한 요구를 수용하고 명확한 선을 긋지 못할 경우, 더 큰 위기와 파국을 초래할 수 있다는 교훈을 남겼습니다. 특히 비합리적이거나 공격적인 상대와의 협상에서는 원칙을 지키고 단호하게 대응하는 것이 중요함을 강조합니다.

3. 원칙 협상(Principled Negotiation): '공정한 기준을 바탕으로 협상하라'

(1) 개념 및 특징

원칙 협상은 감정적 요소를 배제하고, 객관적인 기준을 바탕으로 협상을 진행하는 방법입니다. 하버드 협상 프로젝트는 원칙 협상을 위해 네 가지 핵심 원칙을 제시하였습니다.

사람과 문제를 분리하라

협상에서는 상대방과의 관계를 고려하면서도, 문제 자체를 해결하는 데 집중해야 합니다.

이해관계(Interests)에 집중하고, 입장(Positions)에 집중하지 말라

단순히 각자의 요구(입장)에만 매달리지 말고, 서로의 근본적인 필요(이해관계)를 파악해야 합니다.

여러 가지 선택안을 마련하라

단 하나의 해결책만 고집하기보다 다양한 대안을 고려해야 합니다.

객관적 기준을 활용하라

협상의 결과를 정당화할 수 있는 객관적인 기준을 설정하면 갈등을 줄이고 합의 도출이 용이해집니다.

(2) 1978년 캠프 데이비드 협정 사례

1978년, 미국의 지미 카터 대통령의 중재로 성사된 캠프 데이비드 협정은 원칙 협상의 빛나는 사례로 손꼽힙니다. 오랜 숙적이었던 이집트와 이스라엘은 극심한 갈등 속에 놓여 있었으나, 이 협상을 통해 역사적인 평화의 물꼬를 텄습니다. 카터 대통령은 단순한 영토 분쟁 해결을 넘어, 양국의 핵심적인 이해관계를 심층적으로 파악하고 이를 조율하는 데 집중했습니다.

이스라엘은 1967년 6일 전쟁에서 이스라엘이 점령했던 시나이 반도(전략적 요충지)를 이집트에 반환하는 대신, 국제 사회로부터 안전 보장을 약속받는 데 성공했습니다. 이는 감정적인 대립을 최소화하고 객관적인 기준을 바탕으로 협상을 진행함으로써, 각국의 실질적인 이익을 충족시키는 원-원(Win-Win) 결과를 도출한 원칙 협상의 힘을 보여줍니다. 캠프 데이비드 협정은 공정한 절차와 상호 존중을 통해 오랜 갈등을 극복하고 지속 가능한 합의를 보여줄 수 있다는 중요한 교훈을 제시합니다.

4. 결론: 상황에 맞는 협상 방식을 선택하라

협상에는 강성 입장 협상, 연성 입장 협상, 원칙 협상이 있으며, 각 방식은 상황에 따라 적절히 활용해야 할 것입니다. 하지만 장기적인 협력 관계를 구축하려면 원칙 협상이 가장 효과적인 접근법이 될 수 있습니다. 공정한 기준을 바탕으로 협상을 진행하면, 감정적 충돌을 줄이고, 창의적인 해결책을 찾을 가능성이 많아집니다.

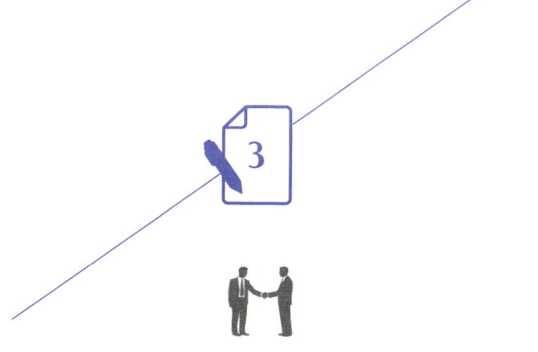

레위키-하이암의 5가지 협상 전략:
경쟁, 회피, 수용, 협력, 타협

 협상 전문가 데이비드 레위키(David Lewicki)와 알렉산더 하이암(Alexander Hiam)은 R-O(Relationship-Outcome)모델을 소개하면서 협상 상대와 기대되는 관계의 중요성과 협상으로부터 얻어낼 것으로 기대되는 성과라는 두 가지 요인에 의해서 협상전략이 결정된다고 하면서 협상에서 사용되는 다섯 가지 기본 전략을 제시하였습니다. 이 전략들은 협상 상대와의 관계, 목표, 상황에 따라 적절하게 선택되어야 하며, 각 전략은 특정한 장·단점을 가지고 있습니다.

출처: 안세영, 「글로벌 협상전략」, 박영사, 2022

다섯 가지 협상 전략은 경쟁(Competition), 회피(Avoidance), 수용(Accommodation), 협력(Collaboration), 타협(Compromise)입니다. 협상 전략은 상대방과의 관계가 얼마나 중요한지, 그리고 협상을 통해 얼마나 성과를 얻고자 하는지라는 두 가지 요인을 기준으로 구분할 수 있습니다. 이 두 요인을 바탕으로 다섯 가지 전략을 표시하면 그림과 같습니다.

1. 경쟁 전략(Competitive Strategy): 승패가 분명한 협상

(1) 개념

경쟁 전략은 자신의 목표를 극대화하기 위해 상대방을 희생시키는 방식입니다. 관계가 중요하지 않을 때 사용하는 전략입니다. 주로 한정된 자원을 두고 강한 입장을 유지하며, 때로는 강압적인 태도를 보이기도 합니다.

(2) 특징

- 승패가 명확한 제로섬(Zero-sum) 협상 방식
- 상대방을 굴복시키는 강경한 태도
- 단기적인 협상에서 효과적이나, 장기적인 관계 구축에는 불리함

(3) 적용 상황

- 시장 점유율을 두고 경쟁하는 경우
- 법적 소송 또는 강력한 입장이 필요한 경우

(4) 사례: 특허 소송에서의 경쟁 전략

A기업과 B기업이 똑같은 기술 특허를 두고 법적 분쟁을 벌이고 있다고 가정해 보겠습니다. A기업은 강경한 법적 조치와 함께 특허권을 주장하고, 상대 기업이 포기할 때까지 법적 절차를 지속할 것입니다. B기업 역시 법적 대응을 준비하며 대립적인 입장을 견지할 것입니다.

이처럼 경쟁 전략은 단기적으로는 효과적일 수 있지만, 관계가 손상될 가능성이 크며 협상의 지속 가능성을 약화할 수도 있습니다.

2. 회피 전략(Avoiding Strategy): 협상을 미루거나 거부하는 전략

(1) 개념

회피 전략은 협상 자체를 미루거나 거부하는 방식입니다. 협상 상대와의 관계가 중요하지 않고, 협상으로 얻어질 성과도 무의미하거나 불리할 때 채택하는 전략입니다.

(2) 특징

- 협상을 회피하거나 연기함
- 문제 해결보다는 갈등을 피하는 데 초점
- 협상 상대와의 관계를 유지하는 데 유리할 수 있음

(3) 적용 상황

- 협상 자체가 불필요한 경우
- 협상이 불리할 확률이 높은 경우

(4) 사례: 경쟁사의 제휴 요청 거절

B기업은 경쟁사로부터 제휴 관련 협상 제안을 받았지만, 현재로서는 이익이 없다고 판단합니다. B기업은 공식적으로 협상 거부를 선언하지 않고, 시간을 끌면서 협상을 연기합니다. 상대 기업이 계속 협상을 원할 경우, 필요할 때 협상을 재개할 수도 있습니다. 이처럼 회피 전략은 위험 부담이 크거나, 협상이 불필요한 경우에 유용할 수 있습니다.

3. 수용 전략(Accommodation Strategy): 상대방을 만족시키는 전략

(1) 개념

수용 전략은 상대방의 요구를 받아들이고 자신의 이익을 희생하는 방식입니다. 상대와의 좋은 관계를 유지하는 것이 중요하면서도 협상으로 얻을 성과가 무의미하다면 미래를 위해 상대방의 요구를 수용하는 전략 관계 유지가 가장 중요한 경우 사용됩니다.

(2) 특징
- 상대방의 만족을 우선시
- 단기적으로 관계 유지에 효과적
- 협상력이 약한 경우 발생하기 쉬움

(3) 적용 상황
- 장기적인 협력 관계가 필요한 경우
- 협상 상대가 절대적으로 우위에 있는 경우

(4) 사례: 중소기업과 대기업 간 계약 협상

한 중소기업이 대기업과의 장기적인 협력 관계를 유지하기 위해 계약 조건을 불리하게 받아들이는 경우를 보자면, 중소기업은 수익성이 낮더라도 대기업과의 거래를 지속하기 위해 불리한 조건을 감수합니다. 하지만 장기적으로 대기업과의 협력 경험이 다른 사업 기회를 창출할 수도 있습니다. 이처럼 수용 전략은 즉각적인 손해를 감수하더라도, 미래의 이익을 고려하는 전략으로 활용될 수 있습니다.

4. 협력 전략(Collaborative Strategy): 윈-윈(Win-Win) 협상

(1) 개념

협력 전략은 양측이 모두 이익을 얻을 수 있도록 상호 협력하는 방식으로, 창의적 해결책을 통해 윈-윈(Win-Win) 결과를 추구합니다.

(2) 특징
- 창의적이고 장기적인 해결책 모색
- 신뢰 기반의 협상 관계 구축
- 협상이 복잡한 경우 효과적

(3) 적용 상황
- 지속적인 협력 관계가 필요한 경우

- 서로의 이익을 극대화할 방법을 찾을 수 있는 경우

(4) 사례: 공동 개발 프로젝트 협약

C기업과 D기업이 공동 연구개발(R&D) 프로젝트를 진행하여 비용을 절감하고 새로운 기술을 창출하는 협약을 체결하는 경우입니다. 양측은 각자의 강점을 활용하여 시너지를 창출합니다. 이를 통해 비용 절감뿐만 아니라 시장 경쟁력을 함께 높이는 효과를 얻습니다. 이처럼 협력 전략은 상대방과의 관계를 강화하고 장기적인 가치를 창출할 수 있는 가장 효과적인 방법입니다.

5. 타협 전략(Compromising Strategy): 서로 양보하는 현실적 접근
(1) 개념

타협 전략은 양측이 일정 부분 양보하여 합의를 이끌어내는 방식입니다. 완벽한 해결책은 아니지만, 현실적인 접근법으로 자주 사용됩니다.

(2) 특징
- 신속한 해결책 도출 가능
- 양측이 일정 부분 손해를 감수해야 함
- 만족도는 적지만, 수용할 수 있는 결과 도출

(3) 적용 상황
- 제한된 시간 내에 협상이 필요한 경우
- 양측이 어느 정도 양보할 의사가 있는 경우

(4) 가격 협상에서의 타협 전략 사례

두 회사가 제품 가격을 놓고 협상을 진행하고 있다고 가정해 보겠습니다. 구매자는 10% 할인을 요구하지만 판매자는 할인이 불가하다고 말합니다. 그러나 결국, 5% 할인을 적용하는 선에서 타협하여 계약이 체결됩니다. 이처럼 타협 전략은 완전한 만족을 주지는 않지만, 협상을 신속하게 마무리하는 데 효과적입니다.

다섯 가지 전략을 정리하면 다음의 표와 같습니다.

전략	개념	적용 상황	장점	단점
경쟁	자신의 이익 극대화	강력한 입장이 필요할 때	빠른 성과 가능	관계 악화 가능
회피	협상 자체를 회피	협상이 불필요한 경우	갈등 회피 가능	기회 상실 가능
수용	상대의 요구 수용	관계 유지를 원할 때	신뢰 형성 가능	장기적으로 손해 가능
협력	윈-윈(Win-Win) 해결책 모색	장기적 관계 필요할 때	창의적 해결 가능	시간과 노력이 많이 듦
타협	양측이 일정 부분 양보	신속한 합의 필요할 때	빠른 해결 가능	만족도 낮을 수 있음

6. 결론: 협상 전략의 적절한 선택이 중요하다

레위키-하이암이 제시한 다섯 가지 협상 전략은 협상 상대와의 기대되는 관계의 중요성과 협상으로부터 얻어낼 것으로 기대되는 성과라는 두 가지 요소를 기초로 협상의 상황과 목표에 따라 적절히 활용되어야 할 것입니다.

단기적인 승리를 목표로 하거나 강력한 입장이 필요할 때 → 경쟁 전략
불필요한 협상을 피해야 할 때 → 회피 전략
장기적인 협력을 고려해야 할 때 → 수용 전략 또는 협력 전략
빠른 합의를 원할 때 → 타협 전략

협상가는 단 하나의 전략만 고집할 것이 아니라, 협상 과정에서 유연하게 접근하며 필요에 따라 전략을 조합하여 최적의 결과를 도출하는 것이 중요합니다. 특히, 장기적인 협력 관계를 유지하고 신뢰를 구축하는 것이 중요할 때는 협력 전략이 가장 효과적인 방법이 될 수 있습니다. 따라서 협상의 목표와 상대방의 특성을 고려하여 전략을 신중하게 선택하는 것이 협상 성공의 핵심이라고 할 수 있습니다.

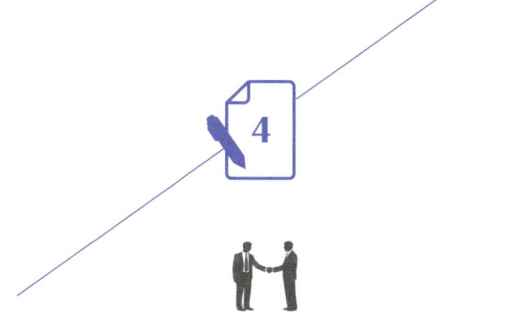

협상의 핵심 요소 중 입장(Positions)과 이해관계(Interests)란?

협상이란 단순히 원하는 걸 주장하거나, 양보를 이끌어 내는 기술이 아닙니다. 진정한 협상은 '이해관계(Interests)'를 중심으로 이루어집니다. 여기서 이해관계란, 협상 당사자가 표면적으로 드러난 입장(Positions) 뒤에 숨겨진 궁극적인 목적, 동기, 필요를 의미합니다. 이는 종종 '무엇을 원하는가?'보다 '왜 그것을 원하는가?'를 묻는 질문을 통해 드러납니다.

하버드의 협상법 'Getting to Yes'의 핵심 원칙 중 하나는 "입장(Positions)을 넘어서 이해관계(Interests)를 파악하라."는 것입니다. 표면적 요구만을 중심으로 협상을 전개할 경우 갈등이 심화하거나 교착 상태에 빠질 수 있으나, 이해관계를 이해하면 창의적인 대안과 윈-윈(Win-Win) 솔루션을 도출할 가능성이 많아집니다.

1. 입장(Positions)과 이해관계(Interests)의 차이

구분	설명
입장(Positions)	협상 테이블 위에서 드러나는 주장이나 요구사항
이해관계(Interests)	당사자가 그러한 입장을 견지하는 근본적인 이유

다음과 같은 예를 들어보겠습니다.

두 사람이 오렌지 하나를 두고 다툽니다.

A의 입장: "오렌지를 주세요!"

B의 입장: "아니요, 제가 가져야 합니다!"

이것은 입장의 충돌입니다.

하지만 그 이유 즉 이해관계를 들여다보면,

A는 제과 연구를 위해 오렌지 껍질이 필요하고,

B는 주스를 만들기 위해 과육이 필요합니다.

서로의 이해관계를 파악했다면 오렌지를 나누는 창의적 해법이 가능했을 것입니다.

2. 아킬레우스와 아가멤논에서 본 '입장(Positions)'과 '이해관계(Interests)'

앞서 소개한 아킬레우스와 아가멤논의 사례를 좀 더 깊게 살펴보겠습니다.

〈아킬레우스의 입장과 이해관계〉

구분	설명
입장(Positions)	"나의 전리품 브리세이스를 돌려달라."
이해관계(Interests)	명예: 전리품은 전사의 용맹을 상징 존중: 자신이 무시당했다고 느낌 정의감: 부당한 명령에 대한 분노

〈아가멤논의 입장과 이해관계〉

구분	설명
입장(Positions)	"나는 사령관으로서 권위를 유지해야 하며, 양보할 수 없다."
이해관계(Interests)	통솔력 유지: 한 번의 양보가 전체 군 기강을 무너뜨릴 수 있음 체면 유지: 리더로서의 이미지가 중요 불안감: 아킬레우스의 영향력을 견제하려는 의도

이 갈등은 아테나 여신의 개입으로 직접 충돌을 피하게 되며, 이후 사절단(오디세우스 등)을 통한 설득, 보상 제안 등의 방식으로 갈등을 봉합하려는 시도가 이어집니다. 이 과정은 대립이 아니라, 근본적인 이해관계에 접근했을 때 협상의 실마리가 찾을 수 있다는 것을 시사합니다.

3. 이해관계의 유형

협상에서 이해관계는 다음과 같은 다양한 형태로 나타납니다:

경제적 이해관계: 가격, 수익, 비용 등
심리적 이해관계: 존중받고 싶은 욕구, 자존심, 정체성
사회적 이해관계: 조직 내 위상, 명분, 관계 유지
정책적 이해관계: 전략적 방향성, 사회적 책임, 공공 이미지

예를 들어, 노조가 '임금 10% 인상'을 요구하는 것은 입장이며, 이해관계는 다음과 같은 것일 수 있습니다.

물가 상승에 따른 생활비 보전
장기 근속자에 대한 보상
고용 안정성 확보
회사의 재정 상태에 대한 불안감 완화

따라서 협상가는 단순히 "임금 인상은 어렵다."라고 반응하는 것이 아니라, 그 인상 요구 뒤에 어떤 이해관계가 숨어 있는지를 파악해야 효과적인 협상이 가능합니다.

4. 결론

협상의 핵심은 표면적인 요구(입장)를 넘어서 상대의 진짜 의도(이해관계)를 파악하는 것입니다. 이해관계를 파악하면 단순한 양보의 협상을 넘어, 창의적이고 지속

가능한 해결책을 찾을 수 있습니다. 협상이란 설득의 기술이기 전에 이해의 기술입니다. '무엇을 원하는가?'에서 멈추지 말고 '왜 그것을 원하는가?'까지 다가가는 태도야말로 협상의 출발점이자 종착지입니다.

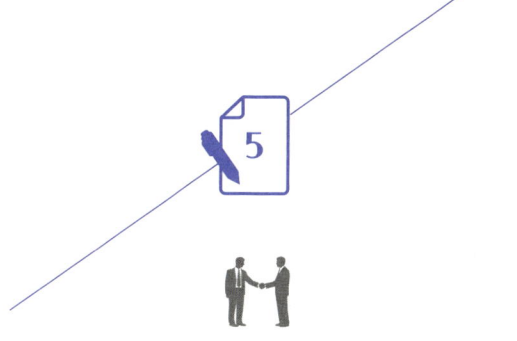

협상 전략에서 숨겨진 이해관계를 어떻게 확인해야 하나?

협상에서 당사자들이 처음에 제시하는 조건과 요구는 종종 '표면적 입장 (Positions)'에 불과합니다. 그러나 진정한 해결책은 그 이면에 숨겨진 '이해관계 (Interests)'를 파악하는 데서 비롯됩니다. 협상 전략의 핵심은 상대가 무엇을 요구하는가 보다, 왜 그것을 요구하는가를 묻는 데 있습니다.

1. 표면적 입장(Positions)과 이해관계(Interests)의 차이

입장은 '무엇을 원한다'는 표현이고, 이해관계는 '왜 그것을 원하는가'에 대한 이유입니다. 예를 들어, 한 직원이 "재택근무를 원합니다."라고 말할 때, 이것은 입장입니다. 그 이유가 육아, 통근 스트레스, 업무 집중도라면 이는 이해관계입니다. 같은 입장이라도 이해관계는 사람마다 달라서 이를 파악하지 못하면 효과적인 협상은 어렵습니다.

2. 숨겨진 이해관계를 파악하는 네 가지 전략

(1) 개방형 질문(Open-ended Questions)을 활용하라

상대방이 단순히 예/아니오로 답하지 않도록 유도하는 개방형 질문은 이해관계를 탐색하는 가장 기본적이며 강력한 도구입니다.

"이 조건이 중요한 이유는 무엇인가요?"

"이 문제를 해결하는 데 가장 핵심적인 요소는 무엇입니까?"

"이 협상이 귀하에게 어떤 의미가 있나요?"

이러한 질문은 상대의 감정, 우선순위, 내면의 동기를 드러나게 합니다.

(2) 가정형 질문(Hypothetical Questions)으로 우회하라

상대가 바로 말하기 어려운 이해관계는 가정 상황을 통해 자연스럽게 드러날 수 있습니다.

"만약 이 조건이 조정 가능하다면, 어떤 형태가 가장 바람직하다고 생각하시나요?"

"이 제안이 빠진다면 어떤 우려가 가장 크실까요?"

"비용이 문제가 아니라면, 가장 고려하고 싶은 요소는 무엇인가요?"

특히, 협상의 갈등이 깊거나 방어적 태도가 보일 때 유용한 기법입니다.

(3) 바트나(BATNA) 관련 질문으로 대안의 강도를 측정하라

바트나를 탐색하면, 상대방이 어느 정도 양보할 수 있는지, 또 어떤 이해관계가 협상에 걸려 있는지를 가늠할 수 있습니다.

"이 협상이 불발된다면 어떤 대안을 고려하고 계십니까?"

"다른 선택지와 비교했을 때, 우리 조건이 어떤 강점이 있을까요?"

"귀사가 협상을 계속하고자 하는 가장 큰 이유는 무엇인가요?"

바트나에 대한 답변은 협상 테이블 뒤에 숨겨진 위험 인식과 우선순위를 드러냅니다.

(4) 과거 사례와 경험을 물어라

사람은 과거의 기준과 기대를 현재 협상에도 연결합니다. 이때 다음과 같은 질문이 유용합니다.

"이전에 비슷한 조건으로 협상하신 경험이 있으신가요?"

"그 협상에서 어떤 점이 만족스러웠나요?"

"당시 가장 중요한 고려 요소는 무엇이었나요?"

이러한 질문은 상대의 기준, 가치, 기대 수준을 드러내며 숨겨진 이해관계를 구체화하는 데 도움이 됩니다.

3. 이해관계를 빠르게 파악할 수 있는 여러 신호

(1) 반복되는 표현이나 단어

상대가 특정 단어나 문장을 반복한다면, 그 속에 감정적 또는 전략적 이해관계가 숨어 있을 확률이 높습니다.

예) "우리는 지난번에도 인정받지 못했습니다."

→ 심리적 이해관계: 인정 욕구

(2) 표면 요구의 비합리성

합리적 계산보다 상당히 과하거나 덜한 요구가 나올 경우, 그 이면에 숨어 있는 감정적·상징적 이해관계를 의심해야 합니다.

예) "그 조건은 받아들일 수 없습니다." (하지만 사실상 이익이 있음)

→ 체면, 신뢰 문제일 수 있음

(3) 감정이 실리는 순간

갑자기 목소리 톤이 바뀌거나 표정이 굳는 등 감정적 반응이 나올 때, 해당 주제는 핵심 이해관계와 연결되어 있을 확률이 높습니다.

감정은 종종 '진짜 관심사'를 드러내는 창입니다.

(4) '~ 때문에' 또는 '왜냐하면'으로 시작되는 설명

이유를 설명하는 문장은 표면적 입장 뒤에 있는 이해관계를 드러내는 결정적 힌트가 됩니다.

예) "우리가 이 가격을 고수하는 이유는 과거 거래에서 큰 손해를 봤기 때문입니다."

→ 재무적 안정성, 신뢰 회복

(5) 상대가 가장 빨리 반응하는 항목

여러 안건 중에서 가장 즉각적이거나 민감하게 반응하는 주제는 핵심 우선순위에 속한 이해관계일 확률이 높습니다.

협상 초반에는 탐색적으로 안건을 넓게 던진 뒤 반응 속도를 관찰하면 좋습니다.

(6) 과거의 행동 패턴

과거에 어떤 항목에 집착했는지 어떤 방식으로 거래를 마무리했는지를 보면 반복되는 가치 판단 기준이 보입니다.

이는 특히 장기 거래 관계에서 매우 유용한 힌트입니다.

(7) 침묵하거나 넘기려는 주제

말을 아끼거나 얼버무리는 항목은 민감하거나 전략적으로 중요한 이해관계일 수 있습니다. 이는 정면돌파보다 우회 질문으로 접근해야 합니다.

4. 결론: '무엇'이 아닌 '왜'를 묻는 협상가

협상 전략의 본질은 거래 자체가 아니라, 사람의 동기를 파악하고 설득하는 기술에 있습니다. 상대의 입장(Positions)만을 보고 판단하는 것은 협상의 절반만 보는 것입니다. 상대의 말 뒤에 숨겨진 이해관계(Interests)를 확인하는 순간, 단순한 타협이 아닌 창의적인 해결책과 상호 이익이 가능해집니다.

따라서 유능한 협상가는 늘 상대에게 '무엇을 원합니까?'가 아닌 '왜 그것을 원하십니까?'라고 묻습니다. 이 질문 하나가 협상의 흐름을 완전히 바꿀 수 있습니다.

합리적 준거점 설정이
협상 결과에 미치는 영향

협상은 단순히 주고받는 행위를 넘어, 심리적 요소와 전략적 사고가 복합적으로 작용하는 과정입니다. 이 과정에서 합리적인 준거점 설정은 협상의 방향을 잡고 목표를 달성하기 위한 효과적인 전략을 수립하는 첫걸음입니다.

1. 준거점(Reference Point)이란 무엇인가? 협상의 나침반!

협상에서 '준거점'은 협상 당사자가 자신의 목표를 설정하고 제시된 조건을 평가할 때 기준으로 삼는 지점을 말합니다. 즉 협상에서 준거점은 우리가 어떤 판단이나 결정을 내릴 때 기준으로 삼는 '참고점', '참고사항'이 됩니다. 내가 얼마를 받아야 만족할지, 상대방의 제안이 합리적인지 아닌지 등을 판단할 때 참고하는 여러 정보나 기준들이 바로 준거점이 되는 것입니다.

예를 들어, 어떤 가격이 적절한지 판단할 때 시장 가격을 참고한다면, 그 시장 가격이 준거점입니다. 내가 가진 바트나가 있다면, 그 바트나가 협상의 하한선을 정하는 참고 기준, 즉 준거점이 될 수 있습니다. 과거의 성공 경험을 바탕으로 이번 협상도 그렇게 되리라 기대한다면, 그 과거 경험이 심리적 준거점이 됩니다.

준거점은 크게 객관적 준거점과 주관적/심리적 준거점으로 나눌 수 있습니다.

(1) 객관적 준거점

시장 가치, 업계 표준, 관련 법규, 원가 데이터 등 객관적인 데이터와 사실에 기반합니다.

(2) 주관적/심리적 준거점

개인적인 기대 수준, 과거의 경험, 심지어 감정적인 요인에서 비롯됩니다.

하버드 협상 이론의 핵심 개념인 '객관적 기준(Objective Criteria)'과 '바트나(BATNA)'와 밀접하게 연결되는 준거점은 협상의 성공과 실패를 가르는 중요한 요소 중 하나입니다. 합리적으로 설정된 준거점은 협상자가 비합리적인 양보를 하지 않도록 방어하고, 상대방과의 신뢰를 구축하며, 궁극적으로 상호 만족스러운 결과를 도출할 가능성을 크게 높여줍니다. 이후 논의될 앵커링 효과, 하이볼 및 로우볼 전략, 협상가능영역(ZOPA) 역시 이 준거점 설정에 기반하므로, 협상에서 준거점의 중요성은 아무리 강조해도 지나치지 않습니다.

2. 성공적인 협상을 위한 준거점 설정 전략

성공적인 협상을 도출하기 위해서는 명확하고 합리적인 준거점을 설정하는 것이 선결 과제입니다. 효과적인 준거점 설정을 위한 주요 전략은 다음과 같습니다.

(1) 객관적인 데이터와 시장 기준의 철저한 활용

협상에 임하기 전에 객관적인 시장 조사와 데이터 분석은 필수적입니다. 시장의 일반적인 가격 수준, 경쟁사의 유사 사례, 관련 법률 및 규정 등을 꼼꼼히 검토하여 현실적이고 타당한 준거점을 설정해야 합니다. 예를 들어, 중고차를 판매할 때, 동일 차종의 연식, 주행거리, 옵션 등을 고려한 시장 평균 가격(예: 1,500 ~ 1,700만 원)을 객관적인 준거점으로 설정할 수 있습니다. 이는 터무니없이 낮은 가격에 팔거나 비현실적인 높은 가격을 제시하지 않도록 돕습니다.

(2) 최고 대안(BATNA)과의 비교를 통한 하한선 설정

협상이 결렬되었을 때 선택할 수 있는 최고 대안(BATNA)을 명확히 파악하고, 이를 기준으로 협상의 최소 수용 가능선을 설정하는 것은 매우 중요합니다. 이는 협상에서 불필요한 양보를 막고, 자신의 이익을 보호하는 핵심 방어선 역할을 합니다.

예를 들어 연봉 협상을 하고 있다고 가정해 보겠습니다. 현재 회사에서 제시한 연봉이 5,000만 원인데, 다른 회사로부터 5,500만 원의 제안(BATNA)을 받은 상황입니다. 5,500만 원은 당신의 강력한 협상 준거점이 되어, 현재 회사와의 협상에서 적어도 이 금액 이상을 받아야 한다는 확고한 기준이 됩니다. 만약 현재 회사가 5,200만 원을 제시한다면, 당신의 바트나 5,500만 원보다 낮으므로 협상 결렬을 고려할 수 있습니다. 여기 예시를 보면 바트나와 준거점이 같을 수 있습니다.

(3) 심리적 만족감과 현실적 수용 가능성의 균형

협상은 단순히 금전적인 이익만을 추구하는 과정이 아니라, 협상 후의 심리적 만족감 또한 중요한 고려 사항입니다. 따라서 막연한 기대감이나 과거의 성공 경험에만 의존하기보다 현실적으로 수용 가능한 목표를 설정하고, 협상이 종료된 후에도 후회하거나 불만을 느끼지 않을 기준점을 신중하게 고려하는 것이 현명합니다. 이는 공정하다고 느끼는 수준, 즉 공정성 지각과도 연결됩니다. 비록 객관적 이득이 크더라도 공정하지 않다고 느끼면 만족도가 떨어질 수 있습니다.

3. 비합리적인 준거점이 초래하는 부정적 결과

현실과 동떨어진 비합리적인 준거점을 설정하는 것은 협상 과정과 결과에 심각한 부정적인 영향을 미칠 수 있습니다. 대표적인 오류와 그 결과는 다음과 같습니다.

(1) 비현실적인 기대 설정으로 인한 협상 결렬

시장 가격이나 객관적인 가치 평가를 무시하고 지나치게 높은 기대를 설정한 채 협상에 임하면, 상대방과의 간격을 좁히기 어려워 결국 협상이 결렬될 가능성이 커집니다.예를 들어 아파트를 10억 원에 팔려고 할 때, 인근 지역의 동일 평수 아파트 실거래가가 7~8억 원 수준이라고 가정해 봅시다. 10억 원이라는 비현실적인 준거점은 잠재적 구매자들에게 매력적이지 않아, 결국 협상 시도조차 어렵게 만들거나 협상 결렬로 이어질 수 있습니다.

(2) 과거 성공 경험에 갇혀 현실을 외면하는 오류

과거 협상에서 유리한 결과를 얻었던 경험을 지나치게 신뢰하여, 변화된 시장 상황이나 상대방의 입장을 고려하지 않고 똑같은 조건을 고집하는 것은 위험합니다. 시장 환경과 상대방의 상황은 언제든지 변할 수 있기 때문입니다.

예를 들어, 과거 호황기에 100만 원에 판매했던 제품이 현재는 시장 경쟁 심화와 공급 과잉으로 80만 원이 적정 가격이 되었다고 가정해 봅시다. 여전히 과거의 성공 경험을 준거점 삼아 100만 원을 고집한다면, 재고만 쌓이고 판매 기회를 잃게 될 것입니다.

(3) 잘못된 앵커링으로 인한 불리한 출발

첫 제안은 협상의 기준점(Anchor)으로 작용하여 이후 협상 흐름에 큰 영향을 미치는 앵커링 효과를 발생시킵니다. 합리적인 준거점은 이러한 앵커링 효과에 휘둘리지 않는 방어막 역할을 합니다. 만약 부적절한 준거점에 기반하여 터무니없이 낮거나 높은 초기 제안을 수용하거나 제시한다면, 이후 협상 과정에서 불리한 위치에 놓일 가능성이 큽니다.

예를 들어, 당신이 신제품 개발을 위해 부품 공급사와 협상 중인데, 상대방이 초기 견적으로 개당 10,000원을 제시했습니다. 하지만 당신의 시장 조사와 원가 분석 결과, 합리적인 가격은 개당 7,000원이라고 판단했습니다. 만약 당신이 7,000원이라는 준거점을 명확히 가지고 있지 않다면, 상대방의 첫 제안인 10,000원에 앵커링되어 9,000원이나 9,500원 수준에서 합의할 수도 있습니다. 하지만 7,000원이라는 합리적인 준거점이 있다면, 훨씬 더 낮은 가격으로 협상을 시작하고 목표 가격에 도달할 가능성이 높아집니다.

4. 결론: 합리적인 준거점 설정, 성공적인 협상의 첫걸음

협상은 단순히 이익을 주고받는 행위를 넘어, 심리적인 요소와 전략적인 사고가 복합적으로 작용하는 과정입니다. 이 과정에서 합리적인 준거점을 설정하는 것은 협상의 방향을 설정하고, 목표를 달성하기 위한 효과적인 전략을 수립하는 첫걸음입니다. 객관적인 데이터, 현실적인 바트나 분석, 그리고 심리적인 만족감(공정성 지각)을 종합적으로 고려하여 설정된 준거점은 협상자를 흔들림 없이 목표를 향해 나아가도록 이끌고, 궁극적으로 상호 만족스러운 합의에 도달할 가능성을 높여줄 것입니다. 협상에 임하기 전 스스로 던져야 할 질문은 바로 이것입니다. "내가 설정한 준거점은 과연 합리적인가?" 이 질문에 대한 명확한 답을 찾는다면, 이미 성공적인 협상을 위한 중요한 준비를 마친 것입니다.

협상 성공의 첫걸음, 목표 설정

협상은 단순히 의견을 주고받는 행위를 넘어, 원하는 결과를 얻기 위한 전략적인 과정입니다. 이 전략적인 과정에서 합리적인 준거점(Reference Point)을 기반으로 협상 목표를 명확하게 설정하는 것은 협상의 성패를 좌우하는 중요한 요소입니다.

막연한 목표 없이 시작된 협상은 방향을 잃고 표류하기 쉬우며, 현실과 동떨어진 목표는 불필요한 에너지 소모와 함께 협상 결렬로 이어질 위험이 큽니다. 반대로, 준거점을 토대로 분명하게 설정된 목표는 협상 전략을 체계적으로 수립하는 강력한 토대가 되며, 궁극적으로 합리적이면서도 도전적인 최상의 결과를 달성할 가능성을 크게 높여줍니다.

1. 협상 목표를 설정해야 하는 이유

협상에서 목표 설정이 중요한 이유는 다음과 같습니다.

(1) 협상의 명확한 방향 제시 및 중심축 확립

합리적인 준거점을 통해 설정된 목표는 협상을 진행하는 확고한 중심축과 같습니다. 목표가 분명할수록 협상의 흐름을 효과적으로 통제하고 원하는 방향으로 이끌어갈 수 있습니다. 이는 단순히 '이기는 것'이 아니라, '무엇을 얻어야, 진정으로 이기는 것인가'에 대한 명확한 기준을 제공합니다.

(2) 전략 및 전술 수립의 기준점 제공

준거점을 통해 설정된 목표는 언제 양보하고, 언제 강경한 태도를 보여야 할지에 대한 명확한 판단 기준을 제공합니다. 예를 들어, 내가 설정한 최소 수용 가능 준거점(BATNA)보다 상대방의 제안이 낮다면 단호하게 거절하고, 반대로 상대방의 준거점을 파악한다면 그들이 받아들일 만한 창의적인 대안을 제시할 수 있습니다. 명확한 목표가 없다면 효과적인 협상 전략과 전술을 수립하기 어렵습니다.

(3) 객관적인 결과 평가 기준 마련

협상 종료 후, 설정했던 목표를 기준으로 협상 성과를 객관적으로 평가할 수 있게 합니다. 목표가 없다면 협상이 성공적이었는지, 혹은 더 나은 결과가 가능했는지 판단하기 어렵습니다. 준거점 기반의 목표는 "우리가 원래 기대했던 수준은 어디였고, 실제로 달성한 건 무엇인가?"를 명확히 비교할 수 있는 척도가 됩니다.

이처럼 명확한 협상 목표 설정은 협상 과정 전반에 걸쳐 강력한 영향력을 행사하며, 협상력을 향상하는 데 결정적인 역할을 합니다.

2. 효과적인 협상 목표 설정 방법

성공적인 협상을 위한 목표는 어떻게 설정해야 할까요? 다음 요소들을 준거점과 연결하여 종합적으로 고려함으로써 합리적이면서도 도전적인 목표를 수립해야 합니다.

(1) SMART 원칙 적용: 구체적인 목표 설계

SMART는 효과적인 목표 설정을 위한 핵심 원칙입니다.

구체적(Specific): 달성하고자 하는 바를 명확하게 정의해야 합니다. 단순히 "좋은 가격이 아닌, 시장 조사 결과(준거점) 최소 10% 할인을 목표로 한다."처럼 구체적인 수치를 제시합니다.

측정 가능(Measurable): 목표 달성 여부를 객관적으로 판단할 수 있는 측정 기준을 포함해야 합니다. '현재 원자재 비용(준거점) 대비 15% 절감'과 같이 명확한 기준을 제시합니다.

달성 가능(Achievable): 현실적인 제약과 자원을 고려하여 달성 가능한 목표를 설정해야 합니다. 상대방의 입장과 능력을 고려하여 비현실적인 기대는 지양해야 합니다.

관련성 높은(Relevant): 협상 상황 및 전반적인 목표와 부합하는 목표를 설정해야 합니다. 협상 목표가 나의 최종적인 비즈니스 목표나 개인적 필요와 어떻게 연결되는지 명확히 합니다.

시간 제한이 있는(Time-bound): 목표 달성 기한을 명확히 설정하여 집중력을 높여야 합니다. "오는 7월 31일까지 계약을 마무리한다."처럼 기한을 명시합니다.

구체적인 예를 들면 다음과 같습니다.
비효율적인 목표: "좋은 조건으로 계약하고 싶다."
준거점 기반 SMART 목표: "1개월 이내에 현재 거래 조건보다 5% 유리한 가격으로 2년 장기 계약을 체결하며, 계약 이행 보증 조항을 포함한다. 이는 타 경쟁사 계약 조건을 상회하는 수준이다."

(2) 목표 수준 다각화: 최적, 현실적, 최소 목표 설정

협상 목표는 단일한 기준이 아닌, 다양한 수준으로 설정하여 협상의 유연성을 확보하고 예상치 못한 상황에 대비해야 합니다.

최적 목표(Best Possible Outcome): 협상이 가장 성공적으로 진행되었을 때 기대할 수 있는 최고의 결과입니다. 이는 협상의 방향을 제시하고 협상가의 의욕을 고취하는 도전적인 목표입니다. 이는 시장의 최고 수준이나 나의 이상적인 기대에 기반합니다. (예: "프로젝트 예산 10% 추가 확보 및 핵심 인력 3명 즉시 지원 약속 포함. 이 목표는 업계 최고 수준의 지원이다.")

현실적 목표(Realistic Outcome): 달성 확률이 높다고 판단되는 현실적인 목표입니다. 이는 협상의 실질적인 중심점이 되며, 협상 전략의 주요 기준이 됩니다. 이는 시장 평균이나 상대방의 예상 수용 범위를 고려한 객관적 준거점에 기반합니다. (예: '프로젝트 예산 5% 추가 확보 및 핵심 인력 1명 지원')

최소 목표(Minimum Acceptable Outcome): 협상을 타결하기 위해 반드시 확보해야 하는 최소한의 조건입니다. 이 목표 이하의 결과는 수용하지 않는다는 마지노선 역할을 합니다. 이는 나의 바트나(BATNA)라는 강력한 준거점에 의해 결정됩니다. (예: "최소한 현재 예산 유지 및 핵심 인력 추가 지원 논의. 만약 이마저 불가능하다면, 바트나(BATNA)를 실행한다.")

(3) 상대방 목표 고려: 상호 목표 확인을 통한 협상 준비

협상은 일방적인 요구 관철이 아닌, 상호작용을 통해 합의에 이르는 과정입니다. 따라서 협상 전에 상대방이 무엇을 원하고 중요하게 생각하는지, 그들의 목표는 어느 정도 수준인지를 파악하는 것이 중요합니다. 상대방의 목표를 이해하면, 자신이 양보할 수 있는 부분과 핵심적으로 지켜야 할 부분을 명확히 구분할 수 있으며, 상호 만족스러운 해결책을 제시하여 협상에서 유리한 위치를 차지할 수 있습니다. 상대방의 잠재적 바트나나 그들의 내부 기준(예: 예산 상한선)을 추정하는 것이 여기에 해당합니다.

(4) 유연한 목표 조정: 상황 변화에 대한 능동적 대처

협상 과정은 예측 불가능한 변수들로 가득합니다. 따라서 사전에 설정한 목표를 절대적인 기준으로 고수하기보다는, 새로운 정보나 상황 변화에 따라, 준거점을 재평가하고 유연하게 목표를 조정하는 능력이 필요합니다. 예상치 못한 정보가 드러나거나, 상대방의 강경한 태도에 직면했을 때, 현실적인 수준에서 목표를 재검토하고 수정하는 것은 협상 결렬을 방지하고 합의에 도달하는 중요한 전략입니다. 다만, 최소 목표(나의 바트나) 이하로 협상 조건이 낮아진다면 협상 중단을 고려해야 합니다.

4. 결론

협상에서 목표를 설정하는 것은 단순한 희망사항을 나열하는 것이 아니라, 합리적인 준거점을 기반으로 협상의 전체적인 방향을 설정하고 성공적인 결과를 도출해내기 위한 가장 기본적인 준비 단계입니다. 명확한 준거점 기반의 목표가 없다면 협상 과정에서 주도권을 잃고 상대방의 전략에 휘둘리기 쉽습니다. 따라서 협상을 준비할 때는 SMART 원칙을 적용하여 구체적이고 측정 가능한 목표를 설정하고, 최적, 현실적, 최소 목표를 단계적으로 고려하며, 상대방의 목표까지도 이해하고 상황 변화에 유연하게 대처하는 전략을 갖추는 것이 중요합니다. 명확하게 설정된 목표는 성공적인 협상의 가장 확실한 토대가 될 것입니다.

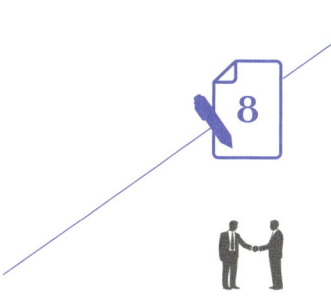

협상 목표 설정 심화 사례:
기업 간 인수·합병(M&A)

기업 간 인수·합병(M&A)은 협상 목표 설정의 중요성과 준거점 활용의 정교함을 가장 잘 보여주는 대표적인 사례입니다. 단순히 가격을 흥정하는 것을 넘어, 미래 성장 동력 확보, 시너지 창출, 시장 지배력 강화 등 복합적인 목표를 달성하기 위한 고도의 전략적 협상이 이루어집니다.

여기서는 빠르게 성장하는 AI 기술 스타트업 '알파테크(매도자)'와 신기술을 통해 시장 리더십을 강화하려는 대기업 '글로벌 엔터프라이즈(매수자)' 간의 인수 협상 과정을 통해, 준거점을 기반한 목표 설정의 중요성을 심층적으로 살펴보겠습니다.

해당 사례는 '알파테크(매도자)'가 매각된 경우 그 매도자 즉 창업주가 글로벌 엔터프라이즈에 소속된 임원이나 직원이 되는 경우로 가정하겠습니다. 아울러 여기에서 소개한 기업 명칭은 가상의 기업입니다.

1. 협상 전, 양사 앞에 놓인 상황과 준거점

(1)알파테크(매도자)

주요 목표: 보유 기술 가치 극대화, 핵심 인력 유지, 안정적인 성장 기반 확보.

내부 준거점: 자체 평가한 기업 가치(혁신 기술, 시장 잠재력 기반), 핵심 인력의 이탈 방지 조건, 창업팀의 지분 유지 희망.

바트나(BATNA): 다른 벤처 캐피털로부터 후속 투자 유치, 해외 대기업과의 기술 제휴 가능성.

재무 상태: 꾸준히 성장 중이나, 대규모 투자 유치를 통한 스케일업(Scale-up)이 필요합니다.

(2)글로벌 엔터프라이즈(매수자)

주요 목표: AI 기술 내재화, 시장 내 경쟁 우위 확보, 신규 사업 영역 진출, 잠재적 경쟁자 견제

내부 준거점: 시장 내 유사 인수·합병(M&A) 사례 분석, 재무팀의 인수 가능 예산 상한선, 인수 후 예상 시너지 효과에 대한 평가

바트나(BATNA): 자체 AI 연구 개발팀 강화, 다른 AI 스타트업 인수 검토

시장 상황: AI 기술 경쟁이 심화되고 있어 빠른 기술 확보가 시급

이처럼 양측은 각자의 상황과 목적에 따라 다양한 내부 및 외부 준거점을 가지고 협상에 임합니다.

2. 양사, 윈-윈(Win-Win)을 위한 세 가지 뚜렷한 목표(준거점 기반)

협상 목표 설정의 관점에서 양사가 설정했을 법한 목표를 준거점과 연결하여 재구성해 보면 다음과 같습니다.

(1) 최적 목표 (Best Possible Outcome)

알파테크: '기업 가치 1,500억 원에 인수(투자 유치 준거점 상회), 핵심 개발팀 전원 유지 및 자율적 연구 환경 보장, 창업팀의 일정 지분 유지'(자사의 혁신 기술 가치와 장기 성장 잠재력이라는 준거점 기반)

글로벌 엔터프라이즈: '알파테크를 900억 원 이하로 인수(예산 상한선 준거점), 핵심 기술 특허권 완전 확보, 즉각적인 AI 솔루션 상용화' (내부 재무 가이드라인 및 시장 경쟁 우위 확보라는 준거점 기반)

(2) 현실적 목표 (Realistic Outcome)

알파테크: '기업 가치 1,200억 원에 인수, 핵심 개발팀 80% 유지, 2년간 독립 사업부 운영'(유사 기업 인수·합병(M&A) 사례 및 내부 인력 이탈 방지라는 준거점 기반)

글로벌 엔터프라이즈: '알파테크를 1,100억 원 이하로 인수, 핵심 기술 사용권 확보, 1년 내 통합을 통한 시너지 창출'(시장 평균 인수 가격 및 예상 시너지라는 준거점 기반)

(3) 최소 목표 (Minimum Acceptable Outcome)

알파테크: '기업 가치 1,000억 원에 인수(BATNA 상회), 핵심 인력 최소 60% 유지'(다른 투자 유치 제안이라는 BATNA 준거점 기반)

글로벌 엔터프라이즈: '알파테크를 1,300억 원 이하로 인수(BATNA와 비교), 핵심 기술 특허 사용 허가 획득'(자체 개발 비용 및 다른 스타트업 인수 비용이라는 BATNA 준거점 기반)

3. 목표 달성을 위한 양사의 협상 전략

양사는 설정한 목표를 달성하기 위해 다양한 전략과 전술을 펼칠 것입니다.

(1) 알파테크의 고가치 포지셔닝 및 인력 유지 전략:

전략: 자사의 AI 기술이 가진 독점성과 미래 파급력을 강조하여 높은 기업 가치를 주장합니다. 핵심 개발 인력의 중요성을 부각하며 이들의 유지를 강력한 협상 조건으로 내세웁니다.

준거점 활용: 현재 시장에서 AI 기술 기업에 대한 높은 평가, 독자적인 기술력에 대한 내부 평가, 핵심 인력 이탈 시 발생할 수 있는 개발 지연 비용 등을 준거점으로 활용합니다.

(2) 글로벌 엔터프라이즈의 비용 효율성 강조 및 통합 시너지 전략:

전략: 유사 인수·합병(M&A) 사례의 평균 인수가격을 제시하며 알파테크의 가격을 조정하려 합니다. 인수 후 자사의 자원과 인프라를 활용한 시너지 효과를 강조하여 알파테크의 가치를 더 높일 수 있음을 설득합니다.

준거점 활용: 시장 내 유사 기술 기업의 가치 평가 자체 개발 시 예상 비용, 통합 후 발생할 수 있는 시너지에 대한 내부 분석 결과 등을 준거점으로 사용합니다.

(3) 상호 바트나(BATNA) 활용 및 정보 탐색

양측은 서로의 바트나를 파악하려 노력하며, 이를 통해 상대방의 최소 수용 가능 준거점을 추정합니다. 예를 들어, 글로벌 엔터프라이즈는 알파테크가 다른 벤쳐 캐피탈(VC)이나 대기업과 접촉 중인지, 알파테크는 글로벌 엔터프라이즈가 다른 AI 스타트업을 고려하고 있는지 정보를 탐색합니다.

이러한 정보는 자신의 협상 목표를 조정하거나, 상대방에게 제시할 제안의 수위를 결정하는 중요한 준거점이 됩니다.

4. 현대 경영과 협상에 던지는 인수·합병(M&A) 사례의 시사점

이 사례는 현대 경영과 협상 전략에 아래와 같은 통찰력을 제공할 것입니다.

(1) 준거점 기반의 명확한 목표 설정의 중요성

양측은 자신만의 명확한 준거점(기술 가치, 예산, BATNA 등)을 가지고 협상에 임했기에, 일관된 전략을 펼치고 복잡한 협상 과정 속에서도 방향을 잃지 않을 수 있었습니다. 구체적이고 측정 가능한 목표를 준거점과 연결하여 설정하는 것은 성공적인 협상의 첫걸음입니다.

(2) 전략적 사고와 유연성

양측은 자신과 상대방의 강점과 약점, 그리고 시장 상황을 정확히 분석하여 최적의 전략을 수립했습니다. 또한, 협상 과정에서 드러나는 새로운 정보나 상대방의 제안에 유연하게 대처하며 목표를 조정하는 능력을 보여주었습니다. 협상 역시 철저한 분석과 함께, 상황 변화에 따른 유연한 전략 수정이 필수적입니다.

(3) 정보의 중요성과 활용

양측은 상대방의 준거점과 바트나(BATNA)를 파악하려 노력했고, 이는 자신의 협상 목표와 전략을 정교화하는 데 결정적인 역할을 했습니다. 협상에서도 상대방에 대한 정확한 정보는 유리한 고지를 점하는 데 필수적입니다.

(4) 상호 이익을 위한 창의적 접근

궁극적으로 인수·합병(M&A) 협상은 단순한 가격 협상을 넘어, 인수 후의 시너지 창출, 인력 통합, 기술이전 등 상호 이익을 극대화할 수 있는 창의적인 대안을 모색해야 성공 확률이 높아집니다. 이는 양측의 준거점을 만족시키면서도 새로운 가치를 창출하는 협상의 본질을 보여줍니다.

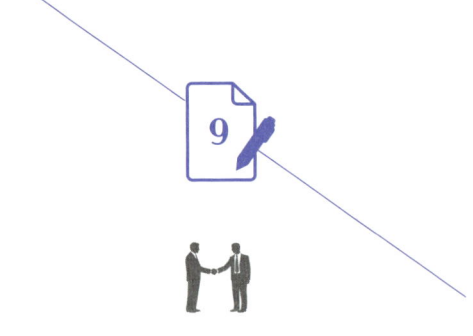

앵커링(Anchoring) 효과란 무엇인가?

협상에서 중요한 개념 중 하나는 앵커링 효과입니다. 이는 협상뿐만 아니라 심리학, 경제학, 마케팅, 법률 등 다양한 분야에서도 중요한 개념으로 다루어집니다. 특히 협상에서 초기 제안은 강력한 기준점이 되며 이후 논의의 흐름을 결정짓는 역할을 합니다.

1. 앵커링 효과란?

앵커링 효과는 협상에서 첫 번째 제안이 기준점(앵커, Anchor)이 되어 판단과 결정에 계속해서 영향을 미치는 현상을 의미합니다.

예를 들어, 부동산 협상에서 판매자가 높은 가격(예: 10억 원)을 먼저 제시하면 구매자는 이 가격을 기준으로 협상을 진행하게 되어 실제 판매 가격이 더 높아질 가능성이 커집니다. 반대로 구매자가 낮은 가격(예: 7억 원)을 먼저 제시하면 협상의 기준점이 낮아져 판매자는 이를 고려할 수밖에 없습니다.

이처럼 앵커링 효과는 협상 초기의 제안이 심리적 기준점이 되어 협상의 방향을 결정짓는 역할을 합니다.

2.『장자』 '조삼모사(朝三暮四)' 우화와 앵커링 효과

앵커링 효과를 명확하게 보여주는 고전 사례로 『장자』에 나오는 '조삼모사(朝三

暮四)' 이야기가 있습니다. 이 우화는 앵커링 효과가 어떻게 작용하여 사람들의 판단을 왜곡시킬 수 있는지 잘 보여줍니다.

이를 소개하면 다음과 같습니다. 옛날, 원숭이를 기르는 사람이 있었습니다. 그는 원숭이들에게 도토리를 먹이로 주었는데, 아침에는 세 개, 저녁에는 네 개를 주려고 했습니다. 그러자 원숭이들이 모두 화를 내며 적다고 불평했습니다. 이에 원숭이 기르는 사람은 꾀를 내어 "그렇다면 아침에 네 개, 저녁에 세 개를 주는 것은 어떠냐?"라고 물었습니다. 그러자 원숭이들은 모두 좋다고 기뻐했습니다.

도토리의 총 개수는 변함없이 일곱 개이지만, 원숭이들은 처음 제시된 '아침 세 개'라는 기준점(Anchor)에 갇혀 두 번째 제안을 더 많은 양이라고 인식하고 만족합니다. 이 '조삼모사'이야기는 앵커링 효과가 인간의 판단에 얼마나 강력한 영향을 미칠 수 있는지 보여주는 대표적인 고전 사례라고 볼 수 있습니다.

3. 현실적인 앵커링 효과 사례

(1) 가격 협상에서의 앵커링 효과

한 백화점에서 고급 가죽 가방을 100만 원에 판매한다고 가정해 보겠습니다. 그러나 할인 행사를 통해 50% 할인을 적용하여 50만 원에 판매하게 되면 소비자는 원래 50만 원짜리 가방이라고 생각하는 것이 아니라 '100만 원이 원래 가격인데 50만 원으로 할인된 제품'이라고 인식하게 됩니다.

이처럼 초기 가격(100만 원)이 앵커 역할을 하면서, 소비자는 50만 원이라는 가격이 더 매력적으로 느껴지는 것입니다.

(2) 급여 협상에서의 앵커링 효과

구직자가 연봉 협상을 할 때, 기업이 먼저 연봉 5천만 원을 제시하면 이는 강력한 앵커로 작용합니다. 이후 협상 과정에서 5천만 원을 중심으로 조정될 가능성이 큽니다. 반대로, 구직자가 먼저 7천만 원을 요구하면 협상의 기준이 달라져 더 높은 연봉을 받을 확률이 높아집니다.

(3) 법정 판결에서의 앵커링 효과

법정에서 손해배상 청구액을 결정할 때도 앵커링 효과가 작용할 수 있습니다. 원고가 10억 원의 배상을 요구하면, 판사는 이를 기준으로 배상액을 책정할 가능성이 있습니다. 만약 원고가 5억 원을 제시했다면 배상액은 낮아질 가능성이 큽니다. 이처럼 최초 제시된 금액이 판사의 판단을 무의식적으로 조정하는 역할을 할 수도 있습니다(이는 앵커링 효과를 설명하기 위한 가상의 사례입니다).

4. 앵커링 효과의 부작용

이러한 앵커링 효과도 부작용으로 인해 여러 문제가 발생할 수 있습니다. 이러한 부작용을 보면 다음과 같습니다.

(1) 협상 결렬의 원인

앵커링 효과는 강력한 영향력을 지니지만, 그 힘을 과신한 지나치게 터무니없는 첫 제안은 오히려 협상 자체를 위태롭게 만들 수 있습니다. 마치 닿을 수 없는 곳에 닻을 내리는 것과 같습니다. 예를 들어, 시장 가격과 현저히 동떨어진 높은 가격을 먼저 제시할 경우, 상대방은 협상의 의지마저 잃고 등을 돌릴 수 있습니다. 이는 앵커링 효과를 활용하려다 역효과를 낳는 대표적인 사례입니다.

(2) 경험 부족이 초래하는 판단의 오류

협상 경험이 부족한 사람은 앵커링 효과에 더욱 취약한 경향을 보입니다. 숙련된 협상가라면 첫 제안의 허점을 파악하고 객관적인 기준을 바탕으로 대응할 수 있지만, 경험이 부족한 이들은 제시된 닻에 쉽게 휩쓸려 불리한 합의에 이를 수 있습니다. 신입사원의 연봉 협상에서 회사가 낮은 금액을 제시했을 때, 시장 가치와 비교해서 부당한 금액이지만 제대로 이의를 제기하지 못하는 경우가 대표적입니다.

(3) 가치를 왜곡하는 조작술

앵커링 효과는 때로는 소비자의 합리적인 판단을 흐리는 도구로 악용되기도 합니다. 실제로는 판매할 의도가 없는 높은 가격의 상품을 먼저 제시하여, 그보다 저렴한 상품이 마치 큰 할인 혜택을 제공하는 것처럼 인식하게 만드는 것입니다. 이는 소비자가 제품의 본질적인 가치를 제대로 평가하지 못하고, 제시된 앵커에 의존하여 비합리적인 구매 결정을 내리도록 유도합니다.

5. 앵커링 효과를 적절하게 활용하는 방법

앵커링 효과는 협상에서 강력한 영향력을 발휘하지만, 이를 효과적으로 활용하기 위해서는 신중한 접근과 전략적인 사고가 필요합니다. 쉘(Shell) 박사는 앵커링 효과의 성공 여부가 협상 당사자 간의 정보력 차이에 달려있다고 강조합니다. 즉, 자신이 상대방보다 월등한 정보를 보유하고 있다고 확신할 때, 과감하게 첫 가격을 제시하여 협상을 유리한 방향으로 이끌 수 있습니다. 반대로 정보가 부족하다고 판단될 때는, 상대방이 먼저 닻을 내리도록 유도하고, 그 앵커에 휘둘리지 않도록 경계하는 것이 현명합니다.

앵커링 효과를 성공적으로 활용하고, 동시에 상대방의 앵커링 전략에 효과적으로 대응하기 위한 구체적인 방법은 다음과 같습니다.

(1) 신중한 첫 제안 설정

첫 제안은 협상의 물꼬를 트고 이후 논의의 범위를 설정하는 중요한 역할을 합니다. 따라서 감정적이거나 즉흥적인 제시보다는, 충분한 정보 분석과 객관적인 가치 평가를 바탕으로 신중하게 결정해야 합니다. 너무 낮은 제안은 협상의 잠재적 이익을 스스로 낮추는 결과를 초래하며, 지나치게 높은 제안은 상대방의 반감을 사거나 협상 결렬의 원인이 될 수 있습니다. 균형 잡힌 시각으로 합리적인 범위 내에서 전략적인 첫 닻을 내리는 것이 중요합니다.

(2) 객관적 기준을 활용한 앵커 무력화 및 재설정

상대방이 제시한 첫 제안이 비합리적이라고 판단될 경우, 감정적으로 대응하기보다는 객관적인 기준을 제시하며 그 앵커의 영향력을 약화해야 합니다. 시장 평균 가격, 업계 표준, 과거 거래사례 데이터 분석 결과 등 신뢰할 수 있는 정보를 근거로 자신의 주장을 펼치고, 합리적인 협상 범위를 새롭게 설정하는 것이 효과적입니다.

(3) 정보 우위 확보 및 협상 경험 축적

앵커링 효과의 핵심은 정보력입니다. 협상 전에 충분한 정보를 수집하고 분석하여 협상의 주도권을 확보하는 것이 중요합니다. 또한, 다양한 협상 경험을 통해 상대방의 전략을 파악하고 앵커링 효과에 대한 대응 능력을 키우는 것 역시 필수적입니다. 실전 경험은 이론적인 지식보다 더 강력한 무기가 될 수 있습니다.

6. 결론

앵커링 효과는 협상, 마케팅, 법률, 심리학 등 다양한 분야에서 강력한 영향력을 행사합니다. 이를 잘 활용하면 협상을 유리하게 이끌 수 있는 강력한 도구이지만, 잘못 사용하거나 상대방의 전략에 말려든다면 불리한 결과를 초래할 수 있습니다. 정보력 강화, 신중한 첫 제안 설정, 객관적인 기준 적용, 그리고 꾸준한 협상 경험 축적을 통해 앵커링 효과를 적절하게 활용하고, 협상의 주도권을 확보하는 것이 성공적인 협상의 핵심입니다.

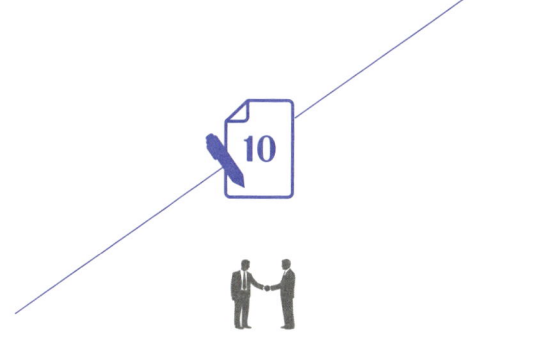

협상에서의 하이볼(High Ball) 전략과
로우볼(Low Ball) 전략

협상에서는 초기 제안(Anchoring)이 중요한 역할을 한다는 것을 접하였습니다. 이처럼 초기 제안이 협상의 출발점이 되기 때문에 이후 협상의 흐름이 그 기준에 맞춰 조정될 확률이 높습니다. 이를 활용한 대표적인 전략이 하이볼(High Ball) 전략과 로우볼(Low Ball) 전략입니다.

이 두 전략은 판매자와 구매자 모두 활용할 수 있으며, 협상의 기준을 설정하고 유리한 위치를 선점하는 데 중요한 역할을 합니다. 다만, 전략을 적절히 사용하지 않으면 역효과를 초래할 수 있으므로 주의가 필요합니다.

참고로 주식 투자에서 나오는 용어인 변동성이 적은 주식에 투자하는 전략으로는 '로우볼(Low Vol) 전략'이 있는데 여기서 '볼(Vol)'은 변동성을 뜻하는 '볼러틸러티(Volatility)'의 앞 글자를 딴 것으로 협상 전략에서의 로우볼(Low Ball) 전략과는 다른 전략입니다.

1. 하이볼 전략과 로우볼 전략의 개념

(1) 하이볼 전략이란?

하이볼 전략은 협상 초기에 매우 높은 가격을 제안하여 협상의 기준을 높이는 방식입니다. 주로 판매자가 활용하며 기대치를 높게 설정하여, 이후의 가격 협상에서 더 높은 가격에 합의를 이끌어내는 전략이라고 할 수 있습니다.

상대방이 이를 협상의 출발점으로 받아들이고 이후 협상이 진행되면서 가격이나 조건이 조정될 가능성이 큽니다. 협상 과정에서 '할인을 받았다'라는 심리적 만족감을 주는 효과가 있습니다.

(2) 로우볼 전략이란?

로우볼 전략은 하이볼 전략과 반대로, 협상의 초기 단계에서 매우 낮은 가격이나 조건을 제시하여 상대방이 이를 기준점으로 삼게 만드는 방식입니다. 주로 구매자가 활용하며 기대치를 낮게 설정하여, 이후의 가격 협상에서 더 낮은 가격에 합의를 이끌어내는 전략입니다. 상대방이 낮은 제안을 협상의 출발점으로 받아들이면 이후 협상이 진행되더라도 기대보다 낮은 수준에서 해결될 가능성이 큽니다.

2. 판매자의 협상 전략: 하이볼과 로우볼

판매자는 협상에서 유리한 고지를 점하기 위해 다양한 전략을 구사합니다. 그중 대표적인 것이 하이볼 전략과 로우볼 전략입니다. 이는 초기 제안 가격을 설정하는 방식에 따라 협상 흐름과 최종 결과에 큰 영향을 미칩니다.

(1) 하이볼 전략: 높은 닻을 던져 협상 주도권을 확보하다

하이볼 전략은 판매자가 협상 초기에 의도적으로 높은 가격을 제시하여 협상의 기준점을 높이는 전략입니다. 마치 높이 던진 공을 잡기 위해 시선을 위로 향하게 만드는 것과 같습니다. 예를 들어, 시장 가격이 10억 원으로 평가되는 아파트를 판매자가 12억 원에 매물로 내놓는 상황을 가정해 봅시다. 구매자는 12억 원이라는 초기 가격을 기준으로 협상을 시작하며, 이후 가격이 낮아지더라도 판매자는 10억 원 이상의 가격으로 계약을 성사시킬 가능성을 높일 수 있습니다.

판매자는 하이볼 전략을 통해 협상 과정에서 '큰 폭의 양보'라는 인상을 주며 실제로는 자신이 원하는 가격에 근접한 수준에서 타협을 가져올 수 있습니다. 구매자 역시 상당한 할인을 받았다고 인식하여 심리적인 만족감을 얻을 수 있습니다. 하이볼 전략은 협상의 기준점을 판매자에게 유리하게 설정하여 최종 가격 결정에 주도적인 역할을 하고자 할 때 효과적인 전략입니다.

(2) 로우볼 전략: 낮은 가격으로 유혹하여 협상 심리를 활용하다

로우볼 전략은 판매자가 초기 단계에서 매우 매력적인 낮은 가격을 제시하여 구매자를 협상 테이블로 끌어들이는 전략입니다. 마치 낮은 공을 던져 상대방이 쉽게 잡을 수 있다고 생각하게 만드는 것과 유사합니다. 예를 들어, 자동차 딜러가 기본 모델 가격을 3천만원이 아닌 2,700만 원으로 광고하여 고객의 관심을 유도하는 경우가 이에 해당합니다.

하지만 막상 계약 단계에 이르면, 내비게이션, 선루프와 같은 필수적인 추가 옵션 비용, 각종 세금 및 수수료 등이 더해져 최종 구매 가격은 3,100만 원 이상으로 상승하게 됩니다. 구매자는 이미 협상 과정에 시간과 노력을 투자했기 때문에, 초기 저렴한 가격에 대한 기대감과 '여기까지 왔으니'라는 심리적 압박감으로 인해 상승한 최종 가격을 수용하는 경향을 보입니다.

로우볼 전략은 초기 낮은 가격으로 고객을 유인하여 협상 참여를 유도하고, 협상이 진행될수록 추가적인 비용을 받아들이게 만드는 심리적 효과를 노리는 전략입니다. 이는 특히 경쟁이 치열한 시장에서 고객 확보를 우선시하거나, 추가적인 수익 창출 기회가 많은 상품 판매에 효과적으로 활용될 수 있습니다.

3. 구매자 입장에서 하이볼 전략과 로우볼 전략

구매자가 하이볼 전략을 사용하는 경우는 상당히 드물지만, 특정한 상황에서는 효과적일 수 있습니다. 핵심은 처음부터 높은 기준점을 설정하여 협상 테이블에서 주도권을 잡는 것입니다. 다만, 일반적인 가격 협상에서는 거의 찾아볼 수가 없지만, 장기적인 관계 형성, 브랜드 이미지, 경쟁 심리 조성 등의 요소를 고려한 경우에 효과적일 수 있습니다.

(1) 구매자의 하이볼 전략 사례

앞서 언급한 것처럼 구매자가 의도적으로 높은 금액을 먼저 제시하는 하이볼 전략은 일반적인 상거래에서는 상당히 발견하기 힘든 사례입니다. 그 이유는 통상적으로 구매자는 가격을 낮추는 것을 목표로 하기 때문입니다. 하지만 전략적 의도를 가지고 하이볼 전략을 사용할 수 있는데 그 사례를 보면 다음과 같습니다.

한 유명 체인 레스토랑이 새로운 식자재 공급업체를 찾고 있습니다. 여러 소규모 농장들이 경쟁하고 있는 상황에서, 체인 레스토랑의 구매 담당자는 특정 농장에 시장 가격보다 다소 높은 가격으로 장기 계약을 먼저 제안합니다.

여기에 담긴 전략적 의도는 다음과 같습니다.

우호적인 관계 구축

처음부터 높은 가격을 제시함으로써, 해당 농장주에게 강력한 신뢰감을 주고 장기적인 파트너십 구축에 유리한 환경을 조성합니다.

최고 품질 확보 기대

높은 가격은 농장주에게 최고 품질의 식자재를 안정적으로 공급해야 한다는 동기 부여가 될 수 있습니다.

경쟁 농장 견제

다른 경쟁 농장들보다 먼저 높은 가격으로 계약을 제시함으로써, 원하는 공급처를 선점하고 경쟁 농장과의 협상에서 우위를 확보할 수 있습니다.

브랜드 이미지 제고

고품질의 식자재를 사용하는 이미지를 구축하고, 윤리적인 소비를 지향하는 브랜드 이미지를 강화하는 데 이바지할 수 있습니다.

이 사례에서 구매자인 체인 레스토랑은 단기적인 비용 절감보다는 장기적인 관점에서 높은 가격을 먼저 제시하는 하이볼 전략을 활용하여 관계 구축, 품질 확보, 경쟁 우위 확보 등의 전략적 목표를 달성하고자 합니다. 이는 일반적인 가격 협상과는 다른 차원에서 구매자가 하이볼 전략을 활용할 수 있음을 보여줍니다.

(2) 구매자의 로우볼 전략: 낮은 닻을 내려 협상 범위를 제한하다

구매자의 로우볼 전략은 판매자가 제시한 가격보다 훨씬 낮은 가격을 협상 초기에 제시하여 협상 범위를 제한하고 유리한 타협점을 모색하는 전략입니다. 마치 낮은 곳에 닻을 내려 협상의 물길을 아래쪽으로 끌어당기는 것과 같습니다. 중고차 구매 상황을 예로 들면, 판매자가 1,500만 원을 요구할 때 구매자는 상당히 낮은 1,000만 원을 먼저 제시하는 것입니다.

판매자는 처음에는 강하게 반발할 수 있지만, 구매자가 꾸준히 낮은 가격을 고수하며 협상을 진행하면 심리적인 압박감을 느끼게 됩니다. 특히 판매자가 차량 판매를 서두르거나 다른 구매자가 없는 상황이라면, 결국 낮은 가격이라도 수용할 가능성이 커집니다. 구매자의 로우볼 전략은 협상의 기준점을 낮춰 최종 구매 가격을 최대한으로 낮추는 것을 목표로 합니다. 다만, 지나치게 낮은 첫 제안은 판매자의 협상 의지를 꺾고 관계를 악화시킬 수 있으므로, 시장 가격과 합리적인 범위를 고려해 신중하게 접근해야 합니다.

4. 하이볼 및 로우볼 전략의 잠재적 위험과 역효과

하이볼 및 로우볼 전략은 협상에서 종종 활용되지만, 신중하게 고려하지 않으면 예상치 못한 부작용과 역효과를 초래하여 협상 자체를 망칠 수 있습니다.

(1) 협상 결렬의 가능성 증대

지나치게 비현실적인 첫 제안은 협상의 시작조차 어렵게 만들 수 있습니다. 하이볼 전략에서 터무니없이 높은 가격을 제시하거나, 로우볼 전략에서 지나치게 낮은 가격을 제시할 경우, 상대방은 협상에 대한 의지를 잃고 대화를 거부할 수 있습니다. 이는 닻을 너무 멀리 던져 협상 배가 좌초되는 것과 같습니다.

(2) 신뢰 관계의 훼손

협상은 상호 간의 신뢰를 바탕으로 이루어지는 과정입니다. 한쪽에서 비합리적인 가격을 제시한다고 느껴지면, 상대방은 협상가의 진정성을 의심하고 불쾌감을 느낄 수 있습니다. 특히 하이볼 전략을 과도하게 사용하여 상대를 기만하려는 인상을 주거나, 로우볼 전략으로 상대를 함정에 빠뜨리려 한다는 느낌을 주면 신뢰는 깨어지고 협상 분위기는 급격히 악화할 수 있습니다.

(3) 장기적인 관계 악화 및 향후 협상 난항

단기적으로 하이볼 또는 로우볼 전략이 성공적인 결과를 가져올 수 있을지라도, 그 과정에서 상대방에게 부정적인 경험을 안겨주었다면 장기적인 관계 형성에 심각한 악영향을 미칠 수 있습니다. 오늘 손해를 본 상대방은 다음 협상에서 더욱 방어적인 태도를 보이거나, 심지어 거래 자체를 꺼릴 수도 있습니다. 따라서 단기적인 이익 추구에 매몰되어 장기적인 관계의 중요성을 간과해서는 안 됩니다.

결론적으로, 하이볼 및 로우볼 전략은 숙련된 협상가는 유용한 도구가 될 수 있지만, 과도하거나 부적절하게 사용될 경우 협상 결렬, 신뢰 상실, 협상 포기, 그리고 장기적인 관계 악화라는 심각한 역효과를 초래할 수 있다는 점을 명심해야 합니다. 신중한 판단과 윤리적인 접근이 성공적인 협상을 위한 필수 조건입니다.

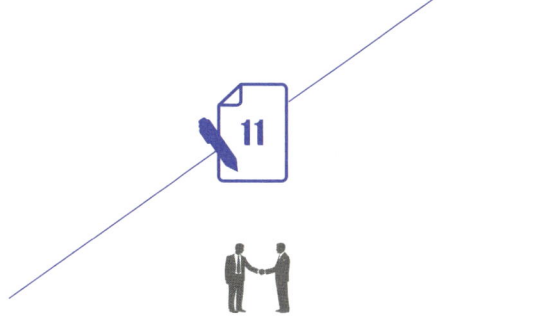

트럼프 대통령의 하이볼 전략:
트럼프 1기와 2기의 비교

트럼프 대통령은 1기와 2기 행정부 모두에서 '미국 우선주의'를 내세우며, 수입품에 대한 고율 관세 부과를 협상 카드로 활용했습니다. 이는 전형적인 판매자의 하이볼 전략과 유사합니다. 관세는 국가가 수입품에 부과하는 세금으로, 국내 산업 보호, 재정 확보, 무역 불균형 해소 등의 목적을 지닙니다.

일반적으로 종가세(가격 기준, Ad Valorem Duty)와 종량세(수량 기준, Specific Duty) 방식으로 나뉘며, 수입관세, 반덤핑관세, 상계관세, 보복관세 등 다양한 유형이 있습니다. 트럼프 대통령은 관세 부과를 통해 추가적인 세수 확보와 함께 협상력을 보이려 했습니다. 즉, 미국은 '관세'라는 가격을 높게 제시하고, 이를 낮추는 대가로 유리한 무역 합의를 이끌어 내려는 판매자 입장을 가졌습니다.

이러한 트럼프 대통령의 하이볼 전략을 1기와 2기로 나누어 살펴보겠습니다.

1. 트럼프 1기(2017~2021년): 하이볼 전략의 시작과 제한적 성과

(1) 전략 개요

트럼프 대통령은 1기 동안 미국의 무역 적자를 줄이고 국내 제조업을 보호하기 위해 고율의 관세를 부과하는 전략을 펼쳤습니다. 이는 협상에서 높은 초기 요구를 제시하여 상대방의 양보를 유도하는 전형적인 하이볼 전략으로 평가됩니다.

(2) 주요 사례

미·중 무역전쟁(2018~2020년)

트럼프 행정부는 중국산 제품에 대해 최대 25%의 관세를 부과하며 무역전쟁을 촉발했습니다. 이는 중국의 지식재산권 침해와 기술 이전 강요에 대한 대응으로, 중국의 양보를 이끌어 내기 위한 전략이었습니다.

USMCA 협상

북미자유무역협정(NAFTA)을 대체하는 미국·멕시코·캐나다 협정(USMCA)을 체결하기 위해, 트럼프 대통령은 캐나다와 멕시코에 대해 철강과 알루미늄에 고율의 관세를 부과하겠다고 위협하며 협상력을 강화했습니다.

(3) 결과

트럼프 대통령의 하이볼 전략은 단기적으로 일부 무역 합의와 재협상을 이끌었지만, 장기적으로는 글로벌 공급망의 불안정성과 미국 내 소비자 가격 상승 등 부작용도 초래했습니다. 특히 미·중 무역전쟁은 양국 경제에 부정적인 영향을 미쳤으며, 미국의 무역 적자 감소 효과는 제한적이었습니다.

2. 트럼프 2기(~2025년 5월): 하이볼 전략의 강화와 광범위한 갈등

(1) 전략 강화

2025년 재임 이후 트럼프 대통령은 하이볼 전략을 더욱 강화하여 전 세계 주요 무역 파트너에게 초고율의 관세를 부과했습니다. 이는 미국의 무역 적자 해소와 제조업 부흥을 목표로 한 조치로, 협상에서의 우위를 확보하기 위한 전략으로 활용되었습니다.

(2) 주요 사례

미·중 무역 갈등 재점화(2025년 4월)

트럼프 행정부는 중국산 제품에 대해 최대 145%의 관세를 부과했습니다. 이에 대응하여 중국도 미국산 제품에 최대 125%의 관세를 부과하며 갈등이 심해졌습니다. 이후 5월 12일, 양국은 90일간의 관세 인하 합의에 도달하여 미국은 30%, 중국은 10%로 관세를 조정했습니다.

캐나다 및 멕시코와의 갈등(2025년 2월)

트럼프 대통령은 캐나다와 멕시코에 대해 25%의 관세를 부과하겠다고 발표했습니다. 이는 국경 안보와 마약 밀수 문제 해결을 위한 압박 수단으로 사용되었으며, 이후 양국과의 협상을 통해 일부 관세가 조정되었습니다.

(3) 현재 진행 상황 및 전망

2025년 5월 현재, 트럼프 행정부는 고율의 관세를 협상 수단으로 활용하는 전략을 지속하고 있습니다. 그러나 이러한 전략은 글로벌 공급망의 불안정성과 미국 내 소비자 가격 상승 등 부작용을 초래하고 있으며, 일부 경제 전문가들은 장기적인 경제 성장에 부정적인 영향을 미칠 수 있다고 경고하고 있습니다.

3. 트럼프 1기와 2기의 하이볼 전략 비교

항목	1기 (2017~2021년)	2기 (~2025년 5월)
전략의 강도	고율 관세 부과를 통한 협상력 강화	초고율 관세 부과 및 전면적인 무역 압박
주요 대상국	중국, 캐나다, 멕시코	중국, 캐나다, 멕시코, 유럽연합 등
협상 결과	일부 무역 합의 도출	일부 관세 인하 합의 도출 그러나 갈등 지속
경제적 영향	단기적인 제조업 보호 효과, 소비자 가격 상승	글로벌 공급망 불안정, 소비자 가격 상승, 경제 성장 둔화 우려

4. 결론

트럼프 대통령의 하이볼 전략은 협상 초기 강경한 입장을 통해 상대방의 양보를 이끌어내는 데 일정 부분 성공을 거두었습니다. 그러나 이러한 전략은 글로벌 무역 질서에 혼란을 초래하고, 미국 내 소비자와 기업에 부담을 가중하는 등 부작용도 함께 나타났습니다. 향후 이러한 전략의 지속 가능성과 경제적 효과에 대한 면밀한 평가가 필요할 것으로 보입니다.

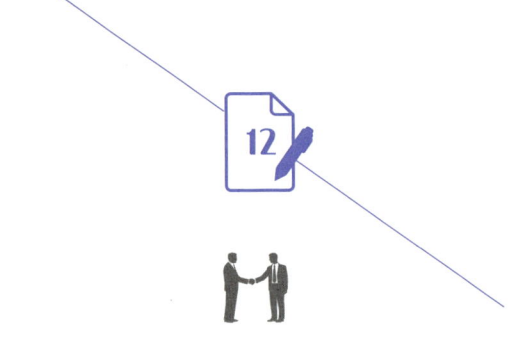

왜 트럼프는 '예상 밖의' 하이볼 전략을 사용하는가?

트럼프 대통령의 협상 방식은 종종 기존의 틀을 벗어난다는 평가를 받습니다. 특히 그의 하이볼 전략, 즉 극단적으로 높은 요구를 먼저 제시한 후 이를 협상 카드로 활용하는 방식은 전통적인 접근과는 두드러진 차이를 보입니다.

통상적인 협상에서는 합리적인 범위 내에서 상호 수용 가능한 타협점을 모색하지만, 트럼프 대통령은 '기존의 예상을 뛰어넘는 수준의 높은 요구'를 던져 협상 테이블의 역학 관계를 흔들고, 상대국이 그의 요구에 주목하지 않을 수 없도록 압박했습니다. 그렇다면, 세계 각국은 왜 트럼프 대통령의 이러한 하이볼 전략에 강력하게 대응하는 모습이 보이지 않을까요?

1. 압도적인 미국의 힘: 경제적·군사적 영향력

미국은 세계 최대 경제 대국으로서, 글로벌 경제의 핵심적인 소비시장을 보유하고 있습니다. 중국, 유럽, 멕시코, 캐나다 등 주요 교역국에게 미국은 수출의 상당 부분을 차지하는, 전략적으로 매우 중요한 장입니다. 트럼프 대통령이 높은 관세를 부과할 때, 이들 국가의 기업들은 미국 시장에서의 가격 경쟁력을 상실하며 상당한 경제적 손실을 감수해야 합니다.

2019년 트럼프 대통령이 멕시코산 제품에 25% 관세 부과를 위협했을 때, 자동차, 농산물, 전자제품 등 대미 수출 비중이 높은 멕시코는 심각한 경제적 타격을 우려하며 미국의 불법 이민 문제 해결 요구에 일부 응할 수밖에 없었습니다. 이처럼 미국의 경제적 영향력은 트럼프 대통령의 하이볼 전략이 효과를 발휘하는 핵심적인 배경이었습니다.

2. 극단적 요구 후 '일부 양보' 전략: 협상의 심리적 우위 확보

트럼프 대통령은 협상에서 '극단의 첫 제안(Extreme First Offer)' 전략을 두드러지게 활용하는 경향을 보였습니다. 그의 협상 방식은 다음과 같이 요약할 수 있습니다.

처음부터 매우 높은 요구(하이볼)를 제시하여 협상의 기준점을 높입니다. 상대방의 강한 반발에 직면하면, 일부 양보하는 척 핵심적인 목표를 향해 나아갑니다. 결과적으로 상대방은 '상당한 양보를 얻었다'라고 인식하지만, 실제로는 트럼프 대통령이 원하는 방향으로 협상이 이끌어진 경우가 많습니다.

이는 상대를 강한 압박감 속에 몰아넣은 후, 제한적인 양보를 통해 심리적인 안도감을 주면서도 실질적인 이익을 확보하는 고도의 전략이라고 할 수 있습니다.

3. 상대국의 취약성: 경제·정치적 불안정과 미국의 영향력

트럼프 대통령이 하이볼 전략을 구사할 당시, 많은 상대국이 경제적 또는 정치적으로 불안정한 상황에 놓여 있어 미국의 강경한 요구에 적극적으로 맞서기 어려웠습니다.

(1) 경제적 의존도

중국, 멕시코, 캐나다, 독일 등 주요 교역국들은 미국 시장에 대한 수출 의존도가 높아, 무역 갈등이 길어진다면, 심각한 경제적 타격을 입을 수밖에 없었습니다. 트럼프 대통령의 고율 관세 위협은 결국 상대국 기업들의 압력으로 이어져 정부가 협상에 나설 수밖에 없는 상황을 만들었습니다.

(2) 정치적 불안정성

트럼프 대통령이 상대했던 국가들의 지도자들은 국내 경제 불황이나 국민의 불만을 감당할 정치적 여력이 부족한 경우가 많았습니다. 멕시코의 높은 미국 경제

의존도, 브렉시트와 경제 불안정으로 내부 혼란을 겪던 EU 등은 트럼프 대통령의 강경한 요구에 전면적으로 맞서기 어려운 현실적인 한계가 있었습니다.

4. 예측 불가능성 전략(Chaos Strategy): 협상의 심리적 우위 극대화

트럼프 대통령의 협상 스타일은 예측 불가능성을 극대화하는 '혼란 전략(Chaos Strategy)'으로 특징지을 수 있습니다. 그는 일관된 원칙 없이 급격하게 정책을 변화시키거나, 협상 과정에서 갑작스럽게 입장을 바꾸고 예상치 못한 강경 발언을 쏟아냈습니다.

"중국과 좋은 관계를 유지하고 있다."라고 발언하는가 하면, 얼마 지나지 않아 "중국에 추가 관세를 부과할 것."이라고 발표하는 식의 예측 불가능한 행동은 상대국들을 혼란에 빠뜨리고 협상에서 더욱 신중하고 수세적인 태도를 보이게 만들었습니다.

5. 결론: 미국의 힘과 예측 불가능성의 결합

결론적으로 트럼프 대통령의 '예상 밖의' 하이볼 전략은 단순히 강경한 요구를 던지는 것을 넘어, 다음과 같은 요소들이 복합적으로 작용한 결과로 정리할 수 있습니다.

(1) 미국의 압도적인 경제적·군사적 지위

상대국들이 미국 시장을 포기하기 어렵다는 점을 활용했습니다.

(2) 극단적인 요구 후 일부 양보 전략

처음부터 강한 압박을 가한 후, 유연성을 보이는 듯한 제스처로 실질적인 이익을 확보했습니다.

(3) 상대국의 경제·정치적 취약성

상대국들이 미국의 강경한 요구에 효과적으로 대응하기 어려운 상황을 이용했습니다.

(4) 예측 불가능성 전략

혼란을 일으켜 상대방의 심리를 위축하고 협상 주도권을 확보했습니다.

결국, 트럼프 대통령의 하이볼 전략은 미국의 막강한 힘과 독특하고 예측할 수 없는 협상 스타일이 합쳐져 그 효과된 극대된 결과라고 평가할 수 있습니다.

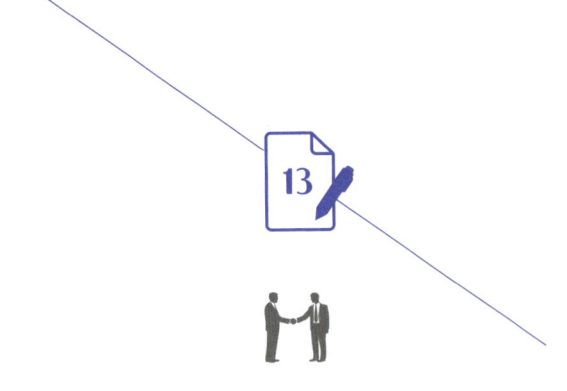

트럼프의 극단적 하이볼 전략에 맞서기 위한
효과적인 협상 전략은 뭘까?

트럼프 대통령의 하이볼 전략은 ① 극단적인 첫 요구 → ② '심리적 압박' → ③ '부분 양보' → ④ '원하는 협상 결과 확보'라는 특징을 보입니다. 미국의 초강대국으로서 지위를 활용한 트럼프 대통령의 강경한 협상 방식에 효과적으로 대응하기 위한 전략은 쉽지 않지만, 몇 가지 접근 방안을 모색해 볼 수 있습니다. 다만, 협상의 세계에서 100% 정답은 없으며, 제시되는 전략들은 상황에 따라 유연하게 적용되어야 할 것입니다.

1. 앵커링 효과 무력화 전략: 협상 프레임 전환

트럼프 하이볼 전략의 핵심은 초기 기준점(앵커링 효과)을 선점하는 것입니다. 트럼프는 '145% 관세 부과'와 같은 극단적인 요구를 먼저 제시하여, 이후 협상을 그 틀 안에서 유리하게 이끌어갑니다. 이에 맞서기 위해서는 트럼프 대통령이 설정한 앵커를 무력화하고, 협상 프레임을 새롭게 설정하는 것이 중요합니다.

(1) 반(反) 앵커링 전략: 단호한 초기 대응

트럼프 대통령이 비현실적인 수준의 요구를 제시할 경우, 즉각적으로 명확하고 단호한 거부 의사를 표명해야 합니다. 예를 들어, 2018년 미국의 25% 관세 발표 직후 중국이 같은 수준의 보복 관세를 예고하며 미국의 협상 주도 시도를 견제한 사례를 참고할 수 있습니다. 다만, 이 전략은 상대방의 강한 반발을 초래할 위험을 내포하고 있습니다.

(2) 프레임 재설정

트럼프 대통령이 설정한 기준점을 수용하는 대신, 새로운 논의의 틀을 제시하여 협상의 중심축을 이동시키는 전략입니다. 유럽연합(EU)이 트럼프 대통령의 자동차 관세 위협에 대해 "이 문제는 WTO(세계무역기구)의 규정에 따라 논의해야 한다."라는 입장을 낸 것은, 협상을 트럼프 대통령의 일방적인 압박 구도에서 벗어나 국제 규범의 틀 안으로 끌어들이려는 시도로 볼 수 있습니다. 이는 초기 기준점에 즉각적으로 반응하기보다는, 협상의 주도권을 빼앗기지 않으면서 상황을 재정의하는 효과를 가져올 수 있습니다.

2. 집단 대응 전략: 다자 협력을 통한 협상력 증대

트럼프 대통령은 양자 협상(Bilateral Negotiation)을 선호하는 경향이 강합니다. 이는 미국의 압도적인 힘을 바탕으로 개별 국가를 상대하여 유리한 합의를 이끄는 데 효과적이기 때문입니다. 따라서, 트럼프 대통령의 전략에 맞서기 위해서는 다수의 국가가 연합하여 공동으로 대응함으로써 미국의 협상력을 제한하는 것이 중요합니다.

(1) 국제 연합 형성 및 공동 대응

2018년 트럼프 대통령의 철강·알루미늄 관세 부과에 대해 유럽연합(EU), 캐나다, 멕시코, 중국 등이 공동 대응 체계를 구축하고 보복 조치를 예고한 것은, 미국의 일방적인 압박에 대한 국제 사회의 단결된 의지를 보여주는 사례입니다. 다수 국가의 공동 보복은 미국 기업들에게도 상당한 피해를 줄 수 있어, 트럼프 행정부의 정책 변화를 유도하는 압력으로 작용할 수 있습니다.

(2) 다자 무역 협정 강화

트럼프 대통령이 탈퇴한 환태평양경제동반자협정(TPP)을 일본, 호주 등이 주도하여 유지하고, 유럽연합과 일본이 자유무역협정(FTA)을 체결하는 등의 움직임은, 미국 없이도 독자적인 협상력을 확보하고 미국의 일방적인 영향력을 견제하려는 노력으로 볼 수 있습니다. 다자 무역 체제를 강화함으로써 미국이 협상을 주도할 수 있는 범위를 축소하는 효과를 기대할 수 있습니다.

3. 시간 끌기 전략: 트럼프 대통령의 조급한 단기 협상 스타일 역이용

트럼프는 단기적인 성과 중심의 협상을 선호하고 있습니다. 트럼프 1기 정부 시절을 보아도 임기 중에 가시적인 성과를 내야 한다는 정치적 압박이 컸기 때문에, 장기적인 협상을 견디기 어려운 스타일이었습니다. 현재 트럼프 2기 정부 때에도 트럼프는 취임과 더불어 극단의 관세 협상 전략을 구사하고 있습니다. 이러한 단기 협상 스타일에 대한 대응 전략을 모색하면 다음과 같습니다.

(1) 협상 장기화 유도

2018년 미·중 무역전쟁에서 중국이 트럼프 대통령의 임기 후반까지 협상을 지연시키는 전략을 사용한 것은, 트럼프 대통령의 재선 불확실성을 활용하여 미국의 협상력을 약화하려는 시도로 해석될 수 있습니다. 협상을 장기화함으로써 트럼프 대통령의 정치적 부담감을 증대시키고, 조급함을 유발하여 유리한 합의를 이끌어 낼 가능성을 높일 수 있습니다.

(2) 국내 정치적 변수 활용

트럼프 대통령은 지지 기반 유권자들의 이해관계를 민감하게 고려합니다. 중국과 유럽연합이 미국의 특정 산업(예: 대두, 자동차)에 보복 관세를 부과하여 트럼프 대통령의 핵심 지지층에 직접적인 압력을 가한 것은, 트럼프 행정부의 정책 변화를 유도하는 효과적인 전략이 될 수 있습니다. 이는 트럼프 대통령이 정치적 부담을 느껴 협상을 조기에 타결하거나 관세를 완화하도록 유도할 수 있습니다.

4. 양보를 가장한 역공 전략: 트럼프 대통령의 전략 역이용

트럼프 대통령은 하이볼 전략의 하나로 극단적인 요구 후 일부 양보하는 방식을 자주 사용합니다. 이러한 전략을 역으로 이용하여 트럼프 대통령이 진정으로 원하는 바를 파악하고, 실질적인 양보 없이 명목상의 합의를 이끌어내는 전략을 고려해 볼 수 있습니다.

(1) 의도적인 협상 참여 및 실질적 양보 회피

유럽연합(EU)이 트럼프 대통령의 자동차 관세 위협에 대해 "일부 무역 규칙을 재조정하겠다."고 발표했지만, 실제로는 큰 변화를 주지 않은 사례는, 협상에 응하는 듯한 태도를 보이면서도 실질적인 양보 없이 상황을 관리하는 전략을 보여줍니다. 트럼프 대통령은 이러한 명목상의 양보를 자신의 협상 성과로 포장할 수 있습니다.

(2) 정치적 타협안 활용

트럼프 대통령은 자신의 지지층에게 '승리'로 보일 수 있는 형식적인 합의를 선호할 수 있습니다. 따라서, 실질적인 변화 없이 명목상의 합의만 하는 방식으로 협상을 타결하는 것을 고려해 볼 수 있습니다. 이는 트럼프 대통령에게 정치적 성과를 제공하면서도, 자국의 핵심 이익을 지키는 전략이 될 수 있습니다.

5. 결론: 복합적인 대응 전략의 필요성

트럼프 대통령의 예측할 수 없고 때로는 극단적인 하이볼 전략에 효과적으로 대응하기 위해서는 단일한 전략보다는 복합적인 접근 방식이 필요합니다. 앵커링 효과를 무력화하고 협상 프레임을 전환하는 노력과 더불어, 다자 협력을 통해 협상력을 강화하고, 트럼프 대통령의 단기적인 성향을 활용하는 시간 끌기 전략, 그리고 때로는 양보를 가장한 역공 전략을 상황에 맞게 조합하여 구사해야 할 것입니다. 핵심은 트럼프 대통령의 협상 스타일을 정확히 파악하고, 미국의 힘에 대한 냉철한 분석을 바탕으로 주도적인 협상 전략을 수립하는 것입니다.

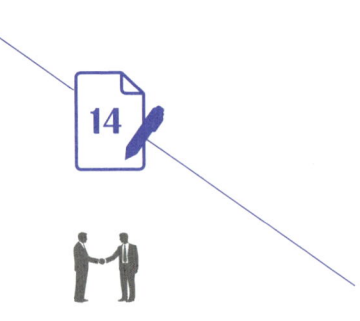

협상가능영역(ZOPA)이 왜 중요한가?

1. 협상가능영역(ZOPA)의 개념

협상가능영역(ZOPA, Zone of Possible Agreement)은 협상에서 양측 당사자가 상호 수용 가능한 합의를 이끌어 낼 수 있는 잠재적인 범위를 의미합니다. 이는 협상에 참여하는 각 주체 간의 최대 양보 가능 조건(Reservation Point) 또는 최소 수용 가능 조건(Bottom Line) 사이의 겹치는 영역으로 정의됩니다.

참고로 최대 양보 가능 조건(Reservation Point), 최소 수용 조건(Bottom Line) 또는 마지노선은 협상에서 같은 의미이며 저는 최소 수용 조건이라는 용어를 사용하도록 하겠습니다. 즉 '나의 최소 수용 조건'과 '상대방의 최소 수용 조건' 사이에 겹치는 영역, 즉 양측이 합의에 이를 수 있는 '가능한 합의 구간'을 의미합니다.

협상가능영역이 존재한다는 것은 협상이 성공적으로 마무리될 실질적인 토대가 마련된다는 것입니다. 이 범위가 없다면 협상이 난항을 겪거나 최종적으로 결렬될 확률이 매우 높습니다. 따라서 숙련된 협상가들은 협상 전에 잠재적인 협상가능영역을 신중하게 분석하고, 협상 과정에서 이를 명확히 설정하며, 나아가 협상가능영역의 범위를 최대한 확장하기 위한 다각적인 전략을 구사합니다. 이를 위해서는 철저한 사전 정보 분석을 바탕으로 상대방의 핵심 목표와 우선순위를 깊이 있게 이해하고, 쌍방의 이익을 충족시킬 수 있는 창의적인 해결책을 모색하는 노력이 필수적입니다.

2. 협상가능영역(ZOPA)의 중요성

협상가능영역은 협상 과정 전반에 걸쳐 다음과 같은 핵심적인 역할을 수행합니다.

(1) 협상의 타당성 사전 판단

협상에 앞서 잠재적인 협상가능영역의 존재 여부를 정확히 파악하는 것은 협상의 성공 가능성을 가늠하는 중요한 지표가 됩니다. 만약 협상가능영역이 존재하지 않는다고 판단될 경우, 불필요한 시간과 자원을 소모하며 협상을 진행하는 것은 비효율적입니다. 따라서 사전 분석을 통해 협상 진행의 타당성을 신중하게 검토해야 합니다.

(2) 협상 과정의 효율성 증대

명확한 협상가능영역의 존재는 협상 과정에서 소모적인 논쟁을 최소화하고, 상호 수용 가능한 합의점을 향해 더 효율적으로 접근할 수 있도록 돕습니다. 또한 협상가능영역의 범위를 구체적으로 인지하고 있다면, 협상의 초점을 필요한 영역으로 효과적으로 조정하여 불필요한 에너지 낭비를 줄일 수 있습니다.

(3) 유리한 협상 전략 수립 기반 제공

협상가들은 파악된 협상가능영역 내에서 자신에게 가장 유리한 결과를 도출하기 위한 효과적인 전략을 체계적으로 수립할 수 있습니다. 이를 통해 협상에서 더 나은 조건을 확보하고, 상대방과의 관계에서 주도적인 위치를 유지하며 원하는 목표를 달성할 가능성을 높일 수 있습니다.

(4) 양측의 만족도 극대화

협상가능영역을 충분히 고려하여 상호 이해를 바탕으로 협상을 진행하면, 협상에 참여한 양측 모두가 결과에 대해 만족감을 느낄 수 있는 최적의 합의안을 도출할 가능성이 크게 증대됩니다. 특히 단기적인 이익뿐만 아니라 장기적인 협력 관계 유지를 중요하게 생각하는 협상에서는 협상가능영역을 활용하여 상호의 이익을 균형 있게 극대화하는 것이 핵심입니다.

3. 협상가능영역(ZOPA)의 형성 과정 및 구체적인 계산 방법

협상가능영역은 협상에 참여하는 각 당사자가 협상 결렬 시 선택할 수 있는 최선의 대안인 최소 수용 조건을 상호 비교함으로써 구체적으로 결정됩니다.

자동차 매매 협상 상황을 예로 들어 설명하겠습니다.

구매자는 해당 차량에 대해 최대한 2,500만 원까지 결제할 의사가 있습니다. (구매자의 최소 수용 가능 금액)

판매자는 해당 차량을 최소 2,200만 원까지 받고자 합니다. (판매자의 최소 수용 가능 금액)

이 경우, 협상가능영역은 판매자의 최소 수용 가능 금액인 2,200만 원부터 구매자의 최대 결제 가능 금액인 2,500만 원 사이의 범위, 즉 2,200 ~ 2,500만 원이 됩니다. 이 경우에는 협상가능영역이 명확하기에 협상가능영역 내에서 양측은 상호 만족스러운 합의에 성공적으로 도달할 확률이 매우 높습니다.

반대로, 만약 판매자의 최소 수용 가능 금액이 2,600만 원이라면, 구매자의 최대 결제 가능 금액인 2,500만 원과 겹치는 영역이 전혀 발생하지 않으므로, 이 협상에서는 협상가능영역이 존재하지 않게 됩니다. 따라서 이러한 상황에서는 협상이 원만하게 타결될 가능성이 현저히 낮아지게 됩니다.

4. 협상가능영역(ZOPA)을 효과적으로 활용하기 위한 전략

(1) 철저한 사전 조사

협상을 시작하기 전에 상대방의 명시적 또는 암묵적인 요구사항과 협상에서 양보할 수 있는 최대한의 범위를 다각적으로 분석하고 파악하는 것이 선행되어야 합니다.

(2) 첫 제안(Anchoring)의 전략적 활용

협상의 초기 단계에서 자신에게 유리한 조건을 담은 첫 제안을 신중하게 제시함으로써, 협상의 기준점(Anchor)를 효과적으로 설정하고 협상가능영역 내에서 최대한 유리한 위치를 확보할 수 있습니다.

(3) 바트나(BATNA)의 철저한 준비

협상에서 협상가능영역이 너무 좁거나 아예 존재하지 않는다고 판단될 경우, 최대한 빠르게 협상을 종료하고 협상에서 불리한 위치에 놓이지 않도록, 미리 다른 대안을 준비해 두는 것이 중요합니다.

(4) 양측의 핵심 우선순위 파악 및 조정

협상 상대방이 협상에서 가장 중요하게 생각하는 요소와 자신은 비교적 유연하게 양보할 수 있는 요소를 정확히 파악하여 상호 이익을 극대화하는 합의점을 모색해야 합니다.

(5) 다양한 요소를 포함한 패키지 제안 활용

단순히 가격 조건뿐만 아니라 추가적인 서비스 제공, 유리한 할부 조건 제시, 포괄적인 사후 지원 약속 등을 포함하는 패키지 형태의 제안을 전략적으로 활용하면, 협상가능영역의 범위를 실질적으로 확장하는 효과를 가져올 수 있습니다.

(6) 창의적인 문제 해결 방식 모색

때로는 기존에 설정된 협상가능영역의 틀을 넘어서는 혁신적인 해결책을 제시함으로써 새로운 가치를 창출하고, 결과적으로 협상가능영역을 확장하는 것이 가능합니다. 예를 들어, 판매자는 직접적인 가격 인하 대신 장기적인 유지보수 계약을 추가로 제공하여 서비스 수익을 확보하는 동시에 구매자의 부담을 줄일 수 있습니다.

5. 협상가능영역(ZOPA) 관련 구체적인 협상 사례

(1) 기업 간 소프트웨어 라이선스 계약 협상

구매 회사 최대 결제 의사 금액: 1억 원

판매 회사 최소 수용 가능 금액: 8천만 원

협상가능영역: 8천만 원 ~ 1억 원

양측은 이 협상가능영역 내에서 라이선스 비용, 사용 범위, 유지보수 조건 등을 협의하여 상호 만족스러운 계약을 체결할 수 있습니다.

(2) 노동조합과 회사의 임금 협상

노동조합 최소 요구 임금 인상률: 5%

회사 최대 수용 가능 임금 인상률: 3%

협상가능영역: 부재

이러한 협상가능영역 부재 상황에서는 노동조합이 요구 수준을 조정하거나, 회사가 임금 인상 외 복리후생 증대 등의 추가적인 혜택을 제시해야 협상 타결의 가능성을 높일 수 있습니다.

(3) 개인 간 부동산 매매 협상

구매자 최대 결제 의사 금액: 5억 원

판매자 최소 희망 수령 금액: 4억 5천만 원

협상가능영역: 4억 5천만 원 ~ 5억 원

협상가능영역 내에서 최종 매매 가격 및 계약 조건에 대한 합의가 이루어질 가능성이 많습니다.

6. 협상가능영역(ZOPA)이 존재하지 않는 경우의 효과적인 대처 방안

협상 과정에서 협상가능영역이 명확히 존재하지 않는 상황에 직면할 수 있습니다. 이러한 난관에 대처하기 위한 효과적인 방안은 다음과 같습니다.

(1) 협상가능영역(ZOPA) 확장 적극 시도

가격 조건 외에 추가적인 서비스 제공, 계약 기간 조정, 결제 방식 유연화 등 새로운 요소를 협상 테이블에 올려 협상가능영역을 확장할 수 있는 방안을 적극적으로 찾아야 합니다.

(2) 바트나(BATNA) 심층 분석 및 활용

협상이 결국 결렬될 가능성에 대비하여 실행 가능한 최선의 대안인 바트나(BATNA)를 명확히 설정하고, 이를 바탕으로 협상력을 유지하며 불리한 합의를 강요받지 않도록 대비해야 합니다.

(3) 협상 관점의 근본적인 전환 유도

단순히 가격이라는 하나의 쟁점에 매몰되지 않고, 품질, 장기적인 계약 관계, 상호 신뢰 구축 등 다른 중요한 가치들을 협상 테이블에 올려 협상 자체가 가능하도록 유도해야 합니다.

(4) 추가적인 정보 탐색을 통한 새로운 협상가능영역(ZOPA) 형성 가능성 타진

상대방의 공개되지 않은 실제 기대치나 숨겨진 요구사항을 추가로 파악함으로써, 예상치 못했던 새로운 협상가능영역이 형성될 가능성을 신중하게 타진해 보아야 합니다.

7. 결론

협상가능영역은 성공적인 협상을 위한 핵심적인 요소 중 하나이며, 협상이 현실적으로 타결될 수 있는 범위를 명확하게 제시하는 중요한 개념입니다. 협상가능영역을 정확하게 이해하고 전략적으로 활용하는 능력은 협상가가 갖춰야 할 필수적인 역량이며, 이를 통해 더 효과적인 협상 전략 수립이 가능해지고, 궁극적으로 협상에 참여한 양측 모두에게 만족스러운 최적의 결과를 도출할 가능성을 크게 높일수 있습니다.

따라서 모든 협상가는 협상 전 협상가능영역을 심층적으로 분석하고, 협상 과정에서는 이를 최대한 확장하고 유리하게 활용하기 위한 창의적인 전략을 끊임없이 고민해야 합니다. 더불어 협상가능영역이 부재한 상황에서도 포기하지 않고 이를 극복하기 위한 다각적인 노력을 기울이는 것이 협상 성공의 중요한 열쇠가 될 것입니다.

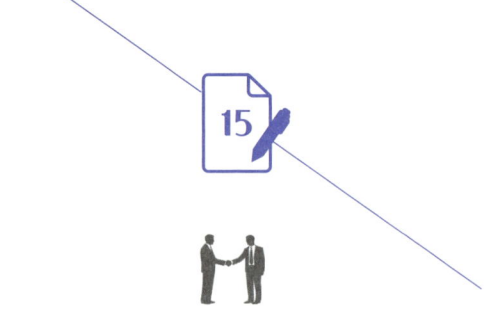

상대방의 최소 수용 조건 확인 방법

협상에서 원하는 결과를 얻기 위한 핵심은 상대방이 어디까지 양보할 수 있는지, 즉 그들의 '최소 수용 조건'을 정확히 파악하는 데 있습니다. 이는 나의 최소 수용 조건과 상대방의 최소 수용 조건 사이에 형성되는 협상가능영역을 성공적으로 찾아내고 그 안에서 최적의 합의점을 도출하기 위한 필수적인 통찰력입니다.

하지만 대부분의 협상에서 상대방은 자신의 최소 수용 조건을 쉽게 드러내지 않습니다. 따라서 숙련된 협상가들은 다양한 방법과 전략을 동원하여 이 보이지 않는 영역을 탐색하고 분석합니다. 이제 상대방의 최소 수용 조건을 파악하는 실질적인 방법들을 현대 사례를 통해 심층적으로 살펴보겠습니다.

1. 철저한 정보 수집과 분석: 상대방의 상황을 이해하라.

상대방의 최소 수용 조건을 파악하는 첫 번째 단계는 바로 철저한 정보 수집 및 분석입니다. 상대를 아는 것은 협상의 절반을 차지한다고 해도 과언이 아닙니다. 상대방의 목표는 무엇인지, 과거 협상에서는 어떤 패턴을 보였는지, 속한 업계의 표준은 어떠한지, 현재 처한 경제적 상황은 어떠한지 등을 종합적으로 분석하면, 그들의 최소 수용 가능한 범위를 합리적으로 예측할 수 있습니다.

예를 들어 보겠습니다.

소규모 IT 스타트업을 운영하는 김민준 대표(가명)는 대기업에 자사의 혁신적인 소프트웨어 솔루션을 판매하는 협상을 앞두고 있습니다. 성공적인 계약 체결을 위해 김 대표는 단순히 제품의 장점만 나열하는 것이 아니라, 상대 기업에 대한 철저한 정보 수집에 나섭니다.

(1) 상대 기업의 사업 보고서 및 뉴스 검색

최근 몇 년간의 재무 상태, 주요 투자 계획, 시장 경쟁 상황 등을 파악합니다. 특히, 디지털 전환 전략과 관련된 언급이나 투자 계획이 있다면, 해당 소프트웨어 솔루션에 대한 수요가 크고, 이를 확보하기 위해 더 큰 비용을 지출할 의향도 상당히 높다고 예측할 수 있습니다. 이는 상대방의 최소 수용 조건 상한선을 높게 추정하는 근거가 됩니다.

(2) 경쟁사 분석

경쟁사의 유사한 소프트웨어 솔루션 판매 사례와 계약 조건을 조사하여 시장 가격의 범위를 파악합니다. 이를 통해 상대 기업이 결제할 의사가 있는 합리적인 가격대(즉, 상대방이 최대로 지불할 수 있는 가격의 참고치)를 추정해 볼 수 있습니다.

(3) 담당자와의 사전 네트워킹

가능하다면 협상 담당자와 사전에 비공식적인 만남을 통해 회사의 분위기나 현재 직면한 과제 등을 간접적으로 파악합니다. 이를 통해 상대방이 이번 협상을 통해 얻고자 하는 실질적인 목적과 그 목적 달성을 위해 어느 정도까지 양보할 의사가 있는지를 엿볼 수 있습니다.

이처럼 철저한 정보 분석은 상대방의 재정적 여력, 협상에 임하는 동기, 그리고 수용 가능한 최소 조건을 추론하는 데 중요한 토대가 됩니다.

2. 질문을 통한 상대의 의도 탐색: '열린 질문'으로 최소 수용 조건 근접하기

상대방의 최소 수용 조건을 직접 묻는 것은 쉬운 일이 아니라서 간접 질문을 통해 상대방의 의도를 탐색하는 것이 중요합니다. 즉, 상대방의 답변을 유도하는 우회적인 질문을 통해 그들이 진정으로 원하는 바와 타협 가능한 지점을 명확히 할 수 있습니다.

예를 들어 보겠습니다.

가구 디자이너인 이수현 씨(가명)는 개인 갤러리에 자신의 작품을 전시하는 계약을 갤러리 대표와 협상하고 있습니다. 계약 조건 중 가장 중요한 부분은 작품 판매 시 디자이너와 갤러리가 수익을 나누는 비율입니다.

(1) 초기 질문

"갤러리에서 작가님들의 작품 판매 시, 통상적으로 수익 배분은 어떤 방식으로 이루어지고 있나요?"와 같이 업계의 일반적인 관행에 대한 질문으로 시작하여 상대방의 기본적인 입장을 파악합니다. 이는 상대방의 '기준점'을 파악하는 데 유용합니다.

(2) 구체적인 조건 제시 후 반응 살피기

"제 작품의 독창성과 시장 반응을 고려했을 때, 디자이너와 갤러리의 비율을 6:4 정도로 제안해도 괜찮을까요?"와 같이 구체적인 조건을 제시한 후, 갤러리 대표의 표정 변화나 답변 내용, 어조 등을 주의 깊게 살핍니다. 만약 갤러리 대표가 즉시 난색을 표하지 않고 신중한 반응을 보인다면, 해당 비율이 갤러리의 최소 수용 조건과 근접한 범위 내에 있을 가능성을 시사합니다.

(3) 가정 질문 활용

"만약 저희 작품이 갤러리의 다른 인기 작품보다 매출액이 높다면, 수익 배분 비율을 조정할 여지가 있을까요?"와 같은 가정 질문을 통해 상대방이 중요하게 생각하는 기준이나, 특정 조건에서 최소 어느 정도까지 양보할 의사가 있는지를 간접적으로 떠볼 수 있습니다.

이처럼 신중하고 전략적인 질문은 상대방의 숨겨진 최소 수용 조건을 조금씩 드러나게 하는 중요한 도구가 됩니다.

3. 관찰을 통한 상대의 반응 읽기: '테스트 제안'으로 최소 수용 조건 좁혀가기

협상 테이블에서 오가는 대화 속에는 때로는 숨겨진 의도와 감정이 담겨 있습니다. 상대방의 진정한 최소 수용 조건을 파악하기 위해서는 언어적인 표현뿐만 아니라, 그들의 표정, 말투, 자세, 제스처와 같은 비언어적 신호에 세심한 주의를 기울여야 합니다. 특히, 테스트 제안이라는 전략적인 도구를 활용하면, 상대방의 숨겨진 반응을 효과적으로 이끌어 내고 그들의 최소 수용 조건을 좁혀나갈 수 있습니다.

예를 들어 보겠습니다.

의류 제조업체 사장인 최지혜 씨(가명)는 대형 백화점과 입점 계약 조건을 협상하고 있습니다.

백화점 측은 판매 수수료로 30%를 요구하고 있지만, 최 사장은 20%를 희망하고 있습니다.

(1) 초기 테스트 제안과 반응 관찰

최 사장은 협상 초반에 조심스럽게 "저희 측에서는 20%의 수수료율을 제안합니다. 혹시 이 부분에 대해 논의해 볼 여지가 있을까요?"라는 테스트 제안을 던집니다. 이때 백화점 담당자의 즉각적인 답변 내용뿐만 아니라, 표정이 굳어지는지, 난처한 기색을 보이는지, 아니면 "다른 조건은 어떻게 생각하시나요?"라며 논의를 이어가려는 태도를 보이는지를 주의 깊게 관찰합니다.

(2) 반응 분석을 통한 최소 수용 조건 추론

만약 백화점 담당자가 즉시 "30%는 저희의 확고한 방침입니다!"라며 강하게 반발하고 더 이상의 논의를 일축하는 표정을 짓는다면, 20%는 백화점의 최소 수용 조건과 멀리 벗어난 제안일 확률이 높습니다.

반대로, "그 부분은 저희도 내부적으로 검토가 필요합니다. 다른 긍정적인 조건이 있다면 고려해 볼 수 있습니다."와 같이 여지를 남기는 답변과 함께 신중한 표정을 보인다면, 수수료율 조정의 가능성이 존재하며 그들의 최소 수용 조건에 접근하고 있다고 해석할 수 있습니다.

(3) 점진적인 조정과 추가 관찰

테스트 제안에 대한 상대방의 반응을 바탕으로, 최 사장은 다음 제안의 수위를 조절합니다. 만약 20%에 강하게 반발했다면, 22%나 25%와 같이 조금씩 양보하는 제안을 던져 백화점 담당자의 표정과 태도가 어떻게 변화하는지를 다시 세밀하게 관찰합니다. 이러한 점진적인 조정과 관찰을 통해 최 사장은 백화점이 수용 가능한 수수료율의 범위, 즉 그들의 최소 수용 조건을 단계적으로 파악해나갈 수 있습니다.

이처럼 협상에서 상대방에게 특정한 제안을 던지고, 그에 대한 언어적 답변과 함께 비언어적 신호를 종합적으로 관찰하는 것은 숨겨진 최소 수용 조건을 효과적으로 탐색하고, 상호 합의의 가능성을 높이는 중요한 전략입니다.

4. 나와 상대방의 바트나(BATNA) 비교

협상에서 상대방의 바트나를 정확히 분석하는 것은, 그들과의 협상에서 어느 정도까지 양보해야 할지, 혹은 얼마나 강하게 밀어붙일 수 있을지를 판단하는 중요한 기준이 됩니다. 상대방이 협상 결렬 후 얻을 수 있는 대안이 매력적이지 않다면, 협상에서 더욱 유리한 위치를 점하고 그들의 최소 수용 조건까지 압박할 수 있습니다.

예를 들어보겠습니다.

소프트웨어 개발자인 박선우 씨는 스타트업에 합류하는 조건으로 연봉 협상을 진행하고 있습니다. 박 씨는 자신의 경력과 실력을 바탕으로 5,000만 원의 연봉을 요구하고 있지만, 스타트업은 최대 4,500만 원을 제시하고 있습니다.

(1) 상대방의 바트나(BATNA) 추론

박 씨는 스타트업의 재정 상황, 인력 채용 계획, 경쟁사의 연봉 수준 등을 종합적으로 고려하여 스타트업의 바트나를 추론합니다. 만약 스타트업이 자금 조달에 어려움을 겪고 있다면, 높은 연봉을 제시해야 하는 박 씨를 채용하는 것 자체가 부담입니다. 이 경우, 스타트업의 바트나는 '비용을 절감하며, 다소 역량이 부족하더라도 낮은 연봉의 개발자를 채용하거나, 기존 인력으로 프로젝트를 진행하는 것'일 수 있습니다. 이럴 경우, 스타트업 입장에서는 박 씨에게 많이 양보할 여지가 줄어듭니다.

반대로, 경쟁 심화로 인해 핵심 개발 인력 확보에 어려움을 겪고 있다면, 스타트업이 박 씨를 놓칠 경우의 바트나는 '차선책 개발자 채용으로 인한 프로젝트 지연 및 품질 저하, 기존 인력의 과부하, 또는 프로젝트 축소·보류' 등 사업 운영에 부정적인 영향을 미칠 수 있는 선택지들입니다. 이런 상황이라면, 스타트업은 불리한 바트나를 피하려고 박 씨의 높은 연봉 요구를 일부 수용하여 그들의 '최소 수용 조건'을 높일 수 있습니다.

(2) 자신의 바트나(BATNA) 강조

박 씨는 동시에 자신의 바트나, 즉 다른 경쟁 스타트업으로부터 받은 5,200만 원의 연봉 제안을 은근히 언급하며 자신의 시장 가치를 강조합니다. 강력한 바트나, 즉 '더 높은 연봉을 제시하는 경쟁 스타트업 합류'를 가지고 있음을 시사함으로써, 현재 협상 중인 스타트업이 경쟁력 있는 조건을 제시하도록 압박하는 효과를 낼 수 있습니다. 이는 박 씨의 '최소 수용 연봉'을 명확히 하고, 스타트업이 그 지점까지 다가오도록 유도합니다.

(3) 상호 바트나(BATNA) 비교

박 씨는 스타트업의 자금 사정이 넉넉하지 않고 핵심 인력 확보에 큰 어려움을 겪고 있지 않다고 판단한다면, 높은 연봉 요구를 고수하기 어려울 수 있습니다. 반대로, 스타트업이 자금은 부족해도 핵심 인력 확보에 사활을 걸고 있거나, 박 씨의 역량이 사업에 필수적이라고 판단될 경우에는, 박 씨의 강력한 바트나(BATNA)를 고려하여 그의 요구를 일부 수용할 가능성이 있습니다.

이처럼 협상에서 상대방의 바트나를 정확히 파악하고 자신의 바트나와 비교 분석하는 것은, 상대방의 최소 수용 조건을 추정하고 협상의 주도권을 확보하며 유리한 결과를 이끌어내는 데 중요한 전략적 판단 근거를 제공합니다.

5. 결론

상대방의 '최소 수용 조건'을 파악하는 것은 마치 숨겨진 지도를 읽는 것과 같습니다. 정보 수집과 분석, 전략적인 질문, 비언어적 신호 관찰과 테스트 제안, 그리고 바트나 분석 등 다양한 방법을 지혜롭게 활용하여 전략적으로 접근한다면 그 실마리를 찾을 수 있습니다. 숙련된 협상가는 이러한 탐색 과정을 통해 협상의 판도를 읽고, 상대방의 최소 수용 조건과 나의 최소 수용 조건을 연결하는 '협상가능영역'을 발견하여 최적의 합의점을 찾아 성공적인 결과를 만들어냅니다.

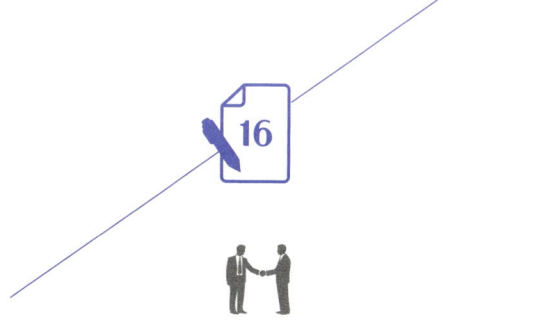

바트나(BATNA), 협상력을 높이는 힘

1. 바트나(BATNA)란 무엇인가? 협상 결렬을 대비한 나의 최선의 카드!

바트나에 대해 좀 더 깊게 살펴보겠습니다. BATNA(Best Alternative to a Negotiated Agreement)란 '협상이 결렬되었을 때 선택할 수 있는 최선의 대안'을 의미합니다. 협상 테이블에서 제시되는 상대방의 제안에 얽매일 필요 없이, 더 나은 선택지가 있다면 언제든 협상에서 벗어나 그 대안을 실행할 수 있다는 점에서 바트나는 협상 전략의 핵심 요소로 작용합니다.

이 개념은 하버드 협상 프로젝트를 이끈 로저 피셔(Roger Fisher)와 윌리엄 유리(William Ury)에 의해 체계화되었으며, 오늘날 협상 이론에서 필수적으로 논의되는 개념이 되었습니다. 강력한 바트나는 협상가의 심리적 안정감을 높이고 발언권을 강화하며, 궁극적으로 상대방의 제안을 객관적으로 평가할 수 있는 명확한 기준을 제공함으로써 협상력을 극대화하는 데 결정적인 역할을 합니다.

2. 바트나(BATNA)가 협상력을 높이는 이유: 심리적 안정과 전략적 우위 확보

강력한 바트나는 협상가에게 다음과 같은 두 가지 중요한 이점을 제공하며 협상력을 증대시킵니다.

(1) 심리적 안정감

강력한 바트나는 협상가가 '이 협상이 반드시 성사되어야 한다'는 절박감에서 벗어나, 침착하고 자신감 있는 태도로 협상에 임할 수 있도록 돕습니다. 절박감은 협상에서 곧 약점으로 이어져 상대방에게 협상 주도권을 넘겨줄 위험을 증가시킵니다. 반면, 매력적인 바트나를 확보하고 있다면 협상 결렬에 대한 두려움이 줄어들어, 감정적인 휘둘림 없이 합리적인 판단을 내릴 수 있는 토대를 마련합니다.

(2) 전략적 우위

매력적인 바트나는 협상 테이블에서 협상가의 발언권을 강화하고, 적극적인 협상 태도를 가능하게 합니다. 바트나가 없는 협상가는 상대방이 제시하는 열악한 조건이라도 수용할 수밖에 없는 상황에 놓일 수 있습니다. 그러나 강력한 바트나를 가진 협상가는 상대방의 제안을 자신의 최선의 대안과 비교하며, 더 나은 조건을 요구하거나 협상을 중단하는 선택을 주저 없이 할 수 있습니다. 이는 상대방에게 자신의 요구를 진지하게 고려하도록 압박하는 강력한 지렛대 역할을 합니다.

3. 바트나(BATNA) 구축 및 활용의 핵심 원칙

바트나를 효과적으로 활용하여 협상에서 유리한 위치를 확보하기 위해서는 다음의 원칙들을 숙지하고 실천해야 합니다.

(1) 바트나(BATNA)에 대한 철저한 분석 및 강화

단순히 대안이 있다는 사실만으로는 충분하지 않습니다. 확보한 바트나가 현실적으로 실행 가능한지, 그리고 다른 가능한 대안들과 비교했을 때 얼마나 강력한지 객관적으로 분석해야 합니다. 가능하다면 협상 전에 더 강력한 바트나를 만들기 위해 적극적으로 노력해야 합니다.

(2) 바트나(BATNA)의 전략적 활용

협상 상황에서 자신의 바트나를 직접적으로 밝힐 것인지, 아니면 간접적으로 암시할 것인지를 신중하게 판단해야 합니다. 강력한 바트나는 때로 명시적인 언급 없이도 상대방에게 긍정적인 압력으로 작용하여 협상력을 높일 수 있습니다.

(3) 상대방의 바트나(BATNA) 분석

성공적인 협상을 위해서는 상대방의 바트나가 무엇인지, 그리고 그것이 얼마나 강력한지를 파악하는 것이 필수적입니다. 상대방의 바트나가 약하다고 판단되면, 보다 적극적으로 자신의 요구를 관철하려 시도할 수 있습니다.

4. 사례: 연봉 협상에서 바트나(BATNA)의 힘

연봉 협상은 우리 일상에서 가장 흔하게 접하면서도 바트나의 중요성을 명확하게 보여주는 사례입니다. 구직자 '김지훈 씨(가명)'와 '스타트업 A사' 간의 연봉 협상 과정을 통해 바트나가 어떻게 협상력을 높이는지 살펴보겠습니다.

김지훈 씨는 실력 있는 소프트웨어 개발자로, 현재 '스타트업 A사'와 연봉 협상을 진행하고 있습니다. A사는 김지훈 씨에게 연봉 4,500만 원을 제시했지만, 김지훈 씨는 자신의 경력과 시장 가치를 고려하여 최소 5,000만 원의 연봉을 희망합니다.

(1) 김지훈 씨의 바트나(BATNA) 구축

김지훈 씨는 A사와 협상 전에 다른 기업들의 채용 공고를 꾸준히 확인하고, 실제로 두 곳의 다른 스타트업(B사와 C사)으로부터 면접 제의를 받아 진행했습니다.

그 결과, '스타트업 B사'로부터 연봉 5,200만 원의 구체적인 제안을 받았습니다. 그리고 '스타트업 C사'와는 최종 면접을 앞두고 있어, 잠재적으로 더 나은 제안을 받을 가능성도 열어두었습니다.

이때 김지훈 씨의 바트나는 '스타트업 B사의 연봉 5,200만 원 제안 수락'이 됩니다.

(2) 바트나(BATNA)를 통한 협상력 발휘

김지훈 씨는 A사와의 협상에서 A사의 4,500만 원 제안에 대해 즉각적인 동의 대신, 자신의 시장 가치와 기대치를 설명했습니다. 그는 직접 B사의 제안을 언급하기보다는, "현재 저의 경력과 역량에 대해 여러 회사로부터 긍정적인 평가와 제안을 받고 있습니다."라고 간접적으로 자신의 강력한 바트나를 암시했습니다.

A사 입장에서는 김지훈 씨와 같은 유능한 개발자를 놓칠 경우, 다른 인력을 채용하는 데 시간과 비용이 더 들 수 있고, 심지어 경쟁사가 그를 영입하여 기술 격차를 벌릴 수도 있다는 위험을 감지했습니다.

김지훈 씨의 바트나가 강력하다고 판단한 A사는 그를 영입하기 위해 내부적으로 연봉 상한선을 재조정했습니다. 결국, A사는 김지훈 씨에게 연봉 4,900만 원과 추가 성과급 옵션을 포함한 최종 제안을 했고, 이는 김지훈 씨의 최소 희망 연봉인 5,000만 원에 근접한 수준이었습니다.

(3) 최종 결과

김지훈 씨는 A사의 최종 제안(4,900만 원 + 성과급 옵션)을 자신의 바트나인 B사의 5,200만 원 제안과 비교했습니다. A사는 연봉 자체는 B사보다 낮았지만, 자신이 더 관심 있는 프로젝트와 성장 가능성을 가지고 있었습니다. 김지훈 씨는 숙고 끝에 A사의 제안을 수락하며 만족스러운 결과를 얻었습니다.

이 사례는 협상자가 자신의 바트나를 명확히 알고 강화할 때, 상대방의 제안에 휘둘리지 않고 자신에게 유리한 협상 결과를 이끌어 낼 수 있는 강력한 힘을 가질 수 있음을 분명하게 보여줍니다.

5. 결론: 강력한 바트나(BATNA), 협상의 승패를 가르는 결정적 요소

저는 협상 강의 첫 시간에 학생들에게 "여러분은 여러분만의 강력한 바트나를 가지고 있습니까?"라는 질문으로 강의를 시작합니다. 견고하고 매력적인 바트나를 구축한 협상가는 협상 테이블에서 주도적인 역할을 하며 유리한 결과를 이끌어 낼 가능성이 훨씬 많아집니다. 협상 전에 자신의 바트나를 철저히 분석하고 강화하는 노력은 협상의 성공을 위한 가장 현명한 투자입니다.

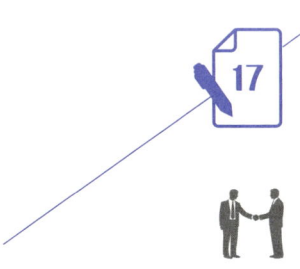

바트나(BATNA) 활용 사례: 애플과 인텔의 협상

애플과 인텔의 오랜 협력 관계는 바트나가 협상 역학 관계를 어떻게 변화시키고, 궁극적으로 산업 판도까지 뒤흔들 수 있는지를 보여주는 사례입니다. 한때 PC 시장의 절대 강자였던 인텔과 혁신적인 IT 기업 애플의 관계는, 기술적 한계와 전략적 판단이라는 복합적인 요소들이 맞물리면서 예상치 못한 방향으로 흘러갔습니다.

1. 협상의 배경: 인텔의 기술적 한계와 전략적 불협화음

2006년, 애플은 IBM의 PowerPC 칩에서 인텔의 x86 아키텍처로 전환하며 PC 시장에 본격적으로 뛰어들었습니다. 이는 당시에 혁신적인 결정이었으며, 애플과 인텔은 긴밀한 협력 관계를 구축하는 듯했습니다. 그러나 시간이 흐르면서 인텔의 기술 발전 속도는 애플의 비전을 따라가지 못하는 상황에 직면하게 됩니다.

(1) 전력 효율성과 발열 문제

인텔의 칩은 강력한 성능을 제공했지만, 점점 더 많은 전력을 소화하고 발열이 심해지는 문제가 있었습니다. 애플은 노트북과 태블릿을 위한 저전력, 고성능 칩을 원했지만, 인텔은 이를 해결하는 데 어려움을 겪었습니다.

(2) 기술 개발 지연

애플은 신제품을 출시할 때마다 최신 인텔 칩을 사용해야 했지만, 인텔의 기술 개발이 지연되면서 애플의 제품 출시 일정에도 차질이 발생했습니다. 예를 들어, 인텔의 10나노 공정이 수년간 지연되면서 애플은 구형 프로세서를 계속 사용해야 했고, 이는 제품 경쟁력 저하로 이어질 가능성이 있었습니다.

(3) 애플의 독립적인 칩 개발 욕구

애플은 아이폰과 아이패드에서 자체 설계한 A 시리즈 칩(ARM 기반)을 사용하면서, 자사 프로세서 기술의 발전 가능성을 확인하게 되었습니다. 결국, 애플은 인텔 의존도를 줄이고 자체적인 프로세서를 개발할 필요성을 더욱 절감하게 되었습니다.

2. 애플의 바트나(BATNA) 구축 과정

애플은 인텔과의 협상이 언제든 결렬될 수 있다는 가능성을 염두에 두고, 협상이 원활하게 진행되지 않을 가능성을 고려하여 강력한 바트나를 준비하기 시작했습니다.

(1) 선제적인 기술 투자

애플은 2010년부터 자체 칩 개발을 위한 연구 개발에 꾸준히 투자해 왔습니다. 아이폰과 아이패드에 성공적으로 통합된 A 시리즈 칩은, ARM 기반 반도체 설계 역량을 축적하는 중요한 토대가 되었습니다. 애플은 이러한 내부 역량을 맥(Mac) 제품군으로 확장하는 가능성을 검토하기 시작했습니다.

(2) TSMC와의 전략적 파트너십 강화

애플은 인텔이라는 단일 공급처에 대한 의존도를 줄이기 위해 대만의 파운드리 기업인 TSMC(Taiwan Semiconductor Manufacturing Company)와의 협력을 전략적으로 강화했습니다. TSMC의 첨단 제조 기술력을 활용하여 고성능, 저전력 ARM 기반 칩을 생산할 수 있는 기반을 마련함으로써, 협상 테이블에서의 입지를 획기적으로 끌어올렸습니다.

(3) 핵심 인재 확보

자체 칩 개발 역량을 비약적으로 발전시키기 위해, 애플은 인텔, AMD, ARM 등 유수의 반도체 기업 출신의 핵심 인재들을 적극적으로 영입했습니다. 특히, 2019년 인텔의 모뎀 사업부 인수는 애플의 반도체 설계 및 생산 능력을 한 단계 끌어올리는 결정적인 계기가 됐습니다. 이는 단순한 부품 공급처 다변화를 넘어, 자체적인 기술 생태계를 구축하려는 애플의 야심 가득한 계획을 엿볼 수 있는 대목입니다.

3. 협상 결과: 애플의 독립 선언

오랜 기간 계속된 불만족스러운 협상과 자체적으로 확보한 강력한 바트나를 바탕으로, 애플은 마침내 인텔과의 결별을 공식화하며 IT 산업에 큰 파장을 일으켰습니다.

(1) 2020년 WWDC(세계 개발자 회의)에서 애플 실리콘 발표

2020년 6월, 애플은 WWDC에서 '애플 실리콘(Apple Silicon)'이라는 자체 ARM 기반 칩으로의 전환을 발표했습니다. 이는 더는 인텔의 프로세서에 의존하지 않고, 하드웨어와 소프트웨어를 통합 최적화하여 최고의 사용자 경험을 제공하겠다는 애플의 확고한 의지를 드러낸 선언이었습니다.

(2) M1 칩 도입 및 성능 우위 확보

그해 11월, M1 칩을 탑재한 새로운 맥북과 맥미니가 출시되자 시장의 반응은 폭발적이었습니다. 애플의 자체 칩은 이전 세대 인텔 칩 대비 압도적인 전력 효율성과 뛰어난 성능을 동시에 제공하며, 기술적인 우위를 입증했습니다. 이는 단순한 부품 공급처 변경을 넘어, 애플이 PC 시장에서도 독자적인 기술 생태계를 구축하고 혁신을 주도할 수 있음을 시사하는 기념비적인 사건이었습니다.

(3) 인텔의 타격과 협상 결과

애플의 이러한 과감한 결정은 인텔에게 큰 타격을 안겼습니다. 핵심 고객 중 하나였던 애플을 잃으면서, 인텔은 시장 점유율 하락과 매출 감소라는 직접적인 타격을 입었습니다. 뒤늦게 인텔은 다시 자사의 칩을 사용하도록 애플을 설득하였지만, 애플은 이미 ARM 기반 칩으로의 완전한 전환을 확정하고 독자적인 기술 혁신의 길을 걷고 있습니다.

4. 바트나(BATNA), 협상력을 극대화한 핵심 요인

애플 – 인텔 협상 사례는 강력한 바트나가 어떻게 협상력을 극적으로 향상시키고, 나아가 산업의 흐름까지 바꿀 수 있는지를 명확하게 보여줍니다.

(1) 기술 자립을 통한 협상 주도권 확보

애플은 자체 칩 개발이라는 강력한 바트나를 확보함으로써, 더는 인텔의 기술 로드맵과 협상 조건에 종속되지 않게 되었습니다. 이는 단순한 '대안' 마련을 넘어, 협상 테이블에서 진정한 주도권을 쥘 수 있는 핵심 동력이 되었습니다.

(2) 공급망 다변화를 통한 협상 레버리지 강화

TSMC와의 전략적 협력은 애플에게 인텔 외에도 안정적인 고성능 칩 공급처를 확보할 수 있는 선택지를 제공했습니다. 이는 협상 과정에서 애플이 더욱 담대하고 유연하게 대응할 수 있는 중요한 협상 우위로 작용했습니다.

5. 결론: 바트나(BATNA), 협상에서 게임 체인저(Game Changer)가 될 수 있다

애플과 인텔의 협상은 단순한 기업 간의 거래를 넘어, 강력한 바트나가 어떻게 한 기업에게 기술적 독립을 선사하고, 나아가 거대한 산업 생태계의 변화를 이끌어 낼 수 있는지를 보여주는 대표적인 사례입니다.

애플은 철저한 준비와 장기적인 비전을 바탕으로, 협상 결렬이라는 최악의 상황에 대한 강력한 대안을 구축했고, 이를 통해 과거의 종속적인 관계를 끊고 혁신적인 미래를 스스로 설계할 수 있게 되었습니다. 이 사례는 협상에 임하는 모든 주체에게, 눈앞의 이익에 매몰되지 않고 장기적인 관점에서 바트나를 확보하고 활용하는 전략적 사고의 중요성을 강력하게 시사합니다.

바트나(BATNA)의 강약에 따른
협상가능영역(ZOPA) 활용 전략은?

협상에서 바트나(BATNA)와 협상가능영역(ZOPA)는 성공적인 합의 도출을 위한 핵심 개념입니다. 바트나는 협상 결렬 시 선택할 수 있는 가장 매력적인 대안을 의미하며, 협상가능영역은 협상 당사자들이 상호 수용 가능한 합의 범위를 나타냅니다.

협상가의 바트나가 강력할 때는 협상 주도권을 확보하여 협상가능영역 내에서 최대한 유리한 조건을 이끌어 낼 수 있지만 바트나가 약할 때는 협상가능영역을 확장하고 상대방의 이해와 공감을 얻어 협상력을 보완하는 전략이 필요합니다. 이 글에서는 바트나의 세기에 따라 협상가능영역을 효과적으로 활용하는 전략을 분석하여, 실제 협상 상황에 적용할 수 있는 실질적인 통찰력을 제공하고자 합니다.

1. 바트나(BATNA)가 강할 때

강력한 바트나를 보유한 협상가는 협상 결렬에 대한 부담이 적으므로, 협상가능영역 내에서 최대한 자신의 이익을 극대화하는 전략을 적극적으로 구사할 수 있습니다. 핵심은 협상 주도권을 확보하고, 유리한 앵커링 효과를 활용하며, 바트나를 협상 카드로 전략적으로 활용하는 것입니다.

(1) 협상가능영역(ZOPA)의 최고점을 목표로 설정

상대방이 수용 가능한 최소한의 조건에 안주하지 않고, 협상가능영역의 가장 유리한 지점을 목표로 설정해야 합니다. 이는 협상의 기준점을 높게 설정하고, 더 큰 양보를 얻어낼 가능성을 열어줍니다.

(2) 선제적 제안을 통한 앵커링 효과 극대화

협상 초기에 상대방이 수용하기 어려울 정도는 아니지만, 최대한 유리한 조건을 먼저 제시하여 협상의 기준점을 높이는 앵커링 전략을 적극적으로 활용합니다. 이는 이후 협상 과정에서 자신의 목표에 더 가까운 합의를 끌어내는 데 효과적인 심리적 도구로 작용합니다.

(3) 신중한 카드 제시로 바트나(BATNA)의 전략적 활용

강력한 바트나의 존재를 직접적이거나 간접적인 방식으로 상대방에게 인지시켜, 협상 결렬에 대한 우려를 조성하고 상대방의 양보를 유도합니다. 다만, 바트나를 지나치게 강하게 내세우는 것은 오히려 상대방의 반발심을 자극하거나 협상 포기로 이어질 수 있어서 신중하고 절제된 접근이 필요합니다.

(4) 시간 활용을 통한 압박

바트나가 강한 협상가는 급하게 합의할 필요가 없으므로, 협상 속도를 조절하여 상대방을 압박하는 전략을 사용할 수 있습니다. 특히, 상대방에게 시간적 제약이 있는 상황이라면, 협상을 지연시키는 전술을 통해 더욱 유리한 조건을 확보할 수 있습니다. 또한, 경쟁적인 대안의 존재를 은연중에 내비치며 상대방이 협상 결렬을 두려워하도록 유도하는 것도 효과적인 전략입니다.

사례를 들어보겠습니다.

기업 인수 협상: 인수 기업이 복수의 투자 제안을 확보한 강력한 바트나를 가진 경우, 피인수 기업에게 '우리에게는 이미 더 유리한 조건의 다른 투자자들이 있다'는 신호를 보내며 인수 가격 및 계약 조건을 유리하게 조정할 수 있습니다.

부동산 매매: 인기 지역의 매도인은 다수의 구매 희망자가 있다는 강력한 바트나를 바탕으로, 첫 번째 구매자의 가격 제안을 쉽게 거절하고 더 높은 가격을 고수할 수 있습니다.

2. 바트나(BATNA)가 약할 때

바트나가 약한 협상가는 협상에서 불리한 입지에 놓일 확률이 높습니다. 따라서 협상가능영역을 최대한 확장하고, 상대방의 공감과 신뢰를 얻어 협상력을 보완하는 전략이 필수적입니다. 핵심은 협상 범위를 넓히고, 상대방의 바트나를 약화하며, 관계 중심적인 접근을 통해 상호 이익을 창출하는 것입니다.

(1) 협상가능영역(ZOPA) 확장(창의적인 해법 모색)

가격이라는 단일 쟁점에 매몰되지 않고, 부가 서비스, 장기 계약, 결제 조건 유연화, 추가적인 가치 제공 등 다양한 요소를 협상 테이블에 올려 협상가능영역을 넓힙니다. 이는 상대방의 요구를 일부 수용하면서도, 자신의 핵심적인 이익을 지킬 수 있는 타협점을 찾는 데 도움이 됩니다.

(2) 상대방 바트나(BATNA) 약화 전략(간접적 접근)

직접 상대방의 대안을 공격하기보다는, 그 대안의 매력을 떨어뜨리거나 실행 가능성을 낮추도록 간접적으로 유도합니다. 예를 들어, 상대방의 대안이 가진 위험 요소를 부각하거나, 자신의 제안이 장기적으로 더 큰 이익을 가져다줄 수 있음을 설득하는 방식입니다.

(3) 공감대 형성 및 신뢰 구축

바트나가 약할수록 상대방의 협조를 얻는 것이 중요합니다. 우호적인 협상 분위기를 조성하고, 상대방의 입장을 경청하며 이해하려는 노력을 보여야 합니다. 장기적인 협력 관계를 강조하고, 상호 이익을 늘릴 방안을 제시하며 신뢰를 구축하는 것이 중요합니다.

(4) 상대방 이익 강조를 통한 설득

단순히 자신의 어려움을 호소하기보다는, 자신의 제안이 상대방에게 가져다줄 수 있는 실질적인 이익을 구체적으로 제시하며 설득력을 높입니다. "우리의 장기적인 파트너십은 귀사의 안정적인 성장과 시장 확장에 기여할 것입니다."와 같은 논리가 효과적일 수 있습니다.

사례를 들어보겠습니다.

연봉 협상: 구직자의 바트나가 약한 경우, 희망 연봉을 고수하기 어렵다면 '낮은 연봉 대신 성과 기반 인센티브, 직무 관련 교육 지원, 유연 근무 조건' 등을 제시하며 협상 범위를 넓힐 수 있습니다.

부동산 구매: 구매자의 바트나가 약할 경우, 원하는 가격을 얻기 어렵다면 '빠른 계약 체결, 계약금 증액, 잔금 지급일 조정' 등 매도인에게 매력적인 추가 조건을 제시하여 협상을 성사시킬 수 있습니다.

3. 결론

바트나와 협상가능영역은 협상의 성공적인 결과를 이끌어 내기 위한 두 개의 축과 같습니다. 협상가는 자신의 바트나의 강점을 정확히 파악하고, 그에 따라 협상가능영역을 최대한 유리하게 활용하는 전략적 사고를 길러야 합니다.

강력한 바트나는 공격적인 협상을 가능하게 하지만, 약한 바트나는 창의적인 문제 해결과 관계 구축을 통해 극복해야 합니다. 궁극적으로, 바트나의 역동적인 변화를 인지하고 협상가능영역을 유연하게 조정하는 능력이야말로, 모든 협상에서 더 유리한 결과를 이끄는 핵심 역량이라고 할 수 있습니다.

협상에서 마감 시간의 전략적 활용:
양날의 검을 지혜롭게 다루는 법

협상에서 마감 시간(Deadline)은 협상자들이 정해진 시간 내에 합의에 도달하도록 압박하는 강력한 요소입니다. 이는 협상을 효율적으로 이끌고 합의 가능성을 높이는 긍정적인 측면과 때로는 불리한 결과를 초래하거나 졸속 합의로 이끄는 부정적인 측면을 동시에 지닙니다. 따라서 협상 상황과 당사자 간의 역학 관계를 고려하여 마감 시간을 전략적으로 설정하고 대응하는 것이 중요합니다.

1. 마감 시간과 협상의 역학 관계

마감 시간은 협상에 긴장감을 부여하고, 협상자로 하여금 시간적 제약 아래 신속한 의사 결정을 내리도록 유도합니다. 그러나 마감 시간의 존재와 설정 방식은 협상 당사자들에게 각기 다른 유불리를 발생시킬 수 있습니다.

2. 마감 시간 설정이 협상에 미치는 영향

(1) 협상 당사자 모두에게 마감 시간이 있는 경우

긍정적 영향

효율성 증대: 공통의 마감 시간은 협상자들이 불필요한 지연을 피하고 핵심 쟁점에 집중하도록 유도하여 협상 속도를 높입니다.

합의 가능성 증대: 마감 시간이 임박할수록 양측 모두 협상 결렬에 대한 부담감을

느껴 타협점을 모색하려는 의지가 강해집니다.

균형 잡힌 압박: 양측 모두 시간적 제약 아래 있으므로, 일방적으로 불리한 상황에 놓일 가능성이 줄어듭니다.

부정적 영향

시간 압박으로 인한 실수: 촉박한 마감 시간은 충분한 검토 없이 성급한 결정을 내리도록 압박하여 불완전하거나 후회스러운 합의를 초래할 수 있습니다.

창의적 대안 모색 제약: 빠른 합의 도출에 집중하다 보면 혁신적인 해결책이나 상호 이익을 극대화하는 방안을 놓칠 수 있습니다.

(2) 협상 당사자 중 한쪽에게만 마감 시간이 있는 경우

마감 시간이 있는 당사자(불리한 입장 가능성)

압박감 증대: 정해진 시간 내에 합의해야 한다는 압박감 때문에 심리적으로 불안정해지고 조급해질 수 있습니다.

양보 가능성 증대: 마감 시간을 맞추기 위해 상대방의 요구에 더 쉽게 양보하게 될 수 있습니다.

전략적 약점 노출: 상대방은 마감 시간이 있는 것을 인지하고 이를 협상 지렛대로 활용하려 할 수 있습니다.

마감 시간이 정해진 당사자는 이러한 불리함을 극복하기 위해서는 협상 초기에 마감 시간으로부터 자유로운 것이 가장 좋지만 현실적으로 그렇지 않은 경우가 많습니다. 이런 경우 차선책으로 정해진 마감 시간의 불리함을 극복하기 위한 전략을 보면 다음과 같습니다.

마감 시간의 중요성 축소: 상대방에게 마감 시간이 얼마나 중요한지 명확히 드러내지 않고, 협상 속도를 조절하며 신중하게 접근합니다.

바트나 강화 및 제시: 협상 결렬 시에도 매력적인 대안이 있음을 간접적으로 시사하여 마감 시간에 대한 의존도를 낮춥니다.

마감 시간 연장 시도: 협상 진행 상황에 따라 논리적인 근거를 제시하며 마감 시간 연장을 정중히 요청합니다.

정보 수집 및 활용: 상대방의 마감 시간 유무 및 긴급성을 파악하고, 이를 바탕으로 협상 전략을 수정합니다.

가치 있는 양보를 통한 시간 확보: 중요하지 않은 부분을 먼저 양보하여 협상 분위기를 조성하고, 시간을 벌면서 핵심 쟁점에 대한 유리한 합의를 도모합니다.

신뢰 구축을 통한 설득: 장기적인 관계의 중요성을 강조하며, 상호 이익을 위한 합리적인 제안을 통해 상대방의 협조를 이끌어 냅니다.

마감 시간이 없는 당사자 (유리한 입장 가능성)

시간적 우위 확보: 시간적 제약 없이 여유롭게 협상에 임할 수 있어 심리적으로 안정적인 상태를 유지할 수 있습니다.

압박 전략 구사 가능: 마감 시간이 있는 상대방의 조급함을 이용하여 원하는 조건을 얻어낼 가능성이 높아집니다.

신중한 의사 결정 가능: 충분한 시간을 가지고 다양한 선택지를 검토하며 최적의 합의를 모색할 수 있습니다.

3. 효과적인 마감 시간 설정 및 대응 전략

마감 시간을 협상에서 전략적으로 활용하기 위해서는 다음과 같은 요소를 고려해야 합니다.

현실적인 마감 시간 설정: 협상의 복잡성과 쟁점의 수를 고려하여 충분한 시간을 확보하고, 지나치게 촉박한 마감 시간 설정은 지양해야 합니다.

마감 시간의 투명성 유지: 마감 시간의 존재 이유와 중요성을 명확히 밝히고, 상대방과의 공감대를 형성하는 것이 중요합니다.

상대방의 마감 시간 파악: 협상 초반부터 상대방의 마감 시간 유무와 긴급성을 파악하고, 이를 바탕으로 협상 전략을 조정해야 합니다.

마감 시간 악용 방지: 상대방이 마감 시간을 이용하여 부당한 이익을 취하려 할 경우, 단호하게 대처하고 자신의 입장을 명확히 전달해야 합니다.

유연성 확보: 예상치 못한 상황 발생에 대비하여 마감 시간을 조정할 수 있는 여지를 남겨두는 것이 현명합니다.

마감 시간을 활용한 설득: 합리적인 마감 시간을 제시하며 상대방의 신속한 결정을 유도하고, 긍정적인 결과를 얻을 수 있음을 강조합니다.

4. 결론

마감 시간은 협상 속도를 내고 합의 가능성을 높여주는 강력한 도구이지만, 잘못 활용될 경우 불리한 결과를 초래할 수 있는 양날의 검과 같습니다. 협상 당사자들은 마감 시간의 긍정적·부정적 영향을 정확히 이해하고, 각자의 상황과 상대방의 전략을 고려하여 마감 시간을 현명하게 설정하고 이에 효과적으로 대응하는 전략을 수립해야만 성공적인 협상 결과를 이끌어 낼 수 있을 것입니다.

특히 한쪽에게만 마감 시간이 주어진 불리한 상황에서는, 다양한 전략적 접근을 통해 시간적 제약을 극복하고 균형 잡힌 합의를 이끌기 위한 노력이 더욱 중요합니다.

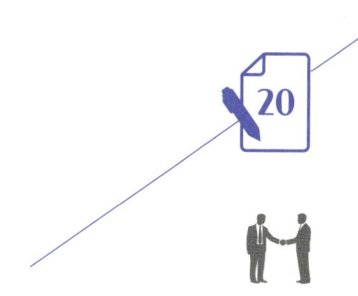

협상에서의 마감 시간 설정 사례:
대규모 프로젝트 입찰과 '최종 제안 마감일'

협상에서 마감 시간(Deadline)은 단순한 일정 표시를 넘어, 당사자들의 행동을 유도하고 합의 도출에 결정적인 영향을 미치는 강력한 도구입니다. 명확한 마감 시간은 협상 당사자들에게 압박감을 주어 합의를 서두르게 하거나, 특정 시점 이후에는 다른 대안을 고려하게 만들면서 협상력을 변화시킵니다. 여기서는 대규모 건설 프로젝트 입찰에서 '최종 제안 마감일'이 어떻게 협상 판도를 바꿨는지 살펴보겠습니다.

참고로 예시글에 나오는 업체명은 가상으로 작성한 업체입니다.

1. 협상의 배경: 촉박한 프로젝트와 경쟁 입찰

(1) 상황 개요

국내 대형 건설사 '대한건설(발주처)'은 정부가 추진하는 중요 인프라 프로젝트를 수주했습니다. 하지만 프로젝트 완공 기한이 촉박하여, 설계 및 시공을 맡을 협력업체 선정에 속도를 내야 했습니다. 여러 협력업체 중 '에이스 설계(A사)'와 '베스트 시공(B사)'이 유력한 후보로 경쟁하고 있었습니다.

(2) 대한건설의 시간적 압박과 마감 시간 설정

정부 프로젝트 완공 기한: 대한건설은 정부와 약속한 완공 기한을 지켜야 하는 강력한 외부 마감 시간이 있었습니다. 이는 협력업체 선정 지연이 곧 프로젝트 전체의 지연으로 이어져 막대한 손해를 초래할 수 있음을 의미했습니다.

'최종 제안 마감일' 설정: 대한건설은 협력업체 선정을 서두르기 위해, A사와 B사 양측에 "최종 제안서 제출 마감일은 X월 Y일 17시까지입니다. 이 시간 이후의 제안은 고려하지 않겠습니다."라는 명확한 마감 시간을 통보했습니다. 이는 경쟁을 촉진하고 신속한 결정을 유도하기 위한 전략이었습니다.

2. 마감 시간에 따른 협상 주체들의 전략 변화
(1) 에이스 설계(A사)와 베스트 시공(B사)의 경쟁과 압박
A사와 B사 모두 이 대형 프로젝트 수주를 간절히 원했습니다. 특히 마감일이 다가올수록 경쟁사보다 더 나은 조건을 제시해야 한다는 압박감을 느끼기 시작했습니다.

처음에는 자신들의 마지노선을 지키려 했지만, 마감일이 임박하면서 경쟁사에게 기회를 빼앗길지도 모른다는 심리가 작용했습니다.

(2) 대한건설의 '마감 시간' 활용 전략
'협상 종료'의 바트나: 대한건설은 마감 시간 이후에는 협상하지 않고, 마감일 내에 제출된 제안서 중에서 가장 유리한 것을 선택하겠다는 명확한 바트나를 가지고 있었습니다. 이는 협력 업체에게 "지금 합의하지 않으면 기회를 잃을 수 있다."는 강력한 메시지를 전달했습니다.

공정한 경쟁 유도: 마감 시간을 통해 모든 입찰자가 동등한 조건(시간)에 최종 제안을 제출하도록 유도하여, 투명하고 공정한 방식으로 최적의 협력사를 선정할 수 있는 틀을 마련했습니다.

3. 협상 결과: 마감 시간의 강력한 영향력
마감일이 다가올수록 A사와 B사는 자신들의 제안을 수정하며 마지막까지 치열하게 경쟁했습니다.

A사의 전략적 판단: A사는 자신들의 제안이 B사보다 우위에 있다고 확신했지만, 마감일 직전에 B사가 더 공격적인 가격을 제시할 가능성을 염두에 두었습니다. 이에 마감 시한을 몇 시간 앞두고, 자신들의 최소 수용 조건(마지노선)에 가까운 가격을 최종 제안으로 제출했습니다.

B사의 마지막 시도: B사 역시 이 프로젝트를 포기할 수 없었기에, 마감 당일 최종까지 고민하다가 자신들이 수용할 수 있는 가장 낮은 가격을 제시하며 총력전을 펼쳤습니다.

대한건설의 선택: 대한건설은 마감일이 지나자 양측의 최종 제안서를 검토했습니다. A사의 제안이 가격은 약간 높았지만, 기술력과 납기 준수 능력 면에서 더 안정적이라고 판단했습니다. B사의 제안은 가격 경쟁력이 있었지만, 프로젝트의 촉박한 일정에 대한 불안 요소가 있었습니다. 결국, 대한건설은 자신들의 우선순위에 따라 A사를 최종 협력업체로 선정했습니다.

4. 협상과 마감 시간 전략의 교훈
이 사례는 협상에서 마감 시간이 어떻게 작동하고 어떤 영향을 미치는지를 명확하게 보여줍니다.

마감 시간은 강력한 협상 도구: 발주처(대한건설)는 명확한 마감 시간 설정을 통해 협력업체(A사, B사)가 스스로 더 유리한 조건을 제시하도록 압박하고, 신속한 결정을 내릴 수 있었습니다.

마감 시간은 상대방에게 압박을 가한다: 협력업체들은 마감일이 다가올수록 기회를 잃을 수 있다는 심리적 압박감을 느끼며, 자신들의 마지노선에 더 가까운 제안을 할 수밖에 없었습니다.

마감 시간은 불필요한 지연을 방지한다: 협상을 무기한 끌지 않고, 정해진 시간 안에 합의에 도달하도록 유도함으로써 불확실성을 줄이고 효율성을 높입니다.

바트나와 마감 시간의 연계: 대한건설은 마감 시간과 연계된 명확한 바트나를 가짐으로써 협상에서 우위를 점할 수 있었습니다.

5. 결론: 마감 시간, 협상의 필수 전략 요소

협상에서 마감 시간은 단순한 일정표가 아니라, 협상의 역학 관계를 변화시키고 당사자들의 의사결정을 촉진하는 전략적인 도구입니다. 자신의 이점을 극대화하고 싶다면 명확한 마감 시간을 설정하거나, 상대방이 설정한 마감 시간의 의미와 자신의 바트나를 면밀하게 분석해야 합니다. 마감 시간을 현명하게 활용하는 능력은 성공적인 협상을 위한 필수적인 역량입니다.

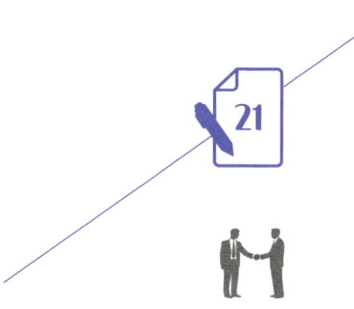

퍼트남의 2단계 게임이론: 협상 성공의 숨겨진 비밀

협상은 단순히 협상 테이블에 마주 앉은 당사자들 간의 대화가 아닙니다. 특히 국제 협상이나 대규모 비즈니스 협상처럼 복잡한 상황에서는, 협상자의 등 뒤에 있는 국내 정치적, 내부적 환경이 협상 과정과 결과에 지대한 영향을 미칩니다. 로버트 퍼트남(Robert Putnam)이 1988년 논문 'Diplomacy and Domestic Politics: The Logic of Two-Level Games'에서 제시한 2단계 게임이론(Two-Level Game Theory)은 이러한 협상의 복합적인 본질을 이해하는 데 필수적인 개념입니다.

1. 모든 협상은 두 개의 레벨(Level)에서 동시에 진행되는 게임이다

(1) 1단계(Level I): 국제 협상(International Negotiation)

이 단계는 국가 지도자나 외교관, 혹은 기업 대표들이 상대국 정부나 기업, 다자기구와 직접 대면하여 협상을 진행하는 무대입니다. 국가 간의 외교 협상, 무역 협정, 국제 조약 체결 등이 여기에 해당합니다. 협상자들은 이 무대에서 최적의 합의를 이끌어 내기 위해 다양한 전략과 전술을 구사합니다.

(2) 2단계(Level II): 국내 정치적 승인(Domestic Ratification)

1단계에서 나온 합의는 종종 국내에서 정치적 승인을 받아야 할 때도 있습니다. 이는 의회, 관료, 기업, 노동조합, 시민단체 등 다양한 국내 이해관계자들의 입장을 반영하는 과정입니다. 아무리 국제적으로 훌륭한 합의라도 국내의 지지를 얻지 못하면 무용지물이 될 수 있습니다.

결국, 협상가들은 국제 협상에서의 타협과 더불어, 국내 정치적 압력과 요구 사이에서 균형을 맞추는 전략적 사고가 필요합니다.

2. 2단계 게임이론이 협상에서 중요한 이유

퍼트남의 2단계 게임이론은 협상 과정에서 다음과 같은 중요한 시사점들을 제공합니다.

(1) 협상 성공은 국내 정치에 의해 좌우된다

국제 협상에서 어떤 합의가 이루어진다 해도, 국내에서 승인을 받지 못하면 그 합의는 효력을 발휘할 수 없습니다. 따라서 협상가는 국제적 합의를 이끌어 내는 능력뿐만 아니라, 국내 정치적 승인을 얻어내는 능력까지 동시에 갖추어야 합니다.

미국 – 이란 핵협상(JCPOA) 사례를 보겠습니다.

2015년 미국과 이란 간의 핵협상(JCPOA, 포괄적 공동행동계획)은 오바마 행정부에서 힘들게 체결되었지만, 트럼프 행정부에서 의회와 국민의 반발 끝에 결국 2018년 미국이 협정에서 탈퇴하며 사실상 무력화되었습니다. 이는 국제적 합의가 국내 정치적 동의 없이는 유지하기 어렵다는 것을 보여주는 대표적인 사례입니다.

(2) 상대방의 국내 정치 환경을 이해해야 한다

효과적인 협상을 위해서는 단순히 상대방의 협상 입장을 파악하는 것을 넘어, 상대국의 국내 정치 상황과 내부 이해관계자들의 압력을 이해하는 것이 필수적입니다. 상대국 지도자가 국내 반대 여론을 달래야 한다면, 협상 과정에서 이를 반영한 유연한 전략을 사용할 필요가 있습니다.

(3) 윈셋(Win-Set)의 크기가 협상력을 결정한다

퍼트남은 협상에서 윈셋(Win-Set)이라는 개념을 제시했습니다. 윈셋이란 '국내 정치적으로 수용 가능한 협상 범위'를 의미합니다.

윈셋이 크면: 협상가는 국제 협상에서 더 넓은 선택지를 가지고 유연하게 대처할 수 있으므로, 협상 타결 확률이 높아집니다. 하지만 동시에 상대방이 더 강경한 조건을 요구할 여지가 커질 수 있습니다.

윈셋이 작으면: 협상 타결이 어려워질 수 있지만, 협상가는 국내적 제약을 근거로 상대방에게 더 많은 양보를 요구할 수 있는 강력한 지렛대가 됩니다. 상대방은 협상 결렬을 피하려고 더 많은 양보를 할 가능성이 있습니다.

(4) 국내 정치적 압박을 협상 카드로 활용할 수 있다

협상가는 때로 자신의 국내 정치적 반발이나 제약을 전략적으로 활용하여 협상 우위를 점할 수 있습니다. "내가 국내에서 이 합의를 통과시키려면, 상대방이 더 많은 양보를 해주어야 한다."라는 논리를 내세울 수 있습니다.

예를 들면 한 – 미 방위비 분담금 협상을 볼 수 있습니다.

한국과 미국 간의 방위비 분담금 협상에서 한국 정부는 국내 여론의 반대나 국회의 비준 과정을 언급하며 미국 측에 '더 이상의 요구는 국내적으로 수용 불가능하다'는 메시지를 전달할 수 있습니다. 이는 미국 측이 협상에서 더 현실적인 조건을 제시하도록 압박하는 전략으로 작용할 수 있습니다.

3. 이스라엘-PLO 오슬로 협정 사례

1993년 이스라엘과 PLO(팔레스타인 해방 기구)간에 체결된 오슬로 협정은 퍼트남의 2단계 게임이론을 잘 보여주는 대표적인 사례입니다. 이 협정은 단순한 외교적 합의를 넘어 양측의 복잡한 국내 정치 상황이 깊숙이 개입된 과정이었습니다.

(1) 1단계(국제 협상)

이스라엘과 PLO는 비밀리에 노르웨이 오슬로에서 만나 팔레스타인 자치 정부 수립, 이스라엘군의 가자 지구 및 예리코 철수, 상호 인정 등 중동 평화를 위한 핵심 의제들을 논의하고 합의를 이끌었습니다.

(2) 2단계(국내 정치 승인)

아래는 합의했으나 양측의 극심한 내부 반발에 직면한 사례입니다.

이스라엘

이츠하크 라빈 총리는 국내 강경파로부터 '테러 조직과 협상했다'라는 맹렬한 비난을 받았습니다. 팔레스타인과의 토지 교환과 안보 우려에 대한 시위가 잇따랐고, 라빈 총리는 결국 극단주의자에 의해 암살당하는 비극을 맞이했습니다.

이츠하크 라빈 암살 사건

PLO(팔레스타인 해방 기구)

야세르 아라파트 의장 또한 내부의 강경파와 무장 단체로부터 '이스라엘을 인정했다'라는 비난을 받으며 강력한 저항에 부딪혔습니다. 협정의 내용이 팔레스타인 독립 국가 수립에 미흡하다는 비판도 제기되었습니다.

오슬로 협정은 중동 평화의 중요한 이정표가 되었지만, 양측의 강력한 국내 정치적 반발과 지도자들의 암살 및 교체로 인해 완전한 이행에는 실패했습니다. 이 사례는 국제 협상이 아무리 훌륭해도 국내 정치적 지지와 승인 없이는 지속되기 어렵다는 퍼트남의 2단계 게임이론을 극명하게 보여줍니다.

4. 결론: 협상에서 2단계 게임이론을 어떻게 활용할 것인가?

퍼트남의 2단계 게임이론은 단순히 외교 협상뿐만 아니라, 기업 간 인수·합병

(M&A), 노사 협상, 정치적 연합 등 다양한 분야의 복잡한 협상에서 유용하게 적용될 수 있습니다. 성공적인 협상가가 되기 위해서는 다음 사항들을 고려해야 합니다.

(1) 사전 분석의 중요성

협상 전에 자국 이해관계자들의 입장을 철저히 분석해야 합니다. 협상 타결 이후 국내에서 불필요한 반발이 일어나지 않도록, 미리 조율하고 설득하는 과정을 거쳐야 합니다.

(2) 상대방 내부 환경 파악

상대방의 국내 정치 상황이나 내부적 압박 요인을 면밀하게 파악하여 협상 전략을 세워야 합니다. 상대방이 어떤 제약을 받고 있는지를 분석하면, 협상에서 더 유리한 조건을 이끌어 내거나 상대방의 양보를 유도하는데 효과적일 수 있습니다.

(3) 윈셋의 전략적 관리

자신의 윈셋 크기를 인지하고 조절하여 협상력을 극대화 시켜야 합니다. 때로는 국내적으로 윈셋을 의도적으로 좁히는 전략을 통해 상대방으로부터 더 많은 양보를 이끌어 낼 수도 있습니다.

(4) 내부적 압박의 활용

국내 여론이나 정치적 상황을 협상 테이블에서 전략적 카드로 활용할 수 있습니다. 이는 상대방에게 '이 이상은 우리 내부에서 수용 불가능하다'라는 강력한 메시지를 전달하여, 유리한 조건을 제시하도록 유도하는 효과적인 수단이 될 수 있습니다.

결국, 협상은 국제적인 게임인 동시에 국내적인 게임입니다. 협상가는 이 두 개의 무대를 동시에 고려하고, 국내 정치적 요인까지 철저히 분석하며 전략적으로 활용할 때 비로소 협상에서 성공할 가능성을 더욱 높일 수 있습니다.

치킨게임: 협상에서 피해야 할
위험한 줄다리기

협상은 종종 아슬아슬한 줄다리기에 비유됩니다. 그중에서도 극단적인 대립 속에서 어느 한쪽이 먼저 양보해야 하는 상황을 치킨 게임(Chicken Game)이라고 합니다.

이 용어는 1950년대 미국 청소년들이 자동차를 몰고 서로 마주 달리다가, 먼저 핸들을 꺾어 피하는 쪽을 '겁쟁이(Chicken)'라고 놀리던 위험한 놀이에서 유래했습니다. 양쪽이 모두 끝까지 버티면 결국 충돌하여 파국을 맞게 되지만, 먼저 포기하는 쪽은 '패배자'로 낙인찍히는 구조 때문에 서로 물러서지 않으려 합니다. 따라서 협상이나 경쟁 상황에서 상대방이 먼저 양보하기를 기대하며 극단적인 태도를 유지하는 전략으로 사용될 수 있습니다.

1. 치킨 게임의 위험성과 주의해야 할 점

치킨 게임 전략은 단기적으로 상대방을 압박하는 효과가 있을 수 있지만, 다음과 같은 위험성을 내포하고 있으므로 신중하게 접근해야 합니다.

(1) '윈-윈(Win-Win)'이 아닌 '패-패(Lose-Lose)' 가능성

협상에서 한쪽이 무조건 승리를 목표로 삼고 극단적인 대립을 지속하면, 상대방도 같은 태도를 유지하게 되어 결국 '패-패' 결과를 초래할 확률이 높습니다. 이는 협상의 기회를 놓치고, 불필요한 비용과 피해를 발생시키는 결과를 낳습니다.

예를 들면 국가 간 무역 분쟁에서 양국이 서로 높은 보복 관세를 부과하며 맞설 경우, 결국 양국 소비자들은 물가 상승으로 기업들은 수출입 감소로 막대한 피해를 보게 됩니다.

(2) 상대방 행동 예측의 어려움과 오판의 위험

치킨 게임에서는 상대방이 끝까지 버틸 것인지, 아니면 중간에 양보할 것인지 예측하기가 매우 어렵습니다. 상대방이 겁쟁이가 아닐 것이라는 확신이나, 상대가 먼저 물러설 것이라는 오판은 협상 결렬을 넘어 기업 파산, 국제 분쟁, 심지어 전쟁과 같은 충돌로 이어질 수 있습니다.

(3) 감정적 대응으로 인한 합리성 상실

치킨 게임에서는 '절대 물러서지 않겠다'라는 심리적 압박감과 자존심이 작용하여 감정적인 대응이 나올 가능성이 큽니다. 이러한 감정적인 태도는 협상에서 합리적인 판단을 방해하고, 실질적인 해결책을 찾을 기회를 차단하는 위험이 있습니다.

2. 치킨게임의 대표 사례

치킨게임은 개인 간의 사소한 논쟁부터 국제 정치에 이르기까지 다양한 영역에서 발견됩니다.

기업 간의 시장 점유율을 위한 가격 경쟁에서도 치킨게임이 빈번하게 발생합니다. 특히 유럽의 저비용항공사(LCC, Low Cost Carrier) 시장은 이러한 치킨게임의 대표적인 무대입니다. 많은 항공사가 시장 점유율을 늘리기 위해 끊임없이 가격을 낮추는 출혈 경쟁을 벌이는 경우가 이에 해당합니다. 한쪽이 먼저 가격 인하를 시도하면 고객을 빼앗길 수 있다는 두려움 때문에 서로 낮은 가격을 고수하며 극단적인 상황으로 치닫습니다.

실제 사례를 보겠습니다.

유럽은 라이언에어(Ryanair), 이지젯(easyJet) 같은 대형 LCC들이 시장을 장악한 가운데, 많은 소규모 LCC들이 치열한 가격 경쟁에 뛰어들었습니다. 실제로

2017년 이후 유럽에서는 여러 항공사가 이러한 치킨게임의 여파를 견디지 못하고 대규모 손실을 입거나, 결국 파산했습니다. 대표적인 사례로는 독일의 에어 베를린(Air Berlin)과 게르마니아(Germania), 영국의 모나크 항공(Monarch Airlines)과 플라이비엠아이(Flybmi), 덴마크의 프리메라 에어(Primera Air), 아이슬란드의 와우 에어(WOW Air) 등이 있습니다. 이들 항공사는 과도한 저가 경쟁과 재정 악화로 인해 결국 운항을 중단하고, 시장에서 퇴출되었습니다. 이러한 경쟁은 단기적으로 소비자에게 이득을 주지만, 장기적으로는 항공사의 재무 건전성을 해치고 시장 전체의 '패-패(Lose-Lose)' 상황을 초래할 위험이 있습니다.

3. 치킨 게임을 피하거나 효과적으로 대응하는 방법

치킨 게임의 위험성을 인지하고 있다면, 이를 피하거나 효과적으로 대응하기 위한 전략을 세울 수 있습니다.

(1) 상대방에게 '명예로운 출구 전략' 제공

협상에서 상대방이 '겁쟁이'나 '패배자'로 보이지 않으면서도 물러날 수 있는 퇴로(Exit Strategy)를 열어주는 것이 중요합니다. 명예로운 해결책이나 대안적인 보상을 제시하면, 상대방도 극단적인 태도를 유지할 필요 없이 협상에 응할 가능성이 커집니다.

예를 들면, 국가 간 무역 협상에서 한쪽이 관세를 낮추는 양보를 하는 대신, 다른 형태의 보상(예: 기술 이전, 투자 유치 지원)을 제공하여 상대방이 체면을 유지하면서도 실리적 이득을 얻었다고 선언할 기회를 제공합니다.

(2) 게임을 '치킨 게임'에서 '협력 게임(Cooperative Game)'으로 전환

협상에서 상대방과의 대립을 줄이고, 서로의 이익을 극대화할 수 있는 상호 이익적 해결책을 모색해야 합니다. 이는 제로섬(Zero-sum) 사고방식(한쪽이 이기면 한쪽이 지는 구조)에서 벗어나, 협력적 접근을 통해 전체 파이를 키우는(Win-Win) 협상 방식으로 전환하는 것을 의미합니다.

예를 들면, 기업 간의 경쟁에서도 단순히 가격을 낮추는 치킨 게임이 아니라, 차별화된 서비스, 혁신적인 제품 개발, 공동 마케팅 등 비가격 경쟁 요소를 활용하여 시장 전체의 가치를 높이는 전략을 선택할 수 있습니다.

(3) 협상의 한계 설정 및 '레드라인' 명확화

협상에 임하기 전, 자신이 어느 수준까지 양보할 수 있는지, 그리고 어떤 상황에서는 더 이상 협상을 지속하지 않고 포기할 것인지를 명확히 설정(Redline)해두는 것이 중요합니다. 이러한 명확한 기준은 감정적인 대응을 줄이고, 협상을 냉철하고 합리적으로 진행하는 데 도움을 줍니다.

예를 들면, 기업 간 인수·합병(M&A) 협상에서 최대 인수 가격을 사전에 설정하고, 그 이상은 절대 내지 않겠다는 원칙을 정하는 것이 치킨게임에 휘말리는 것을 방지하는 효과적인 방법이 될 수 있습니다.

4. 결론: 치킨 게임은 신중하게 다뤄야 한다

치킨 게임은 전략적으로 상대방을 압박하는 수단이 될 수 있지만, 그 위험성을 간과하고 신중하게 사용하지 않으면 결국 '패–패(Lose-Lose)' 상황을 초래할 가능성이 매우 큽니다. 극단적인 대립은 양측 모두에게 불필요한 손실과 피해를 초래할 수 있으므로, 협상을 더 유연하고 전략적으로 접근하는 것이 중요합니다.

성공적인 협상가는 상대방이 체면을 유지하면서 협상에 응할 수 있도록 '출구 전략'을 마련하고, 대립보다는 협력적인 해결책을 모색하는 태도를 지닙니다. 또한, 협상의 한계를 미리 설정하고 감정적인 대응을 피하는 것이 치킨 게임을 효과적으로 관리하고, 나아가 진정한 의미의 성공적인 합의를 이끌어내는 핵심 전략이 될 것입니다. 결국, 협상에서 중요한 것은 단순히 '이기는 것'이 아니라, 지속 가능한 해결책을 찾아 양측 모두에게 가치를 창출하는 것입니다.

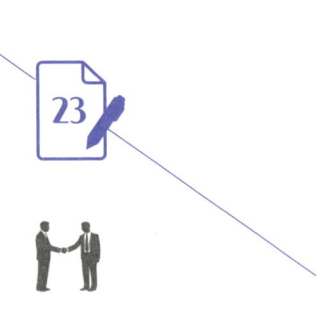

죄수의 딜레마: 협상에서 '합리적인' 배신이 초래하는 역설

협상은 종종 복잡한 심리 게임과 같습니다. 특히 상대방의 속셈을 알 수 없을 때, "과연 내가 협력해야 할까, 아니면 나만 손해 보지 않기 위해 배신해야 할까?" 라는 고민에 빠지게 됩니다. 바로 이런 상황을 가장 잘 설명해주는 개념이 죄수의 딜레마(Prisoner's Dilemma)입니다. 이는 게임 이론(Game Theory)의 가장 유명한 모델 중 하나로, 개인이 자신의 이익만을 좇아 합리적으로 행동할 경우, 결국 모두에게 더 나쁜 결과를 초래할 수 있다는 역설적인 상황을 보여줍니다.

이 딜레마의 핵심을 이해하기 위해, 가장 기본적인 시나리오를 살펴보겠습니다.

1. 죄수의 딜레마(Prisoner's Dilemma)란?

상황은 다음과 같습니다. 두 명의 공범 A와 B가 경찰에 체포되어 각각 독립된 방에서 심문을 받습니다. 이들은 서로 대화할 수 없고, 오직 자신의 이익만을 생각하여 선택해야 합니다. 경찰은 각 죄수에게 다음과 같은 거래를 제안합니다.

구분	상대가 배신하지 않음(침묵)	상대가 배신함(자백)
내가 배신하지 않음(침묵)	둘 다 1년 징역	나는 5년, 상대는 석방
내가 배신함(자백)	나는 석방, 상대는 5년	둘 다 3년 징역

이 표가 의미하는 바는 다음과 같습니다.

둘 다 배신하지 않으면, 각자 1년씩, 총 2년의 징역형을 받게 됩니다.

한 명이 배신하고 다른 한 명이 배신하지 않으면, 배신한 죄수는 석방되고, 침묵한 죄수는 5년 징역형을 받습니다.

둘 다 배신하면, 각자 3년씩, 총 6년의 징역형을 받게 됩니다.

여기서 딜레마가 발생합니다. 각 죄수는 자신의 이익을 극대화하기 위해 '배신하는 것'이 합리적인 선택처럼 보이지만, 결과적으로 둘 다 배신하면 가장 큰 손해(각각 3년, 총 6년의 징역)를 보게 된다는 점입니다.

2. 왜 배신이 '합리적인' 선택처럼 보이는가?

죄수 개인에게 '배신'이 더 유리해 보이는 이유는 다음과 같습니다.

(1) 만약 상대방이 침묵한다면?

내가 침묵하면: 1년 징역 (나쁘지 않은 결과)

내가 배신하면: 나는 석방 (최상의 결과)

이 경우, 내가 배신하는 것이 훨씬 이득입니다.

(2) 만약 상대방이 배신한다면?

내가 침묵하면: 5년 징역 (최악의 결과)

내가 배신하면: 3년 징역 (그래도 5년보다는 나음)

이 경우에도 내가 배신하는 것이 손해를 줄이는 방법입니다.

어떤 상황이든, 내가 배신하는 것이 침묵하는 것보다 같거나 더 나은 결과를 가져올 수 있습니다. 따라서 각 죄수에게 합리적인 선택을 유도한다면 죄수들은 배신을 택하게 됩니다. 이를 게임 이론에서 우월 전략(Dominant Strategy)이라고 부릅니다.

3. '합리적인' 선택이 초래하는 더 큰 손해

문제는 모든 죄수가 이러한 '합리적인' 판단을 내린다는 점입니다.

죄수 A는 "상대가 배신하든 말든 나는 배신하는 게 이득이다."라고 생각합니다.

죄수 B도 "상대가 배신하든 말든 나는 배신하는 게 이득이다."라고 생각합니다.

결국, 둘 다 배신하여 각각 3년형, 총 6년의 징역을 받게 됩니다. 하지만 만약 서로를 믿고 둘 다 침묵(협력)했더라면, 각자 1년형, 총 2년의 징역만 받으면 되었습니다.

이것이 바로 죄수의 딜레마의 핵심 역설입니다. 개인의 최적 선택이 집단적으로는 최악의 결과를 초래하는 상황. 서로를 불신하고 자신의 이익만을 추구한 결과, 모두에게 더 큰 손해가 돌아오는 결말을 맞이하는 것입니다.

4. 죄수의 딜레마가 협상에 적용되는 방식

죄수의 딜레마는 비단 죄수들의 이야기만이 아닙니다. 협상 테이블에서 상대방과의 신뢰 관계가 부족하거나, 단기적인 이익을 위해 '배신'할 유인이 높은 상황에서 유사한 딜레마가 자주 발생합니다.

(1) 시장의 가격 전쟁(Price War)

두 경쟁 기업이 협력하여 시장에서 가격을 안정적으로 유지하고 이윤을 극대화할 수 있다고 가정해 봅시다. 하지만 각 기업이 "내가 먼저 가격을 인하하면 시장 점유율을 더 많이 가져올 수 있다."라고 생각하고 경쟁적으로 가격을 인하하기 시작합니다.

이는 단기적으로는 소비자들이 저렴한 가격에 혜택을 볼 수 있지만, 장기적으로는 양측 기업 모두 이윤이 급감하거나 적자를 면치 못하는 상황에 빠져 기업과 소비자 모두에게 불이익을 초래할 수 있습니다. 이는 마치 패스트푸드 체인이나 통신사들이 벌이는 치열한 가격 전쟁과 유사합니다.

(2) 노사 협상: 임금 및 근로 조건 대치

노동조합과 기업이 상호 협력하면 근로자들에게 안정적인 급여와 고용을 보장하면서 기업도 장기적으로 생산성을 높이고 성장할 수 있습니다. 하지만 기업이 "단기적 비용 절감을 위해 임금 삭감을 강행해야 한다."라고 판단하거나, 노동조합이 "우리가 더 강경하게 요구하면 더 많은 것을 얻을 수 있다."라고 생각하여 과도한 임금 인상을 요구하며 파업을 선언하는 상황이 발생할 수 있습니다.

그 결과 기업은 생산 차질과 매출 손실을 겪고, 노동자들은 임금 손실을 감수해야 합니다. 장기적으로는 기업의 경쟁력 약화와 고용 불안정으로 이어질 수 있는 상황입니다.

(3) 관세 전쟁(Tariff War)

두 국가가 자유 무역 협정을 통해 협력하면 양국 모두 무역량을 늘리고 경제 성장을 누릴 수 있습니다. 하지만 한쪽 국가가 "자국 산업 보호를 위해 관세를 부과해야 한다."라고 결정하면, 상대국도 이에 대한 보복으로 관세를 부과하게 됩니다.

이는 무역 전쟁으로 번져 양국 모두의 수출 감소, 물가 상승, 소비 위축 등 경제적 타격을 입는 결과를 초래합니다. 최근의 미국과 중국 간 무역 전쟁이 대표적인 사례로, 서로 관세를 부과하며 맞선 결과 양국 경제 모두 어려움을 겪었습니다.

5. 죄수의 딜레마를 해결하는 협상 전략

죄수의 딜레마 상황에서 서로 신뢰하지 못하면 협력이 어려워지므로, 신뢰를 구축하고 협력할 수 있는 구조를 만드는 것이 핵심입니다. 개인의 이익 추구가 모두에게 불리한 결과를 가져오는 함정에서 벗어나기 위한 전략은 다음과 같습니다.

(1) 장기적인 관계를 고려한 협력 유도

협상에서 단기적인 이익에만 매몰되지 않고 장기적인 신뢰 관계의 가치를 강조하면 상대방이 '배신'할 유인을 줄일 수 있습니다. 특히 반복되는 협상 관계에서는 "지금 협력하면 장기적으로 더 큰 이익을 꾸준히 얻을 수 있다."라는 인식을 심어주는 것이 중요합니다.

죄수의 딜레마는 상대방의 의도를 불신하기 때문에 발생합니다. 따라서 협상 전과 협상 중에 의도적으로 신뢰를 쌓는 노력이 필요합니다. 비공식적인 대화, 작은 성공 경험 공유, 그리고 가능한 범위 내에서의 투명한 정보 제공은 상대방의 예측 가능성을 높이고 '상대가 배신하지 않을 것'이라는 기대를 강화하는 데 도움이 됩니다. 예를 들어 노사 협상에서 기업이 미리 협상 목표나 재무 상황을 명확히 제시하고, 과거 약속 이행 사례를 보여주는 것이 신뢰 구축에 유리합니다.

(2) 감정과 관계 중심의 커뮤니케이션 강화

때로는 합리적인 계산만으로는 협력을 유도하기 어렵습니다. 인간적인 관계와 감정적 유대가 논리적 합리성보다 우선할 수 있는 영역이 분명히 존재합니다. 따라서 인간적인 접촉, 공감 표현, 그리고 상호 존중의 태도를 보이는 것이 중요합니다.

예를 들어 가족 기업 간의 협상, 오랜 기간 함께 일해 온 중소기업 간의 거래 등에서는 단순히 수치적 이득을 넘어선 감정적 유대와 상호 신뢰가 더 강력한 협상 동인이 될 수 있습니다.

(3) '상호주의(Tit-for-Tat)' 전략의 활용

반복적으로 만나는 협상 상황, 즉 반복적 죄수의 딜레마 모델에서는 '상호주의(Tit-for-Tat)' 전략이 매우 효과적입니다. 이는 '눈에는 눈, 이에는 이'라는 원칙과 유사합니다.

처음에는 협력으로 시작하되, 이후에는 상대방의 지난 행동을 그대로 따라 하는 것입니다. 상대방이 협력하면 나도 협력하고, 상대방이 배신하면 나도 다음 협상에서 보복하면서 "배신에는 대가가 따른다."는 점을 명확히 하는 방식입니다. 이는 상대방이 협력적 태도를 유지하도록 유도하고, 배신에 대한 유인을 줄여 신뢰를 형성할 수 있습니다.

예를 들어 국제 외교에서 '신뢰와 응징 병행' 정책이 이에 해당합니다. 한 국가가 불공정한 무역 관행을 지속하면, 상대국도 보복을 통해 균형을 유지하고 장기적으로 협력적 태도를 유도하는 방식입니다.

(4) 상호 의존성 강조 (Highlighting Interdependence)

"상대방의 성공이 곧 나의 성공이며, 상대방의 실패는 나의 실패로 이어진다."는 인식을 확산시키는 전략입니다. 이를 위해 공동 목표 설정, 이해관계 정렬, 그리고 윈-윈(Win-Win) 구조 설계는 협력할 동기를 부여하고, 배신할 기회를 줄여줍니다.

예를 들어 전략적 제휴나 공동 프로젝트에서 "우리 모두 함께 성공해야만 최대의 이익을 얻을 수 있다."는 인식을 공유하면, 각자가 단기적인 이익을 위해 배신하기보다는 장기적인 협력을 선택할 강력한 토대가 됩니다.

(5) 제3자 또는 제도적 안전 장치 활용 (Institutional Safeguards)

서로의 약속 이행을 보장하고 불신을 줄일 수 있는 제도적 장치나 제3자 감독 체계를 활용하는 것이 효과적입니다. 이러한 장치는 배신할 경우 더 큰 비용을 부담시키고, 협력할 경우, 인센티브를 제공하여 협력을 유도합니다.

국제 무역에서는 세계무역기구(WTO)와 같은 중재 기구가 있으며, 기업 간 외부 감사, 독립적인 중재자, 공동 위험 부담 시스템, 성과 공유제 등이 있습니다.

인수·합병(M&A) 협상에서 인수 후 일정 기간 기존 경영진이 특정 성과를 달성하면 추가 보상을 받는 '인 아웃(Earn-out)' 조항은, 피인수 기업 경영진이 배신하지 않고 계속 협력하게 만드는 강력한 제도적 장치라고 볼 수 있습니다.

6. 결론: 죄수의 딜레마를 극복하는 현명한 협상

죄수의 딜레마는 협상에서 상대방과의 신뢰 부족이 상호 배신을 초래하여 결국 모두에게 손해를 끼칠 수 있음을 경고합니다. 협상에서 단기적인 이익만을 좇다가는 장기적인 관계를 망치고 '패-패(Lose-Lose)'의 늪에 빠질 위험이 큽니다.

따라서 성공적인 협상가가 되기 위해서는 단순히 자신의 이익을 극대화하려는 본능적인 충동을 넘어, 신뢰를 구축하고, 장기적인 관계를 고려하며, 협력할 수 있는 메커니즘을 적극적으로 마련하는 것이 필수적입니다. 이처럼 죄수의 딜레마가 시사하는 바를 이해하고 현명하게 대처할 때, 협상은 단순히 파이를 나누는 경쟁이 아닌, 더 큰 파이를 함께 만들고 모두가 만족하는 결과를 얻는 기회가 될 것입니다.

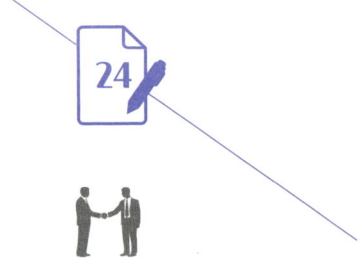

사례 연구: 펠로폰네소스 전쟁과
'죄수의 딜레마'

역사는 때때로 인간 본성과 전략적 선택의 아이러니를 극명하게 보여줍니다. 고대 그리스의 펠로폰네소스 전쟁은 단순히 군사적 충돌을 넘어, 죄수의 딜레마라는 게임 이론의 핵심 개념이 실제 국제 관계에서 어떻게 작동했는지를 보여주는 안타까운 사례입니다. 이 전쟁은 서로 도우면 모두에게 더 나은 결과를 가져올 수 있었지만, 상호 불신과 두려움 때문에 결국 '배신'을 선택하여 모두가 손해를 보는 길로 치달았음을 시사합니다.

1. 전쟁 전 상황: 상호 불신과 긴장 고조 (기원전 431년 이전)

기원전 5세기, 고대 그리스 세계는 두 강대국, 아테네와 스파르타를 중심으로 양분되어 있었습니다. 아테네는 강력한 해군과 활발한 무역을 바탕으로 한 해상 강국이었으며, 델로스 동맹을 통해 세력을 확장하고 있었습니다. 반면, 스파르타는 압도적인 육군력을 자랑하는 육상 강국으로, 펠로폰네소스 동맹을 주도하고 있었습니다.

겉으로는 평화가 유지되는 듯했지만, 양국은 깊은 불신과 위기의식에 사로잡혀 있었습니다. 아테네는 "스파르타가 결국 우리의 성장을 막기 위해 공격해올 것이다."라는 두려움을 느꼈고, 스파르타 또한 "아테네가 계속해서 세력을 확장하면 우리의 육군만으로는 막을 수 없을 것이다."라는 위기의식을 느끼며 상대방의 의도를 의심했습니다.

이러한 상황은 마치 죄수의 딜레마에서 각 죄수가 상대방의 행동을 예측하려 애쓰는 모습과 흡사합니다. 아테네와 스파르타 모두 상대가 자신을 위협할 것이라고 확신하는 순간, 협력(평화 유지)보다는 배신(선제공격 혹은 무력 증강)이 자신에게 더 유리한 선택처럼 보였을 것입니다.

2. 협상 실패와 전쟁 발발 (기원전 431년)

전쟁을 피하려는 시도가 없었던 것은 아닙니다. 스파르타는 아테네가 델로스 동맹을 해체하고 더 이상의 세력 확장을 중단하면 평화를 유지할 수 있다고 주장했습니다. 그러나 아테네는 이를 '양보하면 우리의 패권이 약해질 것'이라는 판단에 거부했습니다. 이는 "내가 침묵하면 상대방이 나를 배신하여 내가 손해를 본다."는 죄수의 딜레마의 한 경우와 유사합니다.

반대로, 아테네는 스파르타에게 공격 의사가 없음을 보이기 위해 외교적 해결을 모색하기도 했습니다. 하지만 스파르타는 이러한 아테네의 제스처를 '시간을 벌면서 군사력을 더 키우려는 속셈'이라고 오판했고, 결국 선제공격이라는 '배신'의 카드를 꺼내 들었습니다. 이는 "상대가 배신할 것이므로 나도 배신해야 한다."는 죄수의 딜레마 논리를 그대로 따른 것입니다.

결국, 양측이 서로를 신뢰하지 못한 채, 각자가 자신에게 '합리적'이라고 판단한 배신(전쟁)을 선택하면서 기원전 431년, 펠로폰네소스 전면전이 발발하고 말았습니다.

3. 비극적인 결말: 장기적인 전쟁과 그리스의 쇠퇴 (기원전 431~404년)

전쟁은 27년간이나 계속됐습니다. 아테네는 역병 창궐과 시칠리아 원정 실패로 인한 해군 전력 약화로 막대한 타격을 입었고, 스파르타 역시 장기적인 전쟁 비용과 인명 손실로 경제적으로 피폐해지고 군사력도 점차 약화했습니다.

기원전 404년, 결국 아테네가 스파르타에 패배하며 전쟁은 막을 내렸습니다. 그러나 스파르타 역시 승자의 영광을 누리기보다는 심각한 내분과 경제적 붕괴를 맞이하게 되었습니다. 이 전쟁의 가장 큰 비극은 이 두 강대국의 싸움이 그리스 전체 문명의 쇠퇴로 이어졌다는 점입니다.

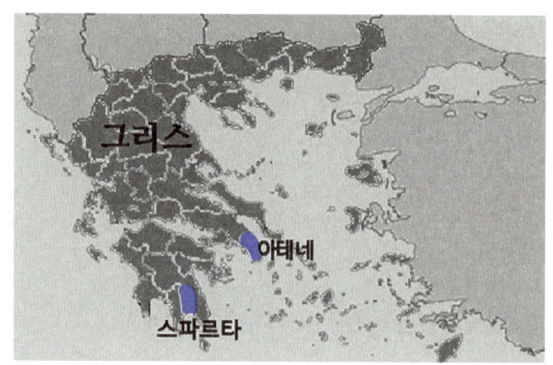

스파르타와 아테네의 위치

양측이 상호 신뢰를 구축하고 '협력'을 선택했더라면 공존하며 번영할 수도 있었지만, 죄수의 딜레마적 불신에 사로잡혀 '배신'을 선택한 결과, 결국, 양측 모두 막대한 손실과 함께 그리스 문명 자체가 약화하는 안타까운 결말을 맞이한 것입니다.

4. 펠로폰네소스 전쟁이 주는 협상의 교훈

펠로폰네소스 전쟁은 단순한 고대사의 한 장면이 아닙니다. 그것은 현대의 협상가들에게 중요한 교훈을 제공하는, 살아있는 '죄수의 딜레마' 사례 연구입니다. 물론 실제 전쟁은 수많은 정치적·경제적·군사적 요인이 복합적으로 작용한 결과이지만, '죄수의 딜레마'라는 협상의 관점에서 일부 재해석하여 얻을 수 있는 교훈은 다음과 같습니다.

(1) 신뢰는 협상의 생명선이다

아테네와 스파르타 모두 상대의 의도를 오해하고 불신하면서 협력의 가능성을 포기했으며, 이는 결국 전면전이라는 최악의 상황으로 이어졌습니다. 협상에서도 상대를 지나치게 의심하거나, 협력이 불가능하다고 단정하는 순간, 그러한 부정적인 예측이 현실이 되는 자기실현적 예언(Self-Fulfilling Prophecy)에 갇히게 됩니다. 신뢰는 단순한 덕목이 아니라, 협상 성공을 위한 필수적인 기반입니다.

(2) 단기적 승리보다 장기적 관계와 공동 이익이 중요하다

전쟁에서 양측 모두 손해를 입었고, 그리스 전체 문명이 쇠퇴했습니다. 이는 '죄수의 딜레마'의 가장 핵심적인 메시지인 "개인의 최적 선택이 집단의 최악을 초래할 수 있다."는 것을 보여줍니다. 협상에서도 당장에 유리함에만 집착하기보다, 지속 가능한 관계와 공동의 이익을 추구하는 것이 장기적인 성공의 관건입니다.

(3) 구조적 신뢰 확보 장치가 필수적이다

죄수의 딜레마를 극복하려면, 단순히 "믿어주세요."라고 말하는 것만으로는 부족합니다. 상대방이 배신하지 않을 것이라는 확신을 줄 수 있는 제도적 보장이나 공통의 이해관계를 만드는 장치가 필요합니다. 기업 간 계약, 국제 조약, 공정한 중재 시스템, 혹은 성과 공유 시스템 등이 이에 해당하며, 이는 배신의 유인을 줄이고 협력을 증진합니다.

5. 결론: 협상에서 신뢰 부족은 비극을 낳을 수 있다

펠로폰네소스 전쟁은 단순한 충돌이 아닌, 신뢰 부족과 전략적 불신이 협상의 기회를 어떻게 무너뜨리는지를 보여준 대표적인 역사 사례입니다. 이를 죄수의 딜레마 관점에서 바라보면, 협상에서 상대방을 잠재적인 '배신자'로 간주하고 오직 선제 대응만을 택할 경우, 결국 모두가 손해를 보는 비극적인 결과에 이르게 된다는 점을 여실히 보여줍니다.

따라서 협상가들은 신뢰를 바탕으로 상대의 협력 가능성을 항상 열어두고, 단기적인 이득을 넘어 장기적인 관계와 제도적 보장을 통해 협력을 유도하는 전략을 펼쳐야 합니다. 이는 국가 간 협상뿐 아니라, 기업 간의 비즈니스 협상이나 조직 내 갈등 관리에도 적용할 수 있는 매우 중요한 교훈입니다. 우리가 펠로폰네소스 전쟁의 비극을 통해 얻을 수 있는 가장 큰 지혜는 바로 '함께 가면 더 멀리 갈 수 있다'는 평범하지만 강력한 진리일 것입니다.

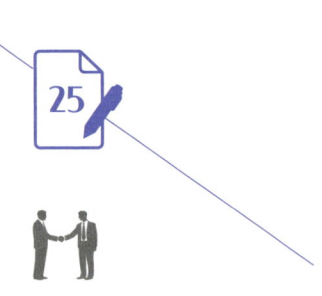

블러핑(Bluffing) 전략 : 언제 써야 효과적일까?

협상 테이블에 앉았을 때, 때로는 실제로 가진 패보다 더 많은 것을 가진 것처럼 보여야 할 때가 있습니다. 바로 이것이 블러핑(Bluffing) 전략입니다. 블러핑은 자신의 협상 카드나 힘을 실제보다 더 강하게 보이도록 허세를 부려 상대방을 압박하는 행위를 의미합니다. 포커 게임에서 약한 패를 들고도 강한 베팅을 하여 상대방이 기권하게 만드는 전략에서 유래하였습니다.

블러핑이 성공한다면 상대방은 불필요한 양보를 하거나 주저하는 사이 당신이 협상 주도권을 쥘 수 있습니다. 하지만 간파당한다면, 신뢰를 잃고 협상이 크게 불리해질 위험도 큽니다. 이처럼 양날의 검과 같은 블러핑 전략, 과연 언제 사용하는 것이 현명하고 효과적일까요?

1. 블러핑 전략, 이런 상황에서 빛을 발한다

블러핑이 효과적으로 작동할 수 있는 특정 조건들이 있습니다.

(1) 정보의 비대칭성이 존재할 때

상대방이 당신의 실제 상황이나 협상 카드를 완전히 파악하지 못하고 있을 때 블러핑은 강력한 힘을 발휘할 수 있습니다. 모든 정보가 투명하게 공개된 협상에서는 쉽게 간파될 가능성이 있어 위험합니다.

예를 들면, 한 기업이 경쟁사와의 인수·합병(M&A) 협상에서 "우리는 이미 다른 강력한 인수 제안을 받은 상태라 이 조건을 받아들이기 어렵다."라고 주장하면, 상대방은 실제 제안 여부를 정확히 알기 어렵기 때문에 제시 가격을 더 높여야 한다고 생각할 수 있습니다.

(2) 상대방이 위험을 극도로 회피하려 할 때

상대방이 불확실한 상황을 싫어하고, 손실을 보지 않으려는 보수적인 성향이라면 블러핑은 강력한 협상 도구가 됩니다. 위험을 피하려는 심리를 자극하여 당신이 원하는 방향으로 움직이게 만들 수 있습니다.

예를 들어 한 고객이 기존 공급업체에게 "우리는 이미 다른 신규 공급업체와 훨씬 좋은 조건으로 계약을 논의 중이다."라고 말하면, 기존 공급업체는 고객을 잃을 위험을 피하려고 더 나은 조건을 제시할 확률이 높아집니다.

(3) 단기적인 협상에서 활용할 때

블러핑은 일회성 거래나 단기적인 협상에서 특히 유용합니다. 협상이 빠르게 종료되고 이후 관계 유지가 중요하지 않을 때, 블러핑은 상대방의 빠른 결정을 유도하는 효과적인 수단이 될 수 있습니다.

예를 들면, 부동산 거래에서 매도자가 "이번 주 안에 다른 매수자가 계약할 예정이니 빨리 결정해야 한다."라고 블러핑하면, 매수자는 좋은 기회를 놓칠까 봐 빠르게 결정을 내리도록 압박받을 수 있습니다. 하지만 이게 거짓으로 드러나면 장기적인 관계에서 신뢰를 잃을 위험은 감수해야 합니다.

(4) 상대방이 심리적으로 압박을 받고 있을 때

상대방이 시간적 압박에 시달리거나, 중요한 의사 결정을 임박해서 내려야 할 때 블러핑을 사용하면 효과를 극대화할 수 있습니다. 상대방이 블러핑의 진위를 검증할 시간이 부족하기 때문입니다.

예를 들면 부품 공급업체가 고객사에게 "이번 달 안에 계약을 체결하지 않으면, 다른 대기업과의 대규모 계약으로 인해 다음 물량 확보가 어려울 수 있다."라고 말하면, 고객사는 생산 일정에 차질이 생길까 봐 빠른 의사 결정을 내릴 수 있습니다.

2. 블러핑의 숨겨진 위험과 한계

블러핑은 성공할 경우 큰 이득을 안겨줄 수 있지만, 실패할 경우 감당하기 어려운 위험을 수반합니다.

(1) 블러핑이 간파되면 신뢰가 무너진다

블러핑이 상대방에게 간파되는 순간, 당신에 대한 신뢰는 산산조각 날 수 있습니다. 협상은 단발성으로 끝나지 않고 반복될 가능성이 높기 때문에, 한 번 신뢰를 잃으면 향후 모든 협상에서 상대방이 당신을 더욱 경계하고 강경하게 나올 것입니다.

예를 들어 한 회사가 고객에게 "이 가격이 최저가이며, 더 이상 할인은 불가능하다."고 블러핑했지만, 이후 다른 고객에게 더 낮은 가격으로 판매한 사실이 밝혀지면, 해당 고객은 배신감을 느끼고 장기적인 관계가 단절될 수 있습니다.

(2) 상대방이 더 강경하게 대응할 수 있다

당신의 블러핑이 상대방을 압박하는 대신, 오히려 자극하여 더욱 강한 태도로 맞서게 만들 수도 있습니다. 블러핑을 통해 협상 주도권을 잡으려 했지만, 상대방이 아예 협상을 포기하거나 예상치 못한 대안을 찾아버릴 수도 있습니다.

(3) 장기적인 협상에서는 블러핑이 독이 된다

협상이 장기전으로 돌입할 경우 블러핑 전략이 밝혀질 가능성이 기하급수적으로 높아집니다. 상대방이 블러핑의 진위를 확인할 충분한 시간을 가지게 되면, 역효과가 나면서 당신의 협상력은 약화될 수밖에 없습니다.

예를 들어 한 기업이 투자 유치를 위해 "우리는 곧 경쟁사의 핵심 기술을 도입하여 시장 판도를 바꿀 것이다."라고 블러핑했지만, 투자자들이 시간을 가지고 실제 기술 도입이 지연되거나 불가능하다는 것을 확인하면, 해당 기업은 투자 유치에 실패하거나 훨씬 나쁜 조건을 받아들여야 할 수 있습니다.

3. 블러핑을 현명하게 사용하는 노하우

블러핑의 위험성을 인지하면서도 효과적으로 사용하려면 다음과 같은 전략을 고려해야 합니다.

(1) 완전한 거짓말보다는 '과장된 진실'을 활용하라

아예 없는 사실을 꾸며내기보다는 일부 사실을 과장하거나 해석의 여지를 남기는 방식으로 블러핑하는 것이 효과적입니다. 이렇게 하면 블러핑이 간파되더라도 그것을 '오해의 소지'나 '해석의 차이'로 포장할 수 있어, 신뢰를 완전히 잃는 위험을 피할 수 있습니다.

예를 들어 "우리에게는 다른 제안이 있다."라는 말이 단순한 허구가 아닌 실제로 구체화되지는 않았지만, 탐색 중인 여러 개의 잠재적 옵션을 의미한다면, 블러핑의 신뢰성과 효과가 훨씬 높아집니다.

(2) 상대방이 즉시 검증하기 어려운 정보를 활용하라

상대방이 쉽게 확인할 수 있는 블러핑은 곧바로 들통나기 때문에 피해야 합니다. 즉각적으로 검증이 어렵거나, 시간이 필요한 정보를 이용하는 것이 효과적입니다.

예를 들어 "우리는 이번 분기 안에 혁신적인 신제품을 출시하여 시장을 선도할 것이다."라는 말은 아직 개발 중이더라도, 출시 일정이나 성능에 대한 세부 정보는 당장 확인하기 어려워서 상대방을 압박하는 데 사용될 수 있습니다.

(3) '퇴로'를 만들어 블러핑 실패 시에도 신뢰를 유지하라

블러핑이 실패했을 때에도 관계와 신뢰를 유지할 수 있도록, 유연하게 빠져나갈 수 있는 안전장치, 즉 '퇴로'를 미리 마련해두어야 합니다.

예를 들어 "우리는 내부적으로 여러 옵션을 신중하게 검토 중이다."와 같이 확정된 사실이 아닌 '가능성'을 열어둔 표현을 사용하면, 블러핑이 의도대로 작동하지 않더라도 신뢰를 완전히 잃는 사태를 피할 수 있습니다. 이는 마치 협상 상황에서 "우리의 최종 결정은 아니다."라는 여지를 남기는 것과 비슷합니다.

4. 결론: 블러핑은 신중한 전략적 선택이다

블러핑은 잘 사용하면 협상을 유리하게 이끌 수 있는 강력한 도구가 될 수 있지만, 잘못 사용하면 신뢰를 잃고 협상에서 불리한 위치에 놓일 수 있는 양날의 검입니다.

(1) 블러핑이 효과적인 경우

상대방이 당신의 정보를 완전히 파악하지 못할 때(정보의 비대칭성)

협상이 단기적으로 진행될 때

상대방이 위험을 피하려는 성향이 강할 때

상대방이 시간적 압박을 받고 있을 때

(2) 블러핑이 위험한 경우

상대방이 정보를 쉽게 검증할 수 있을 때

장기적인 신뢰 관계가 매우 중요한 협상일 때

상대방이 당신의 블러핑에 더 강경하게 맞대응할 가능성이 있을 때

블러핑이 간파될 경우 협상력이 심각하게 약화될 때

따라서 완전한 거짓말보다는 '과장된 진실'을 활용하고, 상대방이 즉시 검증하기 어려운 정보를 이용하며, 실패 시에도 신뢰를 유지할 수 있는 '퇴로'를 마련하는 것이 블러핑을 효과적으로 활용하는 포인트입니다. 블러핑은 충동적으로 던지는 주사위가 아니라, 협상 상황과 상대방의 성향을 면밀하게 분석한 후 신중하게 사용해야 할 전략적 선택임을 기억해야 합니다.

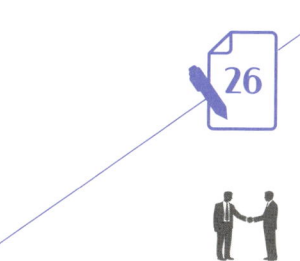

지연 전략(Delay Strategy): 시간을 활용하는 고도의 기술

협상 테이블에서 '시간'은 단순한 흐름이 아닙니다. 때로는 가장 강력한 무기가 되기도 하고, 때로는 치명적인 독이 되기도 합니다. 지연 전략(Delay Strategy)은 협상 과정에서 즉시 결정을 내리지 않고 의도적으로 시간을 끌면서 협상력을 극대화하거나 상대방을 압박하는 고도의 전술입니다.

이 전략을 적절히 사용하면 더 나은 협상 조건을 확보하거나, 상대방이 불리한 상황에 놓이도록 유도할 수 있습니다. 그러나 지나친 지연은 협상 결렬, 신뢰 상실, 심지어 상대방의 강경 대응을 초래할 수도 있어 지극히 신중한 접근이 필요합니다. 그렇다면 지연 전략은 언제 효과적이며, 어떻게 활용해야 현명한 협상가가 될 수 있을까요?

1. 지연 전략이 빛을 발하는 순간들

지연 전략이 효과적으로 작동할 수 있는 특정 상황들이 있습니다.

(1) 상대방이 시간적 압박을 받을 때

만약 상대방이 특정 기한 내에 협상을 마무리해야 하는 절박한 상황이라면, 시간을 끄는 것만으로도 유리한 조건을 이끌어 낼 수 있습니다. 기업의 분기 마감, 선거 전 긴급한 협상, 계약 종료 기한 등 시간적 제약이 명확할 때 지연 전략은 상대방의 양보를 유도하는 강력한 수단이 됩니다.

예를 들어 부동산 매도자가 "다른 구매자와도 진지하게 협상 중이다."라며 일부러 시간을 끌면, 조급한 구매자가 더 높은 가격을 제시하거나 조건을 양보할 가능성이 커집니다. 마찬가지로, 기업 인수·합병(M&A) 협상에서 매수 기업이 특정 시점까지 계약을 완료해야 하는 내부 기한이 있다면, 매도 기업은 이를 인지하고 협상을 지연하며 더 유리한 조건을 요구할 수 있습니다.

(2) 추가 정보 확보 또는 내부 조율이 필요할 때

협상 중에는 더 많은 정보를 확보하고 싶거나, 시장 상황을 자세하게 분석하거나, 복잡한 내부 의사 결정을 조율해야 할 때가 있습니다. 이때 지연 전략은 무작정 끌려가기보다 전략적인 결정을 내릴 시간을 벌어줍니다.

예를 들어 기업 간 대규모 계약 협상에서 한 기업이 경쟁사의 입찰 조건을 면밀하게 조사하거나, 내부 부서 간의 최종 승인을 기다리기 위해 계약 체결을 미루면서 최적의 대응책을 모색할 수 있습니다. 국제 무역 협상에서는 새로운 정권이 들어서거나 정책 변화가 예상될 때, 더 유리한 협상 환경을 위해 의도적으로 협상을 지연하기도 합니다.

(3) 상대방이 협상 피로도를 느낄 때

협상이 예상보다 길어져 상대방이 지치고 불안감을 느끼기 시작할 때, 지연 전략은 의외의 효과를 발휘할 수 있습니다. 특히 상대방이 장기 협상에 익숙하지 않거나 단기적인 목표를 중시하는 경우, 시간이 지날수록 협상력을 잃고 쉽게 양보할 가능성이 많아집니다.

예를 들어 국가 간 외교 협상에서 한쪽이 장기적인 인내심을 가지고 협상을 버티면서 상대국이 피로감을 느끼도록 유도하기도 합니다. 또, 법률 협상에서는 변호사가 상대방이 합의를 원하도록 만들기 위해 소송 절차를 의도적으로 지연하는 전술을 사용하기도 합니다.

2. 지연 전략의 숨겨진 위험과 한계

지연 전략은 분명 강력하지만, 자칫 잘못하면 독이 될 수 있습니다.

(1) 지나친 지연은 신뢰를 상실한다

협상을 필요 이상으로 지연하면 상대방은 당신이 협상 의지가 없다고 판단하거나, 심지어 "시간만 낭비한다."고 여겨 신뢰를 잃을 수 있습니다. 이는 특히 장기적인 비즈니스 파트너십이나 외교 관계에서 심각한 부작용을 초래할 수 있습니다. 한번 깨진 신뢰는 회복하기 매우 힘듭니다.

(2) 상대방이 다른 대안을 찾을 수 있다

당신이 협상을 지연하는 동안, 상대방은 새로운 옵션이나 더 나은 대안을 찾아낼 수 있습니다. 특히 경쟁이 치열한 시장에서는 협상 지연이 오히려 좋은 기회를 놓치게 만드는 결과로 이어질 수 있습니다.

예를 들어 한 기업이 특정 기술 도입을 위해 상대 기업과의 계약 협상을 지연하는 동안, 경쟁사가 해당 기술을 더 유리한 조건으로 먼저 확보하거나, 상대 기업이 다른 고객을 찾아 계약이 무산되는 경우가 발생할 수 있습니다.

(3) 상대방이 강경하게 대응하거나 협상을 중단할 수 있다

상대방이 당신의 지연 전략을 간파하고 더는 끌려다닐 수 없다고 판단하면, 오히려 강경한 태도로 맞서거나 아예 협상을 중단해버릴 수도 있습니다. 이는 당신의 의도와는 정반대의 최악의 결과를 초래할 수 있습니다.

3. 제2차 포에니 전쟁에서 로마의 파비우스 전략

고대 로마의 역사는 지연 전략이 강력한 무기가 될 수 있는지를 보여주는 흥미로운 사례를 제공합니다.

(1) 역사적 배경

기원전 218년부터 201년까지 이어진 제2차 포에니 전쟁은 로마와 카르타고의

운명을 건 대결이었습니다. 특히 카르타고의 전설적인 명장 한니발(Hannibal)이 알프스를 넘어 이탈리아반도로 진격해 로마군을 연전연승으로 격파하면서, 로마는 건국 이래 최대의 군사적 위기에 직면했습니다.

(2) 파비우스 막시무스의 '지연' 전략

절체절명의 위기 속에서 로마 원로원은 파비우스 막시무스(Fabius Maximus)를 독재관으로 임명했습니다. 파비우스는 한니발과의 정면 대결을 피하고, 로마군 병력 손실을 최소화하면서 한니발을 지치게 하는 파격적인 '지연' 전략을 펼쳤습니다.

당시 많은 로마 시민과 병사들은 이를 '겁쟁이 전술'이라고 비난했습니다. 하지만 파비우스는 한니발의 식량과 보급선을 차단하고, 게릴라전을 통해 심리적 압박을 가하며 장기전을 유도했습니다. 그의 목표는 한니발의 공격 의지를 잃게 만들고, 그들이 로마 본토에 오래 머무르게 하여 점차 약화하는 것이었습니다. 이로써 로마는 궤멸 직전의 전열을 재정비하고 전력을 보존할 귀중한 시간을 벌 수 있었습니다.

(3) 결과

단기적으로는 국민의 비판을 받았지만, 파비우스의 지연 전략 덕분에 한니발은 로마를 함락하지 못하고 이탈리아에서 점차 체력이 소진되기 시작했습니다. 결국, 전쟁의 흐름은 로마 쪽으로 기울었고, 로마는 반격에 성공하여 자마 전투에서 한니발에게 승리하며 전쟁을 마무리 지을 수 있었습니다.

파비우스의 '지연' 전략은 당장 비난과 인내를 감수하면서라도 현명한 힘의 사용 시점을 조율하는, 고도의 협상·전략 전술임을 역사적으로 입증한 사례입니다.

4. 지연 전략을 효과적으로 활용하는 실질적인 방법

블러핑과 마찬가지로 지연 전략도 신중하게 접근해야 합니다. 다음은 효과적인 활용을 위한 팁입니다.

(1) '공식적인' 이유를 제시하며 시간을 벌어라

무작정 시간을 끄는 대신, "내부 검토가 필요하다." "법률 자문을 구하는 중이다." "윗선의 최종 승인이 남아있다." 등 합리적이고 공식적인 이유를 제시하면 상대방의 의심을 줄이고 지연에 대한 거부감을 낮출 수 있습니다.

(2) 상대방의 반응을 주기적으로 평가하고 조절하라

지연 전략을 사용하면서 상대방이 어떻게 반응하는지 면밀하게 주시해야 합니다. 상대방이 초조해하는지, 불만을 표출하는지, 아니면 아예 다른 대안을 찾아 나서는지 등을 파악하여 협상 속도를 조절해야 합니다. 너무 지나치다 싶으면 잠시 속도를 내어 상대방의 불안감을 해소해 줄 필요도 있습니다.

(3) 지연하는 동안 협상력을 강화할 정보를 확보하라

지연은 단순히 시간을 끄는 것이 아니라, 그 시간 동안 당신의 협상력을 강화하는 기회로 삼아야 합니다. 시장 조사, 경쟁사 분석, 대체 옵션 개발, 내부 역량 강화 등을 통해 협상 카드를 더 많이 확보하고, 상대방의 취약점을 파악하는 데 집중해야 합니다.

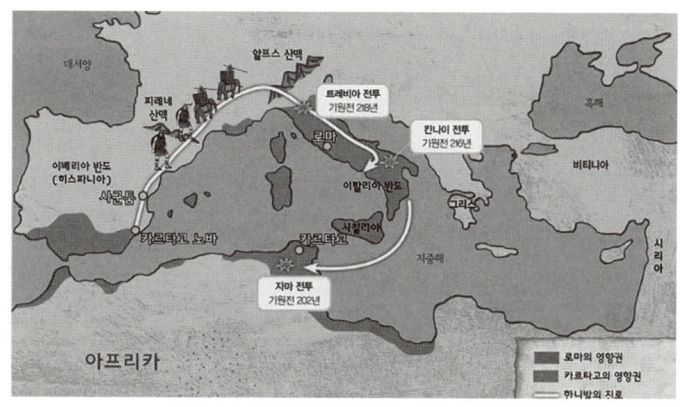

카르타고와 로마의 포에니 전쟁

5. 결론: 지연 전략은 분석과 조절이 필수다

지연 전략은 협상에서 강력한 도구가 될 수 있지만, 그만큼 섬세하고 신중한 전략과 분석이 필수적입니다. 상대방의 상황과 심리를 정확히 파악하고, 자신의 목표를 명확히 하며, 상대방의 반응을 계속 평가하면서 유연하게 전략을 조정하는 것이 핵심입니다.

무턱대고 시간을 끄는 것은 자칫 협상 결렬로 이어질 수 있지만, 전략적인 지연은 불리한 상황을 유리하게 바꾸고 더 나은 결과를 얻어낼 수 있는 현명한 협상가의 무기가 될 수 있습니다.

살라미(Salami) 전략은 언제 필요할까?

1. 개념

살라미(Salami) 전략은 협상에서 한 번에 큰 요구를 하지 않고, 작은 부분부터 점진적으로 양보를 얻어내는 방식입니다. 이름의 유래는 '살라미 소시지를 얇게 썰듯이 조금씩 나누어 먹는' 방식에서 비롯되었습니다.

이 전략의 핵심은 상대방이 협상 전체 흐름을 명확히 인지하지 못하도록 하면서도, 일정 부분씩 양보하도록 유도하는 점진적 접근 방식입니다.

2. 살라미 전략이 효과적인 경우

(1) 상대방이 단번에 큰 양보를 하지 않으려 할 때

협상 초반부터 큰 요구를 제시하면 거부감을 유발할 수 있습니다. 대신 작고 현실적인 요구부터 시작해 점차 확장해가는 방식이 효과적입니다.

부동산 계약 협상의 예를 들어보겠습니다.

구매자가 처음부터 "이 집을 20% 할인해 달라."라고 하면 거절당할 확률이 높습니다. 하지만 "부가세를 조정해 줄 수 있나요?" → "수리비를 일부 부담해 줄 수 있나요?" → "마지막으로 가격을 조금 더 조정할 수 있을까요?"라고 하면 좀 더 쉽게 양보를 얻을 수 있습니다.

(2) 협상이 장기화될 가능성이 있고, 단계적 성과가 필요한 경우

긴 협상에서는 한 번에 목표를 달성하기보다는 단계적으로 협상을 성공시키는 것이 중요합니다. 살라미 전략을 사용하면 상대방이 협상이 진행되면서 심리적으로 물러날 확률이 높습니다.

기업 간 인수·합병(M&A)) 협상을 예로 들어보겠습니다.
인수 기업이 처음부터 "귀사의 100% 지분을 사겠다."라고 하면 협상이 결렬될 것입니다. 이런 경우 "우선 10%만 투자하겠다." → "경영진을 일부 교체하자." → "추가 지분 인수도 고려하자."라고 단계적으로 접근하면 최종 인수 확률이 높아질 것입니다.

(3) 일관성의 법칙을 활용하는 경우

사람은 한 번 한 결정에 대해 일관되게 행동하려는 경향이 있습니다. 이를 '일관성의 법칙'이라고도 합니다. 살라미 전략은 이 심리를 활용하여, 한 번 양보한 상대방이 점점 더 많은 양보를 하도록 이끕니다.

공급업체와의 협상을 예로 들어보겠습니다.
처음부터 "우리에게 제품 단가를 20% 할인해달라."라고 하면 공급업체는 이를 거절할 가능성이 큽니다.
하지만 "소량 주문 시 5% 할인해줄 수 있나요?" → "대량 주문하면 추가 3% 가능할까요?" → "장기 계약하면 추가 할인이 가능할까요?"라고 하면 단계적으로 원하는 결과를 얻을 가능성이 커질 것입니다.

3. 살라미 전략 사용 시 유의사항
(1) 전략 노출의 위험

살라미 전략을 지나치게 노골적으로 사용하거나 반복하면 상대방이 전략을 인지하고 협상을 중단하거나 강하게 반발할 수 있습니다. 따라서 각 요구가 자연스럽고 설득력 있게 연결되도록 조율하는 것이 중요합니다.

(2) 장기 협상에서의 신뢰 문제

점진적 접근이 반복되면 상대방이 기만당하고 있다고 느낄 수 있으며 이는 협상 전반의 신뢰를 약화될 위험이 있습니다. 일정 단계에서는 최종 목표와 방향성을 명확히 공유하고 신속하게 마무리하는 전략적 전환이 필요합니다.

(3) 상대방의 살라미 전략에 대한 방어도 필요

당신이 살라미 전략을 사용할 수 있듯이, 상대방도 당신에게 이 전략을 사용할 가능성이 있습니다. 이를 방어하기 위해서는 명확한 '선 긋기' 전략이 필요합니다.

이를 정리하면 다음과 같습니다.

"이 부분이 우리의 최종 양보 한계입니다."라고 명확히 선언하고 이를 지키는 연습을 해야 합니다.

초기 협상 시 "부분적인 양보가 전체적인 합의를 의미하는 것은 아니다."라는 점을 분명히 전달하여 상대방이 '조금 얻으면 전부 얻을 수 있다'라고 착각하지 않도록 해야 합니다.

각 단계에서 협상의 최종 범위나 목표를 미리 명시하여 상대방이 예상치 못한 추가 요구를 하지 못하도록 제어하는 것도 중요합니다.

4. 결론: 살라미 전략은 언제 필요할까?

살라미 전략은 상대방의 저항을 줄이면서 점진적으로 협상을 유리하게 이끌어내는 강력한 도구입니다. 이 전략은 특히 다음과 같은 상황에서 빛을 발합니다.

상대방이 한 번에 큰 결정을 내리기 어려운 상황일 때

협상이 장기전이 될 가능성이 있고, 단계적 성과가 필요할 때

상대방이 이미 일부 양보한 뒤 후퇴하기 어려운 심리(일관성의 법칙)를 활용하고 싶을 때

하지만 사용할 때는 신중해야 하며 상대방이 이를 눈치채지 않도록 자연스럽게 진

행하는 것이 중요합니다. 또한, 상대방이 살라미 전략을 사용할 수도 있어서 이를 방어할 수 있는 전략도 함께 고려해야 합니다.

　　살라미 전략은 점진적 접근이 필요한 협상에서 매우 효과적이지만, 신뢰를 유지하면서 전략적으로 활용하는 것이 핵심입니다.

니블링(Nibbling) 전략: 협상 막바지의 '한입 더' 기술

협상이 거의 마무리 단계에 접어들었을 때, 상대방과의 합의가 눈앞에 보일 때가 있습니다. 모두가 만족스러운 결과를 얻었다고 생각하며 긴장을 풀 무렵, 예상치 못한 작은 요구가 튀어나오는 경우가 있죠. 이것이 바로 니블링(Nibbling) 전략입니다.

마치 식사가 끝난 후 '한입 더'를 외치며 작은 디저트를 요청하듯이, 협상이 거의 끝났을 때 상대방에게 추가적인, 그러나 작은 요구를 함으로써 더 많은 이득을 얻어내는 전략입니다. 이 전략은 상대방의 방심과 '이만큼 왔으니 그냥 넘어가자'라는 심리를 교묘하게 파고듭니다.

1. 니블링 전략, 언제 가장 효과적일까?

니블링 전략은 특히 다음과 같은 상황에서 위력을 발휘합니다.

(1) 협상 막바지, 합의 직전일 때

협상이 거의 끝나고, 양측 모두 합의에 대한 기대감이 커질 때 니블링 전략은 가장 효과적입니다. 이때 상대방은 협상을 재개하거나 결렬되는 것에 대한 심리적 부담이 크기 때문에, 작은 추가 요구를 받아들일 가능성이 큽니다.

핵심 계약 성사 직전, 추가 서비스 요청 사례를 들어보겠습니다.

당신은 오랜 시간 고객과 협상하여 대규모 소프트웨어 도입 계약을 거의 성사시켰습니다. 모든 세부 조건이 합의되어 계약서 서명만 남은 순간, 당신은 가볍게 "참, 마지막으로 한 가지 더 말씀드릴 게 있어요. 저희 직원을 위한 초기 교육 프로그램은 계약에 포함되지 않았는데, 1회 정도 무료로 지원해 주실 수 있으실까요?"라고 묻습니다. 고객은 이미 큰 규모의 계약에 동의했고, 수백, 수천만 원이 오가는 계약에서 직원을 위한 1회 교육은 전체 판을 깰 정도는 아니라고 판단하여 기꺼이 동의할 가능성이 큽니다.

(2) 상대방이 이미 많은 시간과 노력을 투자했을 때

협상에 많은 시간과 감정적 에너지를 쏟아부은 상대방은 그 노력이 헛되지 않도록 합의를 성사시키려는 강한 욕구가 있습니다. 이때 추가되는 작은 요구는 그들에게 '마지막 허들'처럼 느껴져 쉽게 넘어갈 수 있다고 판단하게 됩니다.

장기 프로젝트 계약 마무리 시점을 예로 들어보겠습니다.

당신은 수 개월간 공들여 대규모 건설 프로젝트 계약을 체결했습니다. 상대방 회사의 담당 팀은 이미 수십 번의 회의와 현장 실사를 거치며 지쳐 있습니다. 계약서 최종 검토 단계에서 당신은 "마지막으로 요청할 게 있습니다. 프로젝트 완공 시 저희를 위한 기념 현판을 제작하여 설치해 주실 수 있을까요?"라고 제안합니다. 기념 현판 제작 비용은 전체 프로젝트 비용에 비하면 미미한 수준이고, 상대방은 이 작은 요구 때문에 그동안의 노력이 무산될까 봐 이를 받아들일 가능성이 큽니다.

(3) 요구 사항이 작고 비본질적일 때

니블링 전략의 핵심은 '작은' 요구를 하는 것입니다. 협상 전체를 뒤흔들 수 있는 큰 요구는 오히려 역효과를 낼 수 있습니다. 상대방이 "그 정도 쯤이야"라고 생각할 수 있는 범위 내의 요구여야 합니다.

자동차 구매 후 추가 옵션 요구 사례를 들어보겠습니다.

자동차 구매 계약을 끝내고 서명하기 직전, 당신은 딜러에게 "혹시 틴팅(Tinting) 서비스는 추가로 해주실 수 없나요? 제가 따로 하려면 번거로워서요."라고 묻습니다. 딜러는 이미 큰 계약을 성사시켰고, 선팅은 서비스 차원에서 제공할 수 있는 작은 부분이라 판단하여 받아들일 수 있습니다.

2. 니블링 전략 사용 시 유의사항: 성공과 실패의 갈림길

니블링 전략은 강력하지만, 매우 섬세하게 다뤄야 합니다.

(1) 상대방의 분노 유발 위험

니블링 전략을 너무 자주 사용하거나, 요구 사항이 상대방 기대치를 벗어날 정도로 커지면 상대방은 '이용당했다'고 느끼며 불쾌감을 표출할 수 있습니다. 이는 협상 결렬로 이어지거나 장기적인 관계를 망칠 수 있습니다. '선을 넘지 않는' 것이 중요합니다.

(2) 상대방의 방어 심리 자극

협상이 거의 끝났다고 방심했던 상대방이 추가 요구에 당황하거나 심하게 불쾌감을 느끼면, 오히려 합의 자체를 재고하거나 당신에 대한 불신을 갖게 될 수 있습니다. 이는 향후 협상에서도 부정적인 영향을 미칠 수 있습니다.

(3) 타이밍과 어조의 중요성

니블링은 반드시 협상 막바지에, 그리고 매우 가볍고 부드러운 어조로 시도해야 합니다. 마치 "죄송하지만 혹시 이것도 가능할까요?"라는 뉘앙스로 던져야 상대방이 부담 없이 받아들일 여지가 생깁니다. 강압적인 태도는 피해야 합니다.

3. 니블링 전략에 대한 방어: 나도 당할 수 있다!

당신이 니블링 전략을 사용할 수 있듯이, 상대방도 당신에게 니블링을 시도할 수 있습니다. 이를 방어하기 위해서는 다음과 같은 대응이 필요합니다.

(1) 최종 합의 시점 명확히 하기

"이제 모든 논의가 끝났습니다. 최종 합의된 사항을 다시 한번 확인하고 서명하실까요?"와 같이 합의의 종결을 분명히 하는 언어를 사용하세요.

(2) 추가 요구에 대한 정책 명시

협상 초반에 "모든 합의는 오늘 논의된 범위 내에서 이루어지며, 추후 추가 요구는 불가합니다."처럼 미리 규칙을 정해두는 것도 방법입니다.

(3) 'NO'라고 말할 용기

작은 요구라도 불합리하다고 판단되면 단호하게 거절할 수 있어야 합니다. "죄송하지만, 그 부분은 저희의 기존 합의 범위 밖입니다."처럼 정중하게 거절하는 연습이 필요합니다.

(4) '맞니블링' 또는 역제안

상대방이 니블링을 시도한다면, 당신도 반대로 작은 요구를 하거나, 그들의 요구를 역으로 제안할 수 있습니다. "그럼 저희도 이 부분을 조정할 수 있을까요?"와 같이 맞대응하는 것입니다.

4. 결론: 니블링 전략은 언제 필요할까?

니블링 전략은 협상 막바지에 예상치 못한 작은 이득을 추가로 얻어낼 수 있는 강력한 기술입니다.

협상이 거의 마무리되어 상대방의 긴장이 풀릴 때
상대방이 이미 협상에 많은 시간과 노력을 투자하여 합의를 파기하기 어려울 때
추가 요구가 작고 비본질적이며 상대방에게 큰 부담이 되지 않을 때

이 전략은 큰 그림을 망치지 않으면서도 '한입 더' 이득을 취할 수 있지만, 상대방의 감정과 장기적인 관계를 고려하여 매우 신중하고 섬세하게 사용해야 합니다. 그리고 당신 또한 상대방의 니블링에 대비할 줄 아는 현명한 협상가가 되어야 할 것입니다.

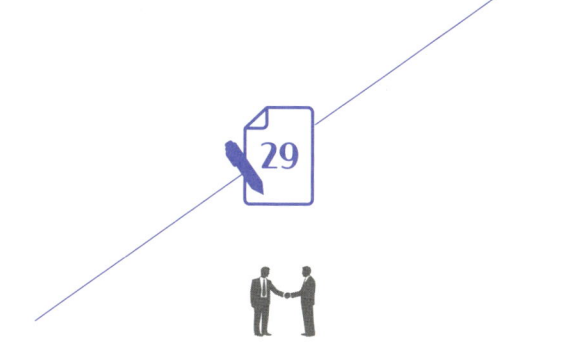

선역과 악역(Good Cop, Bad Cop) 전략 : 때로는 두 얼굴이 필요하다

협상 테이블에서 상대방을 압박하거나 설득해야 할 때, 한 명의 협상가가 모든 역할을 소화하기는 어려울 수 있습니다. 이때 효과적으로 사용되는 것이 바로 선역과 악역(Good Cop, Bad Cop) 전략입니다. 이는 두 명 이상의 협상가가 한 팀을 이루어, 한 명은 부드럽고 이해심 많은 '선역(Good Cop)' 역할을, 다른 한 명은 강경하고 위협적인 '악역(Bad Cop)' 역할을 번갈아 수행하며 상대방을 압박하거나 안심시켜 원하는 바를 얻어내는 방식입니다. 마치 영화나 드라마에서 자주 등장하는 심문 기법과 유사하죠.

1. 선역과 악역 전략, 왜 효과적일까?

이 전략은 상대방의 심리적 혼란과 안도감을 활용하는 전략입니다.

(1) 악역의 압박으로 상대방을 지치게 한다

악역은 강압적인 태도, 비판적인 언사, 비현실적인 요구 등을 통해 상대방에게 심리적 압박감을 주어 협상에 대한 피로도와 스트레스를 높입니다. 상대방은 '이 협상은 도저히 안 되겠다'는 생각에 지쳐가죠.

(2) 선역의 개입으로 안도감을 준다

악역의 압박이 최고조에 달했을 때 선역이 등장합니다. 선역은 이해심 많고 합리적인 태도로 상대방의 고충을 헤아려주는 모습을 보입니다. "제가 죄송하게 됐습니다. 저 친구가 좀 과격해서요. 하지만 제 생각엔 이런 식으로 해결하면 어떨까요?"라며 마치 상대방의 편을 드는 것처럼 행동하죠.

(3) 상대방의 '선역 편들기' 심리 유도

악역에게서 벗어나고 싶어 하는 상대방은 자연스럽게 선역에게 의지하고 신뢰하게 됩니다. 선역이 제시하는 '합리적인' 대안이 실제로는 팀의 이익을 위한 것이더라도, 상대방은 이를 '구원'이나 '탈출구'로 인식하여 쉽게 받아들일 가능성이 커집니다.

2. 선역과 악역 전략, 언제 가장 강력할까?

이 전략은 특히 다음과 같은 상황에서 위력을 발휘합니다.

(1) 강경한 태도를 누그러뜨려야 할 상대방이 있을 때

상대방이 고집이 세거나 비협조적인 태도를 보일 때, 악역의 압박이 초기 저항을 무너뜨리고 선역이 제시하는 대안에 귀 기울이게 만들 수 있습니다.

고집스러운 고객과의 계약을 예로 들어보겠습니다.

당신은 신제품을 출시하며 핵심 고객사와의 계약을 추진 중입니다. 고객사 대표는 매우 고집스럽고 까다로운 성격으로 알려져 있습니다. 회의 초반, 당신의 동료(악역)는 "이 조건은 저희가 더 양보할 수 없습니다. 계약하지 않으시면 저희도 다른 대안을 찾아봐야 할 겁니다!"라고 강경하게 나갑니다. 고객사 대표의 표정이 굳어지고 회의 분위기는 냉랭해집니다. 이때 당신(선역)이 나서서 "대표님, 진정하시죠. 저희 팀원도 회사를 대변하느라 좀 격해졌네요. 하지만 대표님께서 말씀하신 비용 문제, 저희도 충분히 이해합니다. 그럼 이 부분은 저희가 다시 논의해서 다음 주까지 새로운 제안을 하는 건 어떠세요?"라고 부드럽게 제안합니다. 고객사 대표는 악역의 압박에서 벗어나고 싶은 마음에 선역인 당신의 제안을 받아들여 다음 협상 기회를 열어줄 것입니다.

(2) 정보를 얻어내거나 상대방의 한계점을 파악해야 할 때

악역의 강도 높은 질문이나 비판은 상대방을 당황하게 만들어 의도치 않은 정보를 노출하게 할 수 있습니다. 이후 선역이 진정시키는 과정에서 더 깊은 정보를 얻거나 상대방의 진짜 한계점을 파악할 수 있습니다.

가격 협상에서 상대의 마지노선 파악을 사례를 들어보겠습니다.

당신은 원자재 공급업체와 가격 협상 중입니다. 악역인 당신의 팀원은 "이 가격으로는 도저히 수지타산이 맞지 않습니다! 도대체 마진율이 얼마길래 이럽니까?"라고 몰아붙입니다. 상대방이 당황하며 "아니, 저희도 남는 게 거의 없습니다. 최대 5%밖에 안 됩니다!"라고 무심코 대답하면, 당신(선역)은 "알겠습니다. 5%라는 거군요. 저희 팀원이 좀 격하긴 했지만, 솔직한 말씀을 해주셔서 감사합니다. 그럼 그 안에서 저희가 어떻게 할 수 있을지 다시 논의해볼까요?"라고 상황을 수습하며 상대의 마지노선을 확인하는 식입니다.

3. 선역과 악역 전략 사용 시 유의사항: 성공의 조건

이 전략은 효과적이지만, 매우 세밀한 준비와 팀워크가 필요합니다.

(1) 명확한 역할 분담과 사전 조율

누가 선역이고 누가 악역을 맡을지, 언제 악역이 등장하고 언제 선역이 개입할지 등 사전 시나리오와 역할 분담을 명확히 해야 합니다. 팀원 간의 호흡이 맞지 않으면 전략 자체가 노출되어 역효과를 낼 수 있습니다.

(2) 상대방에게 전략이 간파되지 않도록

너무 과장되거나 반복적으로 사용하면 상대방은 '짜고 치는 고스톱'이라고 판단하고 전략에 넘어가지 않습니다. 악역의 압박이 너무 심해 상대방이 아예 대화 자체를 거부할 수도 있습니다. 자연스럽고 현실적인 연기가 중요합니다.

(3) 진정한 '해결책' 제시

선역이 단순한 위로자가 아니라, 실제로 상대방이 받아들일 만한 '합리적인 대안'을 제시해야 합니다. 악역이 만든 심리적 압박을 통해 상대방이 선역의 제안을 '덜 나쁜 선택'으로 여기도록 유도하는 것이 목표입니다.

(4) 장기적인 관계 고려

단기적인 이득을 위해 너무 강압적인 악역을 사용하거나 상대방을 기만하는 방식으로 전략을 사용하면, 협상 이후의 관계에 치명적인 손상을 줄 수 있습니다. 특히 지속적인 관계가 중요한 협상에서는 신중하게 접근해야 합니다.

4. 결론: 선역과 악역 전략은 언제 필요할까?

선역과 악역 전략은 협상에서 상대방의 태도를 변화시키고 원하는 결과를 얻어내는 강력한 심리전입니다.

상대방의 강경한 태도를 누그러뜨려야 할 때
협상 초기에 상대방의 저항선을 시험하거나 정보를 얻어내야 할 때
한 협상가만으로는 해결하기 어려운 복합적인 압박과 설득이 필요할 때

이 전략은 팀워크와 치밀한 계획이 뒷받침될 때 가장 효과적입니다. 하지만 신뢰를 해치지 않는 선에서, 그리고 장기적인 관계를 고려하여 현명하게 활용하는 것이 핵심입니다. 당신의 협상팀은 때때로 '두 얼굴'을 가질 준비가 되어 있습니까?

협상에서 공정성(Fairness)은 합의 도출과 관계 유지에 매우 중요한 요소입니다. 하지만 공정성은 단순히 객관적인 기준에 의해서만 평가되는 것이 아닙니다. 협상 당사자가 스스로 협상 과정과 결과를 얼마나 공정하다고 느끼는지, 즉 주관적 공정성 인식(Subjective Fairness Perception)에 따라 그 의미가 크게 달라질 수 있습니다. 객관적으로는 같은 조건일지라도, 상대방이 이를 불공정하다고 받아들인다면 협상은 예상치 못한 난관에 부딪힐 수 있습니다.

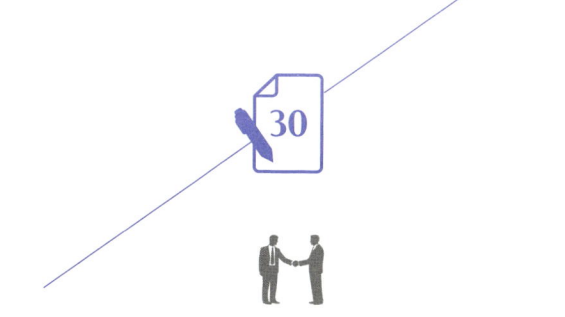

주관적 공정성 인식이 협상에 미치는 영향:
숨겨진 위험과 현명한 대응

1. 주관적 공정성 인식이 협상에 가져오는 위험

주관적 공정성 인식이 협상에 미치는 영향은 단순한 불만을 넘어, 협상 자체의 실패나 장기적인 관계 악화로 이어질 수 있습니다.

(1) 감정적 반발과 협상 결렬 가능성

사람들은 본능적으로 자신에게 불리하다고 판단되는 상황에 대해 감정적으로 반발하는 경향이 있습니다. 협상 내용이 객관적으로 합리적이라 할지라도, 상대방이 이를 주관적으로 불공정하다고 느끼면 감정적인 반응이 표출됩니다. 이러한 감정적 반발은 이성적인 판단을 흐리게 하고, 결국 협상 결렬로 이어질 가능성을 높입니다.

연봉 협상에서의 감정적 상황에서의 가상 사례를 보겠습니다.

한 직원이 연봉 협상에서 회사로부터 시장 평균에 맞는 인상률을 제안받았습니다. 하지만 그 직원이 '나와 비슷한 경력과 역량을 가진 동료는 나보다 더 높은 인상률을 받았다'라고 주관적으로 인식하면, 제시된 인상률이 객관적으로 합리적이라 할지라도 불공정하다고 느끼고 강하게 반발할 수 있습니다. 이러한 주관적인 '상대적 박탈감'은 협상 결렬의 원인이 되기도 합니다.

(2) 협상 후 후회(Post-Negotiation Regret)와 지속적인 갈등 유발

협상이 타결되었다고 해서 모든 문제가 끝나는 것은 아닙니다. 한쪽 당사자가 협상 결과를 주관적으로 불공정하다고 느낀다면, 시간이 지난 후에도 협상 후 후회(Post-Negotiation Regret)가 발생할 수 있습니다. 이러한 후회는 상대방에 대한 불신을 키우고, 향후의 협상이나 관계에서 비협조적인 태도를 유발하여 장기적인 갈등의 씨앗이 될 수 있습니다.

인수·합병(M&A) 후의 발생할 수 있는 직원 불만 사례입니다.

어떤 기업이 다른 기업을 인수하는 인수·합병(M&A) 협상에서, 인수 기업은 피인수 기업 직원들에게 퇴직금이나 스톡옵션을 객관적인 시장 수준에서 보장했다고 가정해 봅시다. 그러나 만약 피인수 기업 직원들이 자사의 가치나 미래 성장 가능성을 실제보다 과대평가하고 있었다면, 인수 기업의 제안을 주관적으로 불공정하다고 느껴 불만이 계속될 수 있습니다. 이는 합의 이후에도 조직 내 갈등을 유발하고, 인수 기업에 대한 신뢰 하락으로 이어질 수 있습니다.

(3) 협상 파트너 신뢰 하락 및 비협조적인 태도 유발

협상에서 신뢰(Trust)는 원활한 진행과 성공적인 결과에 필수적인 요소입니다. 주관적 공정성 인식이 충돌할 경우, 한쪽 당사자는 상대방에 대한 신뢰를 잃게 됩니다. 이로 인해 상대방은 다음 협상에서 성실하게 임하지 않거나, 의도적으로 비협조적인 태도를 보여 협상 과정을 더욱 어렵게 만들 수 있습니다.

(4) 협상 전략의 왜곡

협상에서는 객관적인 기준과 논리를 바탕으로 전략을 세워야 합니다. 그러나 주관적 공정성 인식이 강하게 작용하면, 협상 전략이 감정적으로 흐르거나 비합리적인 방향으로 왜곡될 수 있습니다. 한쪽이 이미 상당한 양보를 했음에도 불구하고 "나는 아직 더 받을 자격이 있다."라는 주관적 인식을 가지면, 추가적인 요구를 계속할 수 있습니다. 반대로, 다른 쪽은 "우리는 이미 충분히 양보했다."라는 주관적 공정성을 주장하며 더 양보하지 않으려 할 수도 있습니다. 이는 협상을 비효율적으로 만들고, 합리적인 결과 도출을 방해합니다.

2. 『논어』에서 배우는 공정성 인식의 지혜

공자의 『논어』에는 공정성 인식과 관련된 깊이 있는 교훈이 담겨 있습니다. 공자의 "군사유어의, 소인유어리(君子喩於義, 小人喩於利)"는 "군자는 의(義)를 따르고, 소인은 이(利)를 따른다."라는 의미입니다. 공정성을 개인적 이익이 아닌 보편적이고 도덕적인 기준에서 봐야 한다는 의미로도 볼 수 있습니다. 즉, 공정성은 객관적인 '의(義)'의 기준에서 판단해야 하며, 지나치게 '이(利)'(개인적 이익)에만 초점을 맞추면 불공정성을 느끼기 쉬워진다는 의미입니다.

이는 협상에도 중요한 시사점을 제공합니다. 공정성을 객관적 기준(법, 계약, 관례 등) 없이 오로지 개인적 관점에서만 해석하려 한다면 협상은 실패할 가능성이 커질 수 있습니다.

이는 현대 협상에서도 중요한 시사점을 제공합니다. 즉, 공정성에 관한 판단이 감정적 접근이 아닌 논리적 접근을 통해 이루어져야 하며, 단기적인 이익 추구보다는 장기적인 신뢰 구축이 협상의 성패를 결정짓는 핵심 요소가 될 수 있습니다.

3. 주관적 공정성 인식의 위험을 줄이는 방법

주관적 공정성 인식이 협상에 미치는 부정적인 영향을 최소화하고 성공적인 합의를 이끌어 내기 위해서는 다음과 같은 전략적 접근이 필요합니다.

(1) 객관적 기준(Objective Criteria) 적극 활용하기

협상에서 공정성을 주장하거나 제안할 때, 감정이나 추측이 아닌 객관적인 데이터와 사실을 제시해야 합니다. 예를 들어, 연봉 협상에서는 업계 평균 임금 데이터나 특정 직무의 시장 가치를, 부동산 거래에서는 최근 유사 매물의 실거래가나 공시지가 등을 제시하여 주관적인 공정성 논란을 사전에 방지할 수 있습니다.

(2) 상대방의 입장을 미리 고려하고 대응 전략 세우기

협상 전에 상대방이 어떤 기준에서 공정성을 판단할지, 그리고 어떤 점을 불공정하다고 느낄 수 있을지 예측하고 이에 대한 논리적이고 설득력 있는 답변을 준비해야 합니다. 예를 들어, 가격 협상에서 "우리 회사의 제안 가격은 현재 시장 상황과 제품의 독점적 기술력을 고려할 때 가장 합리적인 수준이다."라는 점을 협상 초기에 명확히 설명함으로써, 이후 상대방의 감정적 반발을 줄일 수 있습니다.

(3) 협상 중 공정성에 대한 기대치를 조율하기

협상이 진행되는 동안 상대방이 불공정하다고 느끼지 않도록, 계속해서 기대치를 관리하고 조율하는 것이 중요합니다. 예를 들어, 인수합병 협상에서 "이번 제안은 현재 시장 상황에서 피인수 기업이 받을 수 있는 매우 경쟁력 있는 조건임을 여러 전문가 분석을 통해 확인했다."라고 설명하며 협상 결과에 대한 상대방의 만족도를 높일 수 있습니다.

(4) 협상 후 불만을 최소화하기 위한 사후 관리(Post-Negotiation Management)

협상이 끝난 후에도 상대방이 합의 결과를 진정으로 받아들이고 만족하도록 지속적인 사후 관리가 필요합니다. 기업 간 협상에서는 합의 이행 과정에서 발생할 수 있는 문제에 대한 적극적인 사후 지원을 통해 상대방의 불만을 최소화할 수 있습니다. 외교 협상에서는 합의 후에도 추가적인 보완 조치나 소통 채널 유지를 통해 상대국의 만족도를 높이고 신뢰를 공고히 할 수 있습니다.

4. 결론: 협상에서 주관적 공정성 인식을 현명하게 다루는 법

협상에서 진정한 성공을 위해서는 단순히 객관적인 공정성을 확보하는 것만으로는 부족합니다. 상대방이 협상 과정을 어떻게 느끼는지 주관적 공정성 인식이 협상 성공과 관계의 지속 가능성에 지대한 영향을 미칩니다. 이러한 악영향을 최소화하기 위해서는 다음과 같이 요약될 수 있습니다.

주관적 공정성 인식이 협상 결렬과 장기적인 갈등을 초래할 수 있음을 사전에 인식하고 대응해야 합니다.

객관적 기준을 적극적으로 활용하고, 협상 과정에서 상대방의 기대를 섬세하게 조율하여 감정적 반발을 예방해야 합니다.

협상 후에도 발생할 수 있는 불만을 최소화하기 위한 사후 관리 전략을 반드시 고려해야 합니다.

결국, 협상에서 진정한 공정성을 확보하는 것은 객관적인 사실과 상대방의 주관적인 인식을 조화롭게 조율하는 능력에 달려 있습니다. 공정성에 대한 감정적 반응을 최소화하고, 논리적이고 객관적인 접근 방식을 취할 때 협상은 더욱 성공적으로 마무리될 수 있으며, 지속 가능한 협력 관계를 구축할 수 있을 것입니다.

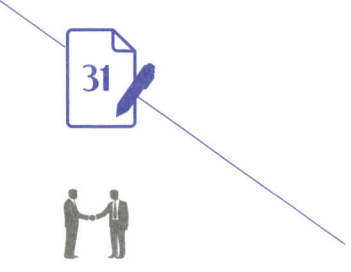

협상 성공의 적:
지나친 과신(Over-Confidence)

협상에서 적절한 자신감은 필수적이지만, 지나친 확신은 오히려 독이 될 수 있습니다. 과신(Over-Confidence)은 자신의 능력과 협상력을 과대평가하고, 협상 결과가 기대대로 진행될 것이라고 맹목적으로 믿는 심리적 편향입니다. 이러한 과신은 협상자를 비현실적인 기대로 이끌고, 상대방의 전략과 역량을 간과하게 만들며, 결국 협상을 불리한 방향으로 흐르게 할 수 있습니다.

1. 협상에서 과신이 초래하는 위험

과신은 다양한 방식으로 협상에 부정적인 영향을 미쳐 합의 도달을 어렵게 하거나 불리한 결과를 초래합니다.

(1) 협상 가능성 과대평가로 인한 결렬

과신에 빠진 협상가는 자신이 원하는 결과가 반드시 달성될 것이라고 믿으며, 상대방이 제시하는 합리적인 대안이나 타협점을 무시하는 경향이 있습니다. 이는 상대방이 다른 선택지를 찾아 떠나게 만들고, 결국 협상 결렬로 이어질 수 있습니다.

예를 들면, 한 스타트업이 대기업과의 투자 유치 협상에서 "우리 기술이 독보적이므로, 이 기업 외에는 투자할 곳이 없을 것."이라고 과신했습니다. 이에 스타트업은 대기업의 투자 조건에 대해 지나치게 강경한 태도를 유지했고, 합리적인 대안을 제시하려는 대기업의 노력을 무시했습니다. 결국, 대기업은 더 유연한 다른 스타트업에 투자하기로 하면서 협상이 결렬되었고, 해당 스타트업은 투자 유치에 실패했습니다.

(2) 상대방 협상력 과소평가

과신은 협상자에게 상대방을 충분히 분석하지 않고, 오직 자신의 전략만으로 협상을 주도할 수 있다고 믿게 만듭니다. 그러나 모든 협상 상대방은 나름의 전략, 강점, 그리고 약점을 가지고 있습니다. 이를 간과하는 것은 예상치 못한 역공에 당하거나, 애초에 고려하지 못한 손실을 초래할 수 있습니다.

예를 들면, 한 국가가 특정 희귀 광물의 수출 협상에서 "우리 광물은 필수적이므로, 수입국은 우리가 원하는 조건을 받아들일 수밖에 없을 것."이라고 과신했습니다. 그러나 수입국은 이미 대체 가능한 광물 개발에 투자하거나, 다른 공급처를 비밀리에 확보하고 있었습니다. 이를 알지 못했던 수출국은 협상에서 제시한 강경한 조건 때문에 오히려 협상력이 약해졌고, 결국 예상보다 불리한 조건으로 계약을 맺거나 심지어 협상이 장기전이 되는 어려움을 겪었습니다.

(3) 비현실적인 목표 설정과 유연성 상실

과신하는 협상가는 달성 불가능한 목표를 지나치게 높게 설정하고, 협상이 진행되면서도 이를 유연하게 조정하지 않으려 합니다. 현실적으로 타결될 수 없는 목표를 고집하면 협상의 기회를 놓치거나, 불필요한 시간과 자원의 낭비를 초래할 수 있습니다.

예를 들면, 촉망받는 신인 야구 선수의 에이전트가 선수의 연봉 협상에서 시장 평균이나 구단의 재정 상태를 고려하지 않고, 과거 최고 연봉 선수 수준의 금액을 고집했습니다. 구단은 에이전트의 비현실적인 요구에 난색을 하자, 에이전트가 이를 굽히지 않는 사이 다른 능력 있는 신인 선수들이 합리적인 조건으로 먼저 계약을 체결했습니다. 결국, 이 선수는 다른 팀과 협상하거나, 기존 구단과 훨씬 낮은 조건에 계약할 수밖에 없었던 상황이 됐습니다.

(4) 일방적인 주장과 경청 부족

과신에 빠진 협상가는 자신의 주장만을 강조하고 상대방의 의견을 충분히 경청하지 않는 경향이 있습니다. 협상은 기본적으로 상호 조율과 타협을 통해 이루어지는 과정이므로, 일방적으로 나의 입장만 고집한다면 신뢰가 무너지고 관계가 나빠질 가능성이 큽니다. 이는 장기적인 협력 관계에도 부정적인 영향을 미칩니다.

예를 들면, 대규모 IT 프로젝트 계약 협상에서 한 소프트웨어 개발사가 "우리 기술이 최고이므로, 우리의 요구 조건을 받아들이는 것이 고객에게 가장 이득이다."라고 주장하며 고객사의 실제 필요사항이나 우려 사항을 경청하지 않았습니다. 개발사는 자신들의 기술 우위만 내세우며 일방적인 계약 조건을 제시했고, 결국 고객사는 개발사의 불통에 실망하여 비슷한 역량을 가진 경쟁사와의 계약 기회를 택했습니다.

(5) 손실을 인정하지 못하는 오류(Sunk Cost Fallacy)

과신은 협상자에게 이미 많은 시간과 자원을 투자했기 때문에 협상을 포기하면 안 된다는 착각에 빠지게 합니다. 이는 '매몰 비용 오류(Sunk Cost Fallacy)'로 이어져, 협상이 더는 유리하지 않거나 심지어 더 큰 손실이 예상되는 상황에서도 인정하지 않고 협상을 지속하려는 경향을 보입니다. 이는 결국 더 큰 손실을 초래할 수 있습니다.

가상의 사례를 보겠습니다. 한 국내 기업이 해외 시장 진출을 위해 특정 현지 파트너와의 협상에 수년간 공을 들였으나, 현지 시장 상황 변화와 파트너의 비협조적인 태도로 인해 여러 차례 결렬 위기를 겪었습니다. 그런데도 기업은 "우리는 많은 것을 투자했으니 이 협상을 성공시킬 수 있다."라는 과신에 사로잡혀, 더 나은 대안인 다른 현지 파트너나 시장 자체를 고려하지 않았습니다. 결국, 이 기업은 막대한 시간과 비용을 낭비하고도 해외 시장 진출에 실패하거나, 최소한의 성과만을 거두는 데 그쳤습니다.

2. 협상에서 과신을 피하는 방법

성공적인 협상을 위해서는 과신을 경계하고, 현실적이고 유연한 태도를 유지하는 것이 중요합니다.

(1) 객관적인 데이터 기반의 전략 수립

자신의 협상력이 실제로 얼마나 강한지, 그리고 상대방의 상황은 어떠한지 객관적인 데이터를 통해 철저히 분석해야 합니다. '우리 제품이 시장에서 최고'라는 막연한 믿음이 아니라, 실제 시장 점유율, 경쟁사 분석, 소비자 반응 등 구체적인 근거를 바탕으로 협상 전략을 수립해야 과신에 빠지는 것을 방지할 수 있습니다.

(2) 상대방의 협상력을 과소평가하지 않기

상대방이 가진 대안(BATNA), 강점, 약점, 그리고 협상 전략을 충분히 고려하고, 이에 맞는 대응책을 마련해야 합니다. 경쟁사의 가격 정책이나 기술력, 혹은 상대방 내부의 정치적 상황 등을 자세하게 파악함으로써 협상에서 불리한 위치에 놓이는 것을 피할 수 있습니다.

(3) 현실적인 목표 설정과 유연성 유지

최초의 협상 목표를 절대적인 기준으로 삼지 말고, 협상이 진행되면서 발생하는 새로운 정보나 상황 변화에 따라 목표를 조정할 수 있는 유연성을 가져야 합니다. 현실적으로 달성 가능한 목표를 설정하고, 필요하다면 타협할 준비를 하는 것이 중요합니다.

(4) 적극적인 경청과 피드백 반영

자신의 주장만을 내세우기보다, 협상 중 상대방의 의견을 주의 깊게 경청하고 그들의 반응과 피드백을 적극적으로 반영하여 협상 전략을 조정해야 합니다. 이는 신뢰를 구축하고, 상호 이익을 위한 창의적인 해결책을 찾는 데 필수적입니다.

(5) 실패 가능성 고려 및 대비

협상이 항상 성공할 것이라고 가정하는 것은 위험합니다. 협상이 결렬될 경우를 대비한 바트나를 미리 마련하고, 최악의 시나리오에 대한 준비를 해두어야 합니다.

이는 과신을 방지하고, 실제 협상에서 더 강한 협상력을 발휘할 수 있는 기반이 됩니다.

3. 결론

과신(Over-Confidence)은 협상에서 비현실적인 기대를 형성하고, 상대방의 협상력을 과소평가하며, 합리적인 합의를 방해하여 결국 협상 결렬로 이끌 수 있는 위험 요소입니다. 협상에서 진정한 성공을 거두려면 단순히 자신감을 넘어, 객관적인 데이터를 기반으로 현실적인 전략을 수립하고, 상대방의 입장을 경청하며, 유연하고 개방적인 태도를 유지하는 것이 중요합니다. 과신을 극복하고 자신감을 전략적 사고로 전환할 때, 협상은 단순한 승패를 넘어 지속 가능한 가치를 창출하는 기회로 변화할 수 있을 것입니다.

협상가의 평판 관리:
성공적인 협상을 위한 무형의 자산

협상 테이블에 앉기 전, 협상가를 둘러싼 평판(Reputation)은 이미 그 협상의 절반을 결정할 수 있습니다. 평판이란 협상가가 과거에 어떻게 행동했는지, 상대방에게 얼마나 신뢰를 주는지, 그리고 어떤 협상 스타일을 가졌는지에 대한 총체적인 평가를 의미합니다. 이는 단순한 '소문'을 넘어, 협상 과정과 결과에 직접적인 영향을 미치는 매우 중요한 무형의 자산입니다.

긍정적인 평판을 가진 협상가는 상대방의 신뢰를 쉽게 얻고, 협상 과정에서 더 유리한 조건을 이끌어 낼 가능성이 큽니다. 반대로, 신뢰를 잃거나 부정적인 평판을 가진 협상가는 협상 시작 전부터 상대방의 경계와 의심을 불러일으켜 불리한 입장일 수밖에 없습니다.

1. 협상가의 평판이 중요한 이유

협상가의 평판은 단순히 '좋은 이미지'를 넘어, 실제 협상력과 결과에 직접적인 영향을 미칩니다.

(1) 신뢰 형성 및 협상력 강화

협상에서 신뢰(Trust)는 가장 중요한 요소 중 하나입니다. 신뢰할 수 있는 협상가로 알려지면, 상대방은 불필요한 방어적 태도를 덜 취하고 보다 개방적이고 건설적인 논의에 임할 가능성이 큽니다. 이는 협상 과정의 마찰을 줄이고, 상호 이익을 위한 창의적인 해결책을 찾는 데 이바지해 궁극적으로 협상력을 강화합니다.

반대로, 신뢰를 잃은 협상가는 상대방의 강경한 태도와 의심에 직면하게 되며, 협상 과정이 더욱 복잡하고 어려워질 수 있습니다. 상대방은 약속 이행에 대한 의구심 때문에 더 많은 안전장치를 요구하거나, 아예 협상 자체를 꺼릴 수도 있습니다.

(2) 장기적인 관계 구축 및 미래 기회 창출

많은 협상은 단발성 거래로 끝나지 않고, 이후에도 지속적인 협력과 관계 유지가 필요한 경우가 많습니다. 긍정적인 평판을 가진 협상가는 다른 협상에서도 유리한 출발점을 가질 수 있으며, 상대방이 '다음에 또 함께 일하고 싶은' 파트너로 인식하게 만듭니다. 이는 새로운 비즈니스 기회나 협력의 문을 열어주는 핵심적인 요소가 됩니다.

(3) 협상 시작 전 유리한 첫인상 형성

협상에서 첫인상은 매우 중요하며, 협상가의 평판이 이를 결정짓는 중요한 요소가 됩니다. 협상 전에 상대방이 협상가에 대해 긍정적인 정보를 접했다면, 협상이 시작될 때부터 우호적이고 협력적인 분위기가 형성될 수 있습니다.

예를 들어, 특정 분야에서 '합리적이고 협력적인 스타일로 유명하다'라는 평판을 가진 협상 전문가가 참여한다고 알려지면, 상대방은 긍정적인 기대를 안고 협상에 임하게 됩니다. 이러한 사전 정보는 협상을 보다 건설적인 방향으로 이끌고, 불필요한 오해나 불신을 줄이는 데 크게 이바지합니다.

(4) 협상 전략의 예측 가능성 높여 효율성 증대

일관성 있는 긍정적 평판이 형성되면, 상대방은 그 협상가가 어떤 스타일로 협상할지 예측할 수 있으며 이에 따라 보다 효율적으로 협상을 준비할 수 있습니다. 예측 가능한 협상가는 상대방에게 신뢰를 주고, 협상 과정에서 불필요한 마찰이나 시간 낭비를 줄이는 효과를 가져옵니다.

공정하고 투명한 협상 스타일을 일관되게 유지한 협상가는 이후 협상에서도 같은 태도를 유지할 것으로 기대되며, 상대방은 불필요한 방어 기제를 덜 가동하고 합의 도출이라는 본질적인 목표에 집중할 수 있습니다.

(5) 부정적인 평판이 초래하는 치명적 불이익

반대로, 협상가가 부정직하거나 일방적이며 심지어 기만적인 태도가 알려지면, 상대방은 협상을 피하거나 극도로 방어적인 자세를 취할 것입니다. 나쁜 평판은 한 번 형성되면 쉽게 바뀌지 않으며, 이후 협상에서 계속해서 치명적인 불리한 요소로 작용할 수 있습니다.

만일 한 기업이 과거 협상에서 합의된 계약 조건을 일방적으로 변경하거나 약속을 어긴 적이 있다면, 이후 협상에서는 상대방이 불신을 드러내며 추가적인 강력한 안전장치를 요구하거나, 아예 협상 자체를 거부할 확률이 높아집니다. 이는 기업의 미래 사업 기회를 심각하게 제한할 수 있습니다.

2. 메이저리그 FA 계약 협상 사례

스포츠, 특히 메이저리그 FA(Free Agent, 자유계약선수) 계약 협상에서는 협상가 (구단 단장, 에이전트)의 평판이 실제 계약 결과에 지대한 영향을 미칩니다. 이는 개인 또는 조직의 협상 평판이 직접적인 금전적 결과로 이어지기 때문입니다.

사례를 통해 평판 관리의 중요성을 살펴보도록 하겠습니다.

(1) FA 선수 계약의 복합성

메이저리그 FA 계약은 단순히 선수의 실력만을 보고 금액을 결정하는 것이 아닙니다. 선수 측 에이전트와 구단 측 단장은 계약 기간, 총액, 연봉 분배, 옵션, 트레이드 거부권 등 복잡한 조건을 협상해야 합니다. 이 과정에서 양측 협상가의 평판은 매우 중요한 역할을 합니다.

좋은 평판의 에이전트들은 통상 아래의 3가지 요소를 갖추고 있습니다.

높은 신뢰도

어떤 에이전트가 과거 협상에서 '현실적이고 합리적으로 요구하며 약속을 잘 지킨다'는 평판이 있다면, 구단은 그 에이전트와 협상할 때 더 큰 신뢰를 보냅니다. 구단은 이 에이전트가 제시하는 조건에 대해 '과장되지 않았을 것'이라고 믿고, 협상 과정에서 불필요한 의심이나 탐색 과정을 줄일 수 있습니다.

빠른 합의 가능성

신뢰는 협상 속도를 높입니다. 구단은 평판이 좋은 에이전트와는 '시간 낭비'를 하지 않아도 된다고 판단하여, 더 신속하게 합의에 도달하려 할 것입니다. 이는 선수에게도 유리하게 작용하여 빠르게 새 팀을 찾을 수 있게 합니다.

상호 이익 추구

좋은 평판의 에이전트는 선수에게 최적의 조건을 이끌어내면서도, 구단의 재정적, 전략적 상황을 무시하지 않는다는 인식을 줍니다. 이는 장기적으로 구단과의 관계를 긍정적으로 유지하여, 향후 다른 소속 선수의 계약 협상에서도 유리한 위치를 점할 수 있게 합니다.

하지만 나쁜 평판의 에이전트들은 다음과 같은 요소들로 인해 순조로운 합의를 하는 게 쉽지 않게 됩니다.

불신과 경계심

지나치게 비현실적인 요구를 하고, 약속을 어기거나, 언론 플레이를 과도하게 한다'라는 평판을 가진 에이전트가 있다면, 구단은 그 에이전트와의 협상을 극도로 꺼리거나 방어적인 태도를 보입니다. 구단은 에이전트의 제안을 믿지 않고 모든 정보를 다시 확인하려 들며, 협상 과정에서 불필요한 마찰과 의심이 증폭됩니다.

협상 난항 및 결렬

신뢰 부족은 협상 과정의 투명성을 떨어뜨리고, 타협점을 찾기 어렵게 만듭니다. 결국, 협상은 길어지거나 결렬될 가능성이 커지며, 선수는 시장에서 제 가치를 받지 못하거나 심지어 팀을 찾지 못하는 상황이 될 수도 있습니다.

미래 협상의 불이익

한 번 나빠진 평판은 해당 에이전트가 소속된 다른 선수들의 미래 계약 협상에도 부정적인 영향을 미칩니다. 구단들은 해당 에이전트와 협상하는 것을 꺼리거나, 더욱 보수적인 조건을 제시하려 할 것입니다.

이처럼 메이저리그 FA 계약 협상 사례는 협상가의 평판이 단순히 윤리적 문제를 넘어, 실제적인 금전적 손실과 기회 상실로 이어질 수 있음을 보여주는 강력한 증거입니다.

3. 협상가의 평판을 효과적으로 관리하는 방법

협상가는 장기적인 성공을 위해 자신의 평판을 신중하게 관리해야 합니다. 다음은 평판 관리를 위한 핵심적인 방법들입니다.

(1) 일관성 있는 협상 스타일 유지

예측 가능성 제공

협상에서 일관되고 예측 가능한 태도를 유지하는 것이 신뢰 구축의 기본입니다. 협상 스타일이 지나치게 변덕스럽거나 예측 불가능하다면, 상대방은 협상자를 신뢰하기 어렵고 매번 새로운 방식으로 접근해야 한다는 부담을 느낄 것입니다.

명확한 원칙

공정성, 투명성, 상호 존중 등 자신이 중요하게 생각하는 협상 원칙을 일관되게 적용하여 상대방에게 긍정적인 인식을 심어주어야 합니다.

(2) 정직하고 투명한 협상 태도 견지
약속 이행
협상에서 합의한 사항은 반드시 이행하고, 약속을 어기지 않는 것이 평판 관리의 핵심입니다. 작은 약속이라도 지키지 않으면 신뢰는 쉽게 무너집니다.

정보의 진실성
불필요한 속임수나 허위 정보를 사용하지 않는 것이 중요합니다. 단기적인 이득을 위한 기만적인 행동은 장기적인 평판에 치명적인 손상을 입힙니다. 필요한 경우, 모든 정보를 공개할 수 없다면 차라리 공개하지 않는 것이 기만하는 것보다 낫습니다.

(3) 상대방의 입장 존중 및 상호 이익 추구
경청과 공감
일방적인 요구가 아니라, 상대방의 입장과 이해관계를 주의 깊게 경청하고 존중하는 태도를 보여야 합니다. 이는 상대방이 존중받고 있다는 느낌을 받게 하여 신뢰 구축에 기여합니다.

윈-윈(Win-Win) 지향
단순히 자신의 이익만을 고집하기보다, 상대방도 만족할 만한 상호 이익이 되는 해결책을 찾으려 노력하는 모습이 중요합니다. 이는 '협력적인 협상가'라는 긍정적인 평판을 형성합니다.

(4) 협상 이후에도 관계 유지 및 신뢰 공고화
지속적인 소통
협상이 끝났다고 관계가 단절되는 것은 아닙니다. 합의 이행 과정을 함께 확인하고, 발생할 수 있는 문제에 대해 소통하며 해결책을 모색하는 것이 중요합니다.

피드백 수용

상대방의 피드백에 열린 자세를 보이고, 혹시 부정적인 의견이 있다면 이를 개선하려는 노력을 보여줌으로써 긍정적인 평판을 지속적으로 관리해야 합니다.

4. 결론

협상가의 평판은 협상의 결과를 결정짓는 핵심 요소이자, 협상 성공의 무형 자산입니다. 메이저리그 FA 에이전트의 현실적 사례가 보여주듯, 신뢰할 수 있는 협상가는 협상이 시작되기 전부터 유리한 고지를 점하고, 상대방과의 협상을 원활하게 진행하며, 더 나은 조건을 얻을 가능성이 큽니다. 따라서 협상에서는 단기적인 성과뿐만 아니라, 장기적인 신뢰와 관계를 관리하는 것이야말로 협상의 성패를 결정하는 가장 중요한 요소임을 명심해야 합니다.

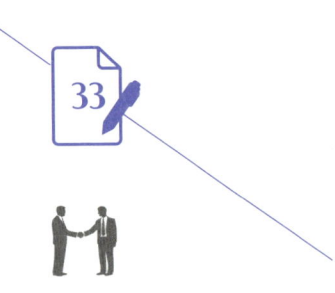

협상에서의 탑-다운, 바텀-업,
투-트랙 전략의 선택적 활용 방법

협상과 의사 결정은 비즈니스와 일상생활에서 불가분의 관계인 중요한 부분입니다. 특히 조직의 형태나 협상 대상의 특성을 고려하여 탑-다운(Top-down), 바텀-업(Bottom-up), 투-트랙(Two-track)이라는 세 가지 전략을 적재적소에 활용하는 것이 중요합니다. 각 전략은 고유한 장단점을 가지고 있어 상황에 맞춰 유연하게 적용해야 성공적인 결과를 이끌어 낼 수 있습니다.

1. 탑-다운(Top-down) 전략: 리더십이 이끄는 신속한 결정

(1) 개념

탑-다운 전략은 조직의 고위층(리더, 경영진, 정책 결정권자)이 주도적으로 결정을 내리고, 그 아래 조직이 이를 실행하는 방식입니다. 마치 거대한 함선의 선장이 항해의 방향을 결정하면, 모든 선원이 그 지시에 따라 움직이는 것과 같습니다. 이는 명확한 지시와 신속한 의사 결정이 필요할 때 특히 효과적입니다.

(2) 언제 활용하면 좋을까?

위기 상황에서 신속한 결정이 필요할 때

예상치 못한 긴급 상황에서는 즉각적인 판단과 실행이 생명입니다. 예를 들어, 코로나19 팬데믹 초기 각국 정부가 봉쇄 조치를 신속하게 결정하고 시행했듯이,

빠른 대응이 요구될 때 탑-다운 전략은 혼란을 줄이고 효율적인 위기 관리를 가능하게 합니다. 기업 구조조정과 같은 민감한 사안에서도 경영진의 빠르고 단호한 결정이 필요할 수 있습니다.

대규모 프로젝트나 전략적 협상이 필요할 때

국가 간 외교 협상, 대기업 간 인수·합병(M&A), 혹은 막대한 자원이 투입되는 글로벌 프로젝트에서는 최고 의사결정권자 간의 합의가 중요합니다. 리더들이 큰 틀에서 합의를 이루면 실무진의 실행 과정이 훨씬 원활해집니다. 대기업의 인수합병처럼 중대한 사안은 CEO나 이사회가 직접 나서서 주요 결정을 내리는 경우가 많습니다.

중앙집권적 조직 문화에서

정부 기관, 군대, 전통적인 대기업처럼 위에서 결정하고 아래에서 실행하는 문화가 강한 조직에서 탑-다운 전략은 자연스럽게 작동합니다. 군사 작전에서 지휘관의 명령이 즉각적으로 하달되거나, 경쟁이 치열한 시장에서 신제품 출시를 위해 경영진이 신속한 결정을 내리는 것처럼, 효율적인 시스템 운영에 적합합니다.

(3) 한계점

탑-다운 전략은 신속함과 강력한 리더십을 제공하지만, 조직 구성원의 창의성과 자율성을 제한할 수 있습니다. 또한, 리더의 판단이 잘못되면 조직 전체가 큰 화를 입을 가능성이 있으며, 실무진의 참여 부족으로 실행 과정에서 예상치 못한 문제가 발생할 수도 있습니다. 마치 선장의 잘못된 판단이 배 전체를 위험에 빠뜨릴 수 있는 것과 같습니다.

2. 바텀-업(Bottom-up) 전략: 현장의 목소리가 만드는 혁신

(1) 개념

바텀-업 전략은 현장 직원, 실무진, 이해관계자가 의견을 수렴하고 이를 바탕으로 결정을 만들어가는 방식입니다. 이는 마치 수많은 작은 물방울들이 모여 거대한 강을 이루는 것처럼, 현장의 생생한 아이디어와 피드백이 모여 강력한 해결책을 만들어내는 것을 의미합니다. 특히 창의적인 해결책과 실행력이 중요할 때 효과적입니다.

(2) 언제 활용하면 좋을까요?

창의성과 혁신이 중요한 협상이나 프로젝트일 때

스타트업, IT 기업, 연구개발(R&D) 프로젝트와 같이 끊임없는 아이디어와 실험이 필요한 분야에서는 실무진이 자유롭게 의견을 제시하고 토론하는 것이 더 나은 결과를 가져옵니다. 구글의 '20% 프로젝트'처럼 직원들이 자율적으로 연구한 아이디어가 Gmail이나 구글 광고 프로그램(Google AdSense)과 같은 실제 제품으로 연결된 사례는 바텀-업 전략의 성공을 보여줍니다. 오픈 소스 개발 협업 역시 개발자들이 자유롭게 참여하며 혁신적인 기술을 창출하는 대표적인 예입니다.

조직이 유연하고 민주적인 의사결정이 필요할 때

수평적 조직 문화를 가진 기업이나 기관에서는 실무진의 아이디어와 의견을 적극 반영하는 것이 조직의 만족도와 참여도를 높이는 데 기여합니다. 팀원들이 주도적으로 의사 결정을 내리고 유연하게 프로젝트를 운영하는 애자일(Agile) 방식이 바로 바텀-업 전략의 좋은 예시입니다.

지역사회 기반 협상에서 효과적

지역 주민, 중소기업, 비영리 단체 등 다양한 이해관계자의 의견을 수렴해야 하는 협상에서는 바텀-업 전략이 필수적입니다. 개발과 환경 보호 사이의 균형점을 찾기 위해 지역 주민들의 의견을 반영하거나, 지속 가능한 해결책을 도출하기 위한 커뮤니티 기반 프로젝트를 수행할 때 바텀-업 방식은 더 큰 공감대와 실행력을 확보할 수 있습니다.

(3) 한계점

바텀-업 전략은 혁신과 참여를 이끌어내지만, 의사결정 속도가 느려질 수 있다는 단점이 있습니다. 다양한 의견이 너무 분산되면 결정이 모호해지거나 합의에 이르기 어려울 수 있으며, 여러 사람의 참여로 인해 책임 소재가 불분명해질 위험도 존재합니다.

3. 투-트랙(Two-track) 전략: 균형과 시너지를 위한 양방향 접근

(1) 개념

투-트랙 전략은 '탑-다운'과 '바텀-업' 방식을 결합하여 고위층과 실무진이 동시에 협상을 진행하며 상호보완적으로 작동하는 방식입니다. 이는 마치 철로의 두 개의 레일이 나란히 놓여 기차가 안정적으로 나아가는 것처럼, 큰 방향성과 구체적인 실행이 동시에 진행되어 시너지 효과를 창출합니다. 고위층은 큰 그림을 그리고, 실무진은 그 그림을 바탕으로 세부 사항을 조율하며 현실화합니다.

(2) 언제 활용하면 좋을까요?

정부 간 외교 협상에서 효과적

국가 정상들이 큰 틀의 합의(탑-다운)를 도출하고, 외교관들이 세부 사항을 협상하고 조정(바텀-업)하는 방식으로 진행됩니다. 기후변화 대응을 위한 국제 협정 체결 시, 각국 정상들이 기본적인 방향성에 합의한 후 실무진이 구체적인 온실가스 감축 목표나 이행 방안을 마련하는 것이 대표적인 예입니다.

기업 간 전략적 협상에서 적합

대기업 간 특허 협상이나 전략적 제휴 시, CEO나 경영진이 핵심적인 합의를 이끌어낸 후 법무팀이나 실무팀이 구체적인 계약 조건과 내용을 조율하는 방식이 효과적입니다. 이는 상위 의사 결정권자의 비전과 실무진의 전문성이 결합되어 복잡한 협상을 성공적으로 이끌 수 있게 합니다.

노동조합 협상에서 효과적

기업 경영진(탑-다운)은 회사의 전반적인 경영 방침과 예산 내에서 큰 방향성을 설정하고, 노동조합 대표와 실무진(바텀-업)은 임금, 복지, 근로 조건 등 세부적인 사항에 대해 협상을 진행합니다. 이를 통해 상위 결정권자의 의지와 현장 근로자들의 요구 사항이 조화를 이룰 수 있습니다.

(3) 한계점

투-트랙 전략은 균형 잡힌 접근 방식을 제공하지만, 탑-다운과 바텀-업 간의 의견 충돌이 발생하는 경우 협상이 지연될 수 있다는 단점이 있습니다. 또한, 두 개의 트랙을 효과적으로 조율하고 정보를 공유하는 과정에서 추가적인 비용과 시간이 소요될 수 있습니다.

4. 결론: 언제 어떤 전략을 활용해야 할까요?

성공적인 협상과 의사 결정을 위해서는 각 전략의 특성을 깊이 이해하고, 당면한 상황에 맞춰 가장 적절한 전략을 유연하게 활용하는 것이 핵심입니다. 아래 표는 각 전략의 주요 특징과 활용 상황을 한눈에 볼 수 있도록 정리한 것입니다.

전략 유형	활용하기 좋은 상황	주요 장점	주요 단점
탑-다운	신속한 결정이 필요할 때. 외교, 인수·합병, 위기 대응	빠른 의사 결정, 강력한 리더십	창의성 제한, 실무진 참여 부족
바텀-업	창의적 아이디어가 필요한 경우. 민주적 조직 운영	혁신적 해결책, 조직 참여도 높음	의사 결정 속도 느림. 책임 불분명
투-트랙	외교 협상. 기업 전략 협상. 노사 협상	균형 잡힌 접근, 효과적 실행	조율 어려움, 추가 비용 발생

특정 전략이 항상 우월하다고 말할 수는 없습니다. 중요한 것은 현재 처한 상황의 긴급성, 중요성, 조직의 특성, 그리고 협상 대상과의 관계를 면밀하게 분석하여 최적의 협상 전략을 선택하는 지혜입니다.

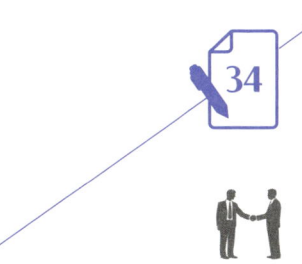

탑-다운(Top-down) 협상 전략:
닉슨의 핑퐁 외교, 미·중 관계 정상화

1972년, 전 세계는 놀라움과 기대 속에 한 역사적인 순간을 지켜봤습니다. 미국 대통령 리처드 닉슨이 현직 대통령으로는 최초로 중국 본토를 방문하여 최고 지도자 마오쩌둥과 직접 회담을 가진 것입니다. 이는 단순한 정상회담을 넘어, 당시 얼어붙었던 미·중 관계의 빗장을 열고 냉전 시대 국제 정치의 판도를 뒤흔든 전형적인 '탑-다운(Top-down)'협상 전략의 교과서적인 사례로 평가됩니다.

1. 얼어붙은 관계, 새로운 모색: 협상의 배경

한국전쟁 이후 20년 가까이 국교를 단절하고 적대적인 관계를 유지해 온 미국과 중국. 그러나 1970년대 초, 국제 정치 구도에는 미묘한 변화의 바람이 불기 시작했습니다.

(1) 소련의 부상과 중·소 갈등의 격화

막강한 군사력으로 부상하는 소련은 미국과 중국 모두에게 위협적인 존재였습니다. 특히 중국은 소련과의 국경 분쟁(우수리강 충돌 등)을 겪으며 소련을 더 큰 위협으로 인식하고 있었습니다. 이러한 배경 속에서 미국은 중국을 소련 견제의 잠재적 파트너로 주목하기 시작했습니다.

(2) 민간 교류를 통한 탐색(핑퐁 외교)

1971년 4월, 미 탁구 대표팀이 중국을 방문하고 중국 탁구팀이 답방하는 '핑퐁 외교'가 이루어지면서 양국 간 민간 교류의 물꼬가 트였습니다. 이는 경직된 양국 관계에 유연성을 부여하고, 닉슨 대통령의 방중이라는 파격적인 정치적 행보에 대한 대중의 심리적 준비를 돕는 중요한 전초전 역할을 했다고 볼 수 있습니다.

(3) 미국의 전략적 고려

닉슨 대통령과 국가안보보좌관 헨리 키신저는 냉전의 판을 뒤집을 '전략적 카드'로 중국을 점찍었습니다. 그들의 구상은 명확했습니다. '중국을 외교적 고립에서 끌어내 소련을 포위하는 전략'을 통해 미국의 안보를 강화하고, 길어지던 베트남 전쟁에서 중국의 간접 지원을 막거나 중립화하는 외교적 필요성도 크게 작용했습니다.

(4) 중국의 현실적 필요

마오쩌둥과 저우언라이 역시 미국과의 관계 개선이 절실했습니다. 소련의 위협에 맞서 국가 생존을 도모하고, 국제사회에서 고립되어 있던 중국의 경제 개방과 발전을 위한 새로운 돌파구가 필요했기 때문입니다.

2. 판을 바꾼 정상의 결단: 협상 방식의 핵심

미·중 관계 정상화 협상은 일반적인 실무 협상이 아니라, 정상 간의 직접적인 '빅딜'이 선행된 탑-다운 방식의 전형을 보여줍니다.

(1) 1단계: 키신저의 비밀 방중 - 물밑 사전 포석 (1971년)

헨리 키신저는 1971년 파키스탄을 지나 극비리에 베이징을 방문합니다. 이 자리에서 그는 중국 최고위층과 양국 간 회담 의사를 확인하고, 닉슨 대통령의 공식 방중 계획을 논의하며 역사적인 물꼬를 틉니다. 이는 정상회담의 성공을 위한 필수적인 사전 조율 과정이었습니다.

(2) 2단계: 닉슨-마오의 정상회담 - 판을 뒤흔든 직접 대화 (1972년 2월)

1972년 2월, 닉슨 대통령은 현직 미국 대통령으로는 최초로 중국 본토를 방문하는 대담한 행보를 보였습니다. 그는 마오쩌둥, 저우언라이 등 중국 최고 지도부와 직접 대면하여 핵심 외교 의제를 논의했습니다. 이 회담에서 양국 관계 정상화의 큰 틀, 타이완 문제에 대한 원칙적 입장, 그리고 소련 견제에 대한 상호 공감대가 형성되었습니다. 최고위층 간의 직접적인 소통과 합의는 수십 년간 얽혀 있던 복잡한 난제를 단숨에 풀어내는 열쇠가 되었습니다.

(3) 3단계: 상하이 공동성명 및 실무 협상-합의를 현실로 (1972년 이후)

정상 간의 큰 방향성 합의가 이루어진 후, 양국 외교 당국은 그 결과를 담은 '상하이 공동 성명(Shanghai Communiqué)'을 발표했습니다. 이 공동 성명은 양국 관계의 새로운 지평을 열었음을 공식적으로 선언하며, 이후 미·중 외교 관계 수립을 위한 실무 논의가 본격화되었습니다. 이 과정은 카터 대통령 시기인 1979년 공식 수교로 이어지며 비로소 미·중 관계 정상화의 대장정을 마무리 지었습니다.

1972년 중국을 방문한 리차드 닉슨

3. 협상 결과

분야	성과
외교 관계	1979년 미국–중국 국교 수립의 기반 마련
안보 전략	소련을 견제하는 미·중 협력 구조 형성
정치 상징성	냉전 체제를 흔든 역사적 전환점
경제·외교 교류	이후 중국의 개방·국제 무대 복귀 가속화

닉슨의 중국 방문은 단순한 외교 이벤트를 넘어섰습니다. 이 협상은 냉전 시기 견고했던 양극 체제에 균열을 내고, 다극화된 국제 질서의 시대를 예고하는 중대한 이정표가 되었습니다.

4. 이 협상이 주는 협상 전략의 시사점

닉슨의 미·중 관계 정상화 사례는 협상 전략가들에게 다음과 같은 깊은 통찰을 제공합니다.

(1) 정상 간의 '탑-다운 결정'은 빠르고 강력한 방향 전환을 가능하게 한다.

복잡하게 얽힌 이해관계와 수십 년간 계속된 외교적 교착 상태도 최고 의사결정 권자의 결단과 직접적인 합의를 통해 단숨에 전환점을 마련할 수 있음을 보여줍니다. 실무진이 수년간 풀어내지 못할 문제를 정상이 '프레임' 자체를 바꿔 돌파하는 힘을 입증한 것입니다.

(2) '전략적 계산'이 협상의 기반이 될 수 있다.

당시 미국과 중국은 서로에 대한 깊은 불신이 있었지만, 강력한 공동의 위협(소련)에 대한 전략적 필요성이 양측을 협상 테이블로 이끌었습니다. 상대를 신뢰하지 않더라도, 서로를 이용할 수 있다는 냉철한 전략적 판단이 협상 성립의 출발점이 될 수 있음을 시사합니다.

(3) 정상 간 합의 이후 실무 협상은 조정·세부화 단계로 전환된다.

탑−다운 방식은 먼저 큰 틀의 목표와 방향성을 설정하고, 이후 실무팀이 이를 구체적으로 실행하고 세부 사항을 조율하는 '정치적 프레임 선도'형 협상 구조를 가능하게 합니다. 이는 목표가 명확하고 강력한 리더십이 요구되는 협상에서 매우 효과적입니다.

5. 결론: 정점의 결단이 만드는 역사적 전환점

1972년 닉슨−마오 회담은 현대 국제 협상 역사에서 가장 성공적이고 상징적인 탑−다운 전략의 사례 중 하나로 손꼽힙니다. 이는 정상 간의 직접 대화가 단순히 관계를 개선하는 것을 넘어, 협상의 판 자체를 새롭게 구성하고 예상치 못한 전략적 승부수를 만들어낼 수 있음을 보여줍니다. 복잡한 다자간 이해관계가 얽힌 상황에서 '정점의 결단'이 외교의 돌파구가 될 수 있다는 강력한 메시지를 던지며, 기업 인수합병, 정치적 합의, 국제 중재 등 다양한 분야의 협상에 여전히 유효한 시사점을 제공하는 고전적인 협상 모델입니다.

이러한 역사적 사례를 통해 독자들은 탑−다운 전략이 언제, 어떻게 강력한 힘을 발휘하는지 생생하게 이해할 수 있을 것입니다.

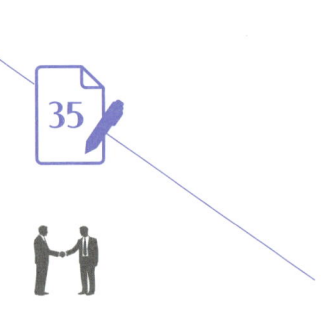

바텀-업 (Bottom-up) 협상 전략 :
토요타 (Toyota)의 린 (Lean) 생산 시스템

　20세기 중반, 세계 자동차 산업의 중심은 미국이었습니다. 하지만 조용히 그리고 끈질기게 혁신을 추구하던 일본의 작은 자동차 회사 토요타는 기존의 탑-다운 (Top-down) 생산 방식을 뒤엎고, 현장 근로자들의 자율성과 아이디어를 기반으로 하는 혁신적인 '바텀-업(Bottom-up)' 시스템을 구축했습니다.

　이는 단순한 생산 기술의 변화를 넘어, 조직 내부의 갈등을 해결하고, 변화에 대한 합의를 형성하며, 궁극적으로 혁신을 이끌어내는 협상 방식에 대한 새로운 패러다임을 제시한 사례로 평가받습니다.

1. 혁신의 배경

　1950년대 후반, 토요타는 생산성, 품질, 원가 경쟁력 모든 면에서 미국 빅3(포드, GM, 크라이슬러)에 비해 현저히 뒤처져 있었습니다. 단순히 기술을 모방하는 것을 넘어, 생산 시스템 자체를 근본적으로 개혁해야 한다는 절박한 인식이 있었습니다. 이때 토요타는 타이이치 오노(Taiichi Ohno)를 중심으로, 현장 직원들의 생생한 경험과 통찰력에서 해답을 찾기 시작했습니다. 이들은 경영진의 지시가 아닌, 현장 근로자들의 참여와 피드백을 중심으로 문제를 해결하고 개선하는 구조를 설계하며 린 생산 시스템의 초석을 다졌습니다.

2. 현장이 주도하는 개선: 린 생산 시스템의 작동 방식과 협상적 의미

토요타의 린 생산 시스템은 현장 근로자들의 적극적인 참여와 권한 위임을 통해 구현되었으며, 이 과정에서 내부 협상과 합의 형성의 원리가 깊숙이 배어 있습니다.

(1) 카이젠(改善) 개념 도입: 모두가 혁신가이자 협상 참여자다

모든 직원이 지속적인 개선(Continuous Improvement)을 제안하도록 적극적으로 장려했습니다. 이는 단순히 문제를 보고하는 것을 넘어, "이 문제를 이렇게 해결해야 한다."라는 자신들의 '해결 제안'을 제시하는 것입니다. 이러한 제안이 실행되기 위해서는 다른 동료, 팀 리더, 때로는 상위 관리자와 '내부 협상' 과정이 필수적입니다. 자신의 아이디어가 왜 중요한지, 어떻게 구현될 수 있는지, 어떤 이점을 가져올지 설득하고 합의를 이끌어내는 과정이 반복되었습니다.

(2) 안돈(Andon) 시스템: 문제 해결을 위한 현장의 '권한 협상'

생산 라인에 이상 상황이 감지되면 현장 작업자가 생산 라인을 스스로 정지시킬 수 있는 권한을 가졌습니다. 이는 "문제가 발생했으니 라인을 멈춰야 한다."고 현장 작업자가 선언하고, 그에 대해 조직 전체(경영진 포함)가 '동의'하는 내부적 합의 시스템입니다. 생산 라인 정지는 단기적인 손실을 의미하지만, 현장의 판단을 신뢰하고 그에 따르는 암묵적인 협상과 합의가 이뤄졌기에 가능한 일이었습니다. 이는 책임과 권한의 과감한 분산을 통해 현장의 자율성을 극대화한 사례입니다.

(3) 현장 중심의 의사 결정 구조: 문제의 답은 현장에 있다는 '믿음의 협상'

토요타는 '문제를 가장 잘 아는 사람은 현장에 있는 사람'이라는 확고한 인식 아래, 실무진이 개선안을 제안하고, 팀 단위로 이를 심도 있게 검토한 후 도입하는 절차를 정착시켰습니다. 관리자들은 지시하기보다는 현장의 목소리에 귀 기울이고, 직원들이 스스로 문제를 해결하도록 돕는 촉진제 역할을 하며, 현장의 제안에 대한 '수용과 지원'이라는 비언어적 협상을 진행했습니다. 팀 단위의 검토 과정 또한 팀 내에서의 '집단 협상'이자 '합의 형성' 과정이라고 할 수 있습니다.

(4) 지속적 피드백 루프 구축: 끊임없는 '조정'과 '재협상'의 순환

단기적인 성과에 집중하기보다, 지속적인 학습과 변화에 초점을 맞추었습니다. 현장에서 상향식으로 축적된 수많은 개선 제안들은 단순히 일회성 아이디어로 그치지 않고, 전사(全社)적인 시스템의 표준화와 지속적인 혁신으로 이어지는 피드백 루프를 형성했습니다. 이는 어떤 기준이나 방식이 절대적인 것이 아니라, 현장의 피드백을 통해 끊임없이 '협상' 하고 '조정' 할 수 있음을 보여주는 과정입니다. 실행 과정에서 발생하는 문제점에 대해 다시 논의하고, 수정하고, 보완하는 반복적인 '협상'과 '합의'의 순환이 일어났습니다.

토요타의 생산 시스템 방식

3. 혁신이 만든 성과: 글로벌 표준으로의 도약

토요타의 바텀-업 방식은 놀라운 결과를 가져왔습니다.

(1) 린 생산 시스템(Lean Manufacturing)의 글로벌 확산

토요타 방식은 미국, 유럽, 한국 등 전 세계 주요 제조 기업들이 벤치마킹하는 생산 시스템의 표준으로 자리 잡았습니다.

(2) 비용 절감과 품질 향상의 동시 달성

불필요한 재고와 낭비를 최소화하고, 품질 문제를 초기에 발견하여 즉시 해결함으로써 경쟁사 대비 훨씬 낮은 생산 단가와 높은 품질이라는 두 마리 토끼를 잡을 수 있었습니다.

(3) 직원 동기 부여 및 조직 문화 혁신

작업자가 단순히 지시를 따르는 존재가 아니라, 스스로 개선의 주체가 되고 조직 변화의 파트너로 존중받는 문화를 형성했습니다. 이는 직무 만족도와 몰입도를 극대화하여 구성원의 능동적인 참여를 이끌어냈습니다.

4. 바텀-업 협상 전략이 주는 시사점: 현장의 힘과 내부 합의의 중요성

토요타의 린 생산 시스템은 바텀-업 전략이 얼마나 강력한 혁신 동력이 될 수 있는지를 여실히 보여주며, 이는 협상 전략적 관점에서도 중요한 시사점을 제공합니다.

(1) 혁신은 반드시 위에서 시작될 필요는 없으며, 현장의 '의제 설정'이 중요하다.

변화는 현장을 가장 잘 아는 사람들의 문제 인식과 개선 제안에서 시작될 때 가장 강력한 실행력을 가질 수 있습니다. 이는 조직 내부의 다양한 이해관계자들이 스스로 협상의 '의제'를 설정하고 제시할 수 있도록 하는 것이 중요함을 의미합니다.

(2) 바텀-업 시스템은 장기적으로 조직의 회복 탄력성과 경쟁력을 강화하며, '권한 위임'이 협상 주체를 확대한다.

실무자가 '지시를 기다리는 수동적 존재'가 아니라 조직의 전략 실행을 견인하는 능동적 파트너로 전환될 때, 기업은 급변하는 환경 속에서 유연성과 창의성을 함께 확보할 수 있습니다. 의사 결정 권한이 위임되면서 더 많은 구성원이 내부 협상의 주체가 되어 조직 전체의 '협상 능력'이 향상됩니다.

(3) 의사 결정 권한의 분산은 통제력 약화가 아니라, 조직 에너지의 확산이다.

토요타는 핵심 결정을 모두 경영진이 내린 것이 아니라, 의사 결정의 책임과 권한을 일선까지 배분함으로써 전체적인 효율과 혁신을 높이는 방식을 택했습니다.

이는 통제보다는 권한 위임이 조직 전체의 에너지를 폭발시키는 지름길임을 보여줍니다. 이러한 과정은 지속적인 '합의'와 '조정'을 통해 조직의 변화 수용성을 높이는 협상 과정이기도 합니다.

5. 결론: 현장의 통찰이 만드는 지속 가능한 혁신과 합의

토요타의 린 생산 시스템은 단순한 생산 기술의 개선을 넘어, 바텀-업 방식의 철학과 구조가 만들어낸 조직적 혁신이자, 내부 협상 전략의 성공 사례입니다. 이는 복잡한 문제를 해결할 때, 현장 구성원들의 문제 인식, 창의적인 제안, 그리고 적극적인 실행이 어떻게 강력한 성과로 이어질 수 있는지를 보여주는 교과서적인 사례입니다.

탑-다운 방식이 빠른 결정과 강력한 리더십을 통해 외부 위기를 돌파하는 데 효과적이라면, 토요타의 사례는 바텀-업이 조직 내부의 다양한 이해관계자와 끊임없는 '합의 형성'과 '권한 위임'을 통해 지속적이고 확장 가능한 혁신을 추구할 때 가장 효과적인 방식임을 명확히 보여줍니다.

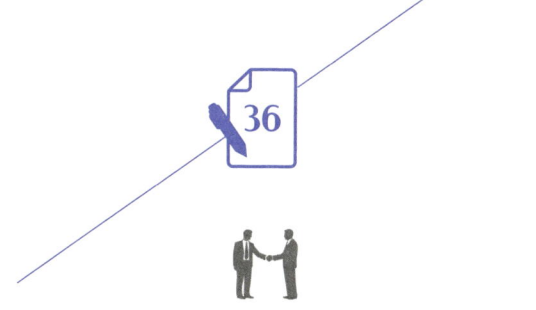

투-트랙(Two-Track) 협상 전략 : 콜롬비아 정부와 콜롬비아 무장 혁명군 협상

50년 넘게 이어진 무력 충돌, 수많은 희생자와 난민, 그리고 사회 전반에 깊게 뿌리내린 불신. 콜롬비아는 오랜 내전으로 몸살을 앓아왔습니다. 그러나 2012년부터 2016년까지 진행된 콜롬비아 정부와 콜롬비아 무장 혁명군(FARC: Fuerzas Armadas Revolucionarias de Colombia) 평화 협상은 오랜 내전을 끝내는 중요한 계기가 되었습니다.

당시 후안 마누엘 산토스 대통령에게 노벨평화상을 안겨준 이 협정은 단순한 정부 – 반군 간의 공식 대화를 넘어, 다층적인 채널과 이해관계자들의 복합적인 참여가 이루어 낸 '투–트랙' 협상 전략의 살아있는 교훈으로 평가받습니다. 이번 사례는 엄밀히 보면 '다중 트랙' 협상 전략이라고도 볼 수 있습니다만 '투–트랙'의 응용이라는 관점에서 정리했습니다.

1. 오랜 내전과 협상 실패의 배경

콜롬비아 내전은 1960년대 초, 토지 개혁과 불평등 해소를 요구하는 좌익 게릴라 조직 무장 혁명군이 결성되면서 시작됐습니다. 이들은 이후 마약 밀매, 납치, 테러 등으로 세력을 확장했고, 콜롬비아는 수십 년간 폭력과 혼란, 경제 불안에 시달렸습니다. 정부는 수차례 군사적 진압을 시도했지만 실패했고, 과거의 평화 협상 시도 또한 번번이 좌절되었습니다. 특히 1999년부터 2002년까지 이어진 협상이 공식 채널에만 의존하다 무너진 경험은 훗날 '공식 협상만으로는 부족하다'는 교훈을 남겼습니다.

2000년대 후반, 콜롬비아 정부는 미국의 '플랜 콜롬비아(Plan Colombia)'지원을 받아 무장 혁명군에 대한 군사적 압박을 강화했습니다. 그러나 아무리 군사력을 동원해도 내전의 불씨를 완전히 끄는 것은 불가능하다는 냉철한 판단에 이르렀고, 결국 협상만이 유일한 해결책이라는 결론에 도달했습니다.

2. 다층적 접근 방식: 투 트랙 협상의 작동

콜롬비아 평화 협상은 극심한 불신과 복잡한 이해관계 속에서, 마치 여러 개의 톱니바퀴가 정교하게 맞물려 돌아가듯 다층적인 전략으로 진행됐습니다.

(1) 공식 고위급 채널 (탑-다운): 정치적 의지와 미래를 논하다.

2012년, 노르웨이와 쿠바의 중재로 마침내 공식 협상 테이블이 열렸습니다. 콜롬비아 정부 대표단과 무장 혁명군 최고 지도부가 직접 대면하여 논의했습니다. 이들은 무장해제, 무장 혁명군의 정치 참여 보장, 농업 개혁, 불법 마약 문제, 그리고 전쟁 피해자 배상과 같은 매우 복잡하고 민감하며 정치적인 핵심 의제들을 다뤘습니다. 최고위층 간의 직접 대화는 평화에 대한 강력한 의지를 대내외에 천명하고, 협상에 필요한 정치적 정당성과 추진력을 확보하는 역할을 했습니다.

(2) 비공식·제3자 채널 (바텀-업): 신뢰를 쌓고 현실을 조율하다.

동시에, 다양한 비공식 채널과 제3자 그룹이 활발히 움직였습니다. 정부와 무장 혁명군은 직접 접촉하기 어려운 문제나 교착 상태에 빠진 논의에서 중립적인 제3국(노르웨이, 쿠바)의 외교 채널을 통해 비공식 메시지를 주고받았습니다. 이는 공개된 장에서는 말하기 어려운 민감한 제안이나 의도를 탐색하는 데 중요한 역할을 했습니다.

주목할 점은 시민사회, 종교계, 학계 등 다양한 주체들이 바텀-업 방식으로 협상에 참여했다는 것입니다. 이들은 전쟁 피해자와 무장 혁명군 간의 대화를 주선하고, 민간 사회의 목소리를 협상단에 전달하며, 무엇보다 오랜 불신으로 가득한 양측에 '신뢰의 다리'를 놓는 역할을 했습니다. 특히 과거 군인·경찰 납치 피해자들의 가족들이 무장 혁명군과의 비공식 접촉 창구가 되어 인질 석방과 같은 부분적 성과를 이뤄냈는데, 이러한 작은 성공들이 쌓여 거대한 평화 협상의 초석이 되었습니다.

이 두 채널은 단순히 병렬적으로 움직인 것이 아니라, 서로 유기적으로 연결된 톱니바퀴처럼 작동했습니다. 비공식 실무 협의에서 아이디어가 구체화되면 고위급 협상으로 전달되어 정치적 승인을 얻었고, 고위급의 정치적 합의는 다시 실무 협의가 더 유연하게 진행될 수 있는 환경을 조성했습니다.

3. 고난 끝에 찾아온 평화: 협상의 결과와 그 의의

무려 4년간의 길고 지난한 협상 끝에, 2016년 11월 24일 역사적인 평화 협정이 체결되었습니다.

(1) 평화협정 체결

콜롬비아 정부와 무장 혁명군은 그들의 무장해제, 정치 세력으로의 전환 보장, 농촌 개발, 불법 마약 퇴치, 전쟁 피해자 배상, 진실·화해 위원회 설치 등 폭넓고 포괄적인 합의를 이뤄냈습니다.

(2) 국민투표 부결 후의 극적 타결

하지만 최초의 협정은 2016년 국민투표에서 극적으로 부결되는 위기를 맞았습니다. 평화에 대한 열망만큼이나 무장 혁명군에 대한 불신이 컸던 것입니다. 그러나 정부는 좌절하지 않고 무장 혁명군과 즉시 재협상에 돌입하여 합의 내용을 조정한 끝에 같은 해 11월 극적으로 재서명하며 협정을 실행에 옮겼습니다. 이는 협상 과정에서 마주하는 실패가 결코 끝이 아님을 보여주는 사례입니다.

(3) 국제적 인정

후안 마누엘 산토스 대통령은 이 공로로 2016년 노벨평화상을 수상했으며, 콜롬비아 평화 협정은 전 세계적으로 '내전 종식의 모범 사례'이자 '분쟁 해결 협상 모델'로 주목받게 됐습니다.

콜롬비아 정부와 무장 혁명군 사이의 협상 타결 후 모습

4. 시사점: 다층적 협상 전략의 강력한 힘

콜롬비아 평화 협상은 복잡한 갈등 상황에서 투-트랙 전략, 나아가 다층적 협상 전략이 얼마나 중요한지를 보여주는 깊은 교훈을 남깁니다.

(1) 복잡한 갈등은 단일 채널로 풀 수 없다.

공식 협상 테이블만으로는 수십 년간 쌓인 불신과 이견을 해소하기 어렵습니다. 실무 채널, 비공식 대화, 제3자 중재, 그리고 시민사회와의 접촉 같은 다층적 메커니즘이 필수적입니다.

(2) 제3자의 역할이 결정적이다.

노르웨이와 쿠바는 중립적이고 신뢰받는 조력자로서 물리적 공간, 중재자 역할, 그리고 안전한 메시지 교환 창구를 제공했습니다. 이들의 개입 없이는 이 협상이 성사되기 어려웠을 것입니다. 이는 마치 복잡한 기계의 윤활유처럼, 제3자가 협상을 원활하게 만드는 데 핵심적인 역할을 한다는 것을 보여줍니다.

(3) 협상은 사회 전체의 참여가 필요하다.

피해자 단체, 종교계, 학계, 농민단체 등 다양한 목소리가 협상에 연결되면서,

전쟁 당사자 간의 불신을 메우는 다리 역할을 했습니다. 이는 평화가 단순히 지도자들의 결정이 아니라, 사회 전체의 공감대와 참여 없이는 계속되기 어렵다는 점을 시사합니다.

(4) 실패는 끝이 아니라 협상의 일부이다.

국민투표 부결이라는 예상치 못한 실패는 오히려 협상 당사자들에게 합의의 취약점을 보완하고, 더 많은 지지를 확보할 기회를 제공했습니다. 협상은 일회성이 아니라, 끊임없는 조율과 조정, 그리고 때로는 재협상의 연속이라는 점에서 매우 강력한 교훈을 줍니다.

5. 결론: 상호보완을 통한 협상의 완성

콜롬비아 정부와 무장 혁명군의 평화 협상은 투 트랙 전략, 나아가 다층적 협상 전략의 현대적 모범 사례입니다. 공식 외교 채널, 비공식 신뢰 채널, 제3자 중재, 그리고 시민사회 네트워크가 다층적으로 연결된 협상 구조는 가장 복잡하고 오래된 내전 상황에서도 실질적인 성과를 만들어낼 수 있음을 입증했습니다.

이 사례는 기업 간 인수합병 협상, 노사 협상, 다국적 분쟁, 지역 사회 갈등 등 다양한 협상 상황에 중요한 시사점을 제공합니다. 특히, 단순히 '협상 테이블'에서 이루어지는 것이 아니라, 그 뒤에서 다층적 메커니즘을 설계하고, 신뢰를 쌓고, 실패를 보완하며, 사회 전체를 연결하는 전략이 필요하다는 점을 명확히 보여줍니다. 콜롬비아 협상 사례를 통해 우리는 협상가의 진정한 역할이 단순히 '거래'를 성사시키는 것을 넘어, 사람과 사회, 그리고 미래를 연결하는 복합적인 설계자임을 깊이 느낄 수 있습니다.

제3장

협상 사례

당신의 조직은 협상의 경험을 단순한 기억으로 남겨두고
있지는 않습니까? 그 경험들을 자산으로 전환할 때
당신의 협상력은 비약적으로 성장할 것입니다. 이제부터
가상의 사례이지만 우리의 일상부터 기업, 국가 간의
협상 사례를 살펴볼 예정입니다. 이를 통해 독자분들의
협상력 향상에 많은 도움이 되기를 바랍니다.

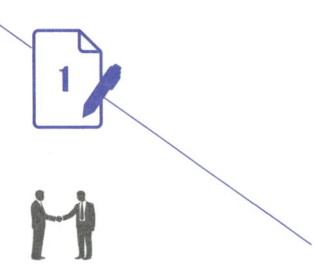

협상, 경험을 자산으로 만들다:
성공과 실패 사례 학습의 중요성

협상은 단순히 타고난 재능이나 그 순간의 운에 좌우되지 않습니다. 오히려 끊임없이 배우고 발전시켜야 하는 영역입니다. 한 번의 협상에서 얻은 성공과 실패의 경험을 단순히 기억하는 것을 넘어, 이를 체계적으로 기록하고 분석하여 조직의 귀중한 자산으로 만드는 과정은 미래 협상의 성과를 좌우하는 결정적인 요소가 됩니다. 왜 우리는 과거의 협상 사례를 깊이 파고들어 우리 것으로 만들어야 할까요?

1. 같은 실수를 반복하지 않고, 협상력의 지속적인 향상

협상에서 실수는 피할 수 없습니다. 하지만 똑같은 실수를 반복하는 것은 조직의 경쟁력을 무력화시킬 수 있습니다. 실패 사례를 제대로 기록하고 분석하지 않으면, 비슷한 상황에서 같은 오류를 되풀이할 가능성이 매우 커집니다. 반대로, 실패에서 무엇을 배웠는지 명확히 파악한 뒤 이를 자산화하면, 우리는 실패를 통해 더 나은 전략을 수립하고 협상력을 강화할 수 있습니다.

화이자(Pfizer)의 신약 개발 파트너십 협상 실패와 개선사례를 보겠습니다. 2000년대 중반, 글로벌 제약사 화이자(Pfizer)는 신약 후보 물질을 보유한 바이오 벤처와의 파트너십 협상에서 난항을 겪었습니다. 화이자는 과거의 성공 경험에만 의존해 표준적인 계약 조건을 고수했고, 바이오 벤처의 혁신적인 문화와 유연한 협상 요구를 제대로 이해하지 못했습니다. 결국, 협상은 결렬되었고, 해당 신약은 다른 경쟁사에 넘어가 큰 성공을 거두었습니다. 이 경험은 화이자 내부에 큰 교훈을 주었고, 이후 이들은 실패 사례를 철저히 분석하여 협상 프로세스를 재정비했습니다. 특히, 소규모 혁신 기업들과의 협상에서는 더욱 유연하고 상호 존중하는 접근 방식을 채택했으며, 파트너의 문화와 요구를 깊이 이해하려는 노력을 강화했습니다. 이러한 학습과 변화를 통해 화이자는 이후 여러 성공적인 파트너십을 체결하며 연구개발 역량을 더욱 확장할 수 있었습니다.

2. 성공한 협상 패턴 분석 및 전략 최적화

협상은 단발적인 성공보다는 계속해서 성공할 수 있는 능력을 구축하는 것이 중요합니다. 성공한 협상 사례를 깊이 분석하면, 어떤 전략과 접근 방식이 효과적이었는지 명확하게 파악할 수 있으며, 이는 향후 협상에서도 핵심 원칙으로 적용될 수 있습니다.

퀄컴(Qualcomm)의 표준 특허 협상 성공 사례를 보겠습니다. 글로벌 기술 기업들은 수많은 산업 표준 특허를 두고 복잡한 협상을 벌입니다. 이동통신 분야의 선도적인 기술 기업인 퀄컴(Qualcomm)은 특정 핵심 기술의 표준화 과정에서 경쟁사들과의 협상에서 연이어 유리한 결과를 이끌어냈습니다. 이들은 단순히 기술력 우위를 내세우기보다, 상대방의 장기적인 사업 목표와 상생 가능한 모델을 제시하는 협상 패턴을 발견했습니다. 즉, '우리에게만 유리한' 협상이 아니라, '함께 시장을 키우는' 협상을 제안하며 경쟁사들의 참여를 유도하고 기술 표준을 선점하는 데 성공했습니다. 이러한 성공적인 협상 패턴을 분석하고 표준화하여, 새로운 특허 협상이나 기술 제휴에서도 유사한 전략을 적용하여 지속적인 성과를 거두고 있습니다.

3. 협상 경험의 체계적 공유 및 조직 전체의 역량 강화

많은 조직에서 협상 경험은 종종 개인의 머릿속이나 사적인 기록으로만 남는 경우가 많습니다. 하지만 이러한 경험을 체계화하고, 내부 데이터베이스로 체계적으로 관리하면, 조직 전체가 같은 협상 노하우를 공유할 수 있게 됩니다. 이는 새로운 협상가들이 기존 경험을 바탕으로 빠르게 역량을 키우고, 조직 전체의 협상 전략에 일관성을 유지하는 데 필수적입니다.

글로벌 컨설팅 기업 맥킨지(McKinsey)의 지식 관리 시스템을 보겠습니다.

세계적인 컨설팅 기업인 맥킨지(McKinsey)는 수많은 고객과의 협상 경험을 체계적으로 기록하고 공유하는 '지식 관리 시스템(Knowledge Management System)'을 운영하는 것으로 유명합니다. 이들은 성공과 실패 사례, 주요 쟁점, 효과적인 전략 등을 데이터베이스화하고, 새로운 컨설턴트들이 이 방대한 자료를 학습하여 협상에 임하도록 합니다. 이러한 시스템 덕분에 맥킨지는 전 세계 어느 지사에서든, 어떤 컨설턴트가 협상에 나서든 일관되고 정교한 협상 역량을 발휘할 수 있습니다. 이는 개인의 역량을 넘어 조직 전체의 '협상 지능'을 극대화한 모범 사례입니다.

4. 협상의 장기적인 성공률 제고

협상에서 단기적인 성공도 중요하지만, 더욱 중요한 것은 장기적으로 성공할 확률을 높이는 것입니다. 협상 사례를 분석하고 학습하는 과정은 단순히 한두 번의 협상 성공을 넘어, 조직이 지속적으로 더 많은 성공을 거둘 수 있는 기반을 마련해 줍니다. 이는 기업의 지속 가능한 성장과 경쟁력 확보에 직접적인 영향을 미칩니다.

5. 협상 사례 학습과 자산화를 효과적으로 하는 방법

협상 경험을 효과적으로 자산화하기 위한 몇 가지 방법이 있습니다.

(1) 협상 데이터베이스 구축

협상 과정, 전략, 결과, 피드백 등 핵심 요소를 체계적으로 기록하고 관리할 시스템을 구축해야 합니다.

(2) 실패 공유 문화 조성

실패를 숨기지 않고, 어떤 점에서 문제가 있었는지 객관적으로 분석하는 문화를 만드세요. 책임을 묻기보다 실패에서 배울 점을 찾는 접근이 중요합니다.

(3) 성공 원칙 가이드라인화

성공적인 협상에서 적용된 원칙과 전략을 문서화하고, 이를 협상 팀 내에서 공유하며 지속적으로 업데이트해야 합니다.

(4) 시뮬레이션과 트레이닝 활용

과거 협상 사례를 기반으로 시뮬레이션과 역할극을 진행하여 실전 감각을 익히는 교육 프로그램을 운영함으로써, 협상가들이 실제 상황에서도 강력한 협상 근력을 갖추도록 돕습니다.

6. 결론: 협상, 경험을 먹고 성장한다

협상은 단순한 기술이 아니라, 조직이 계속해서 학습하고 발전시켜야 하는 핵심 역량입니다. 과거 협상의 성공과 실패를 체계적으로 학습하고 자산화하면, 협상력이 점점 강해지며 조직이 장기적으로 더욱 강력한 협상 전략을 구축할 수 있습니다. 당신의 조직은 협상의 경험을 단순한 기억으로 남겨두고 있지는 않습니까? 그 경험들을 자산으로 전환할 때 당신의 협상력은 비약적으로 성장할 것입니다. 이제부터 가상의 사례이지만 우리의 일상부터 기업, 국가간의 협상 사례를 살펴볼 예정입니다. 이를 통해 독자분들의 협상력 향상에 많은 도움이 되기를 바랍니다.

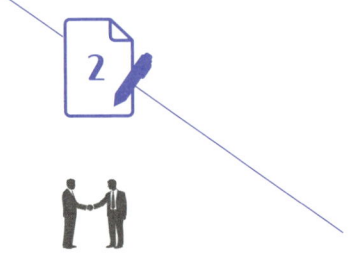

부동산 매매 협상 사례

1. 상황 설정: 경기도 B도시 아파트 매매 협상

대한민국 경기도 B도시의 신도시권 A아파트 단지에서 매매 협상이 진행되고 있습니다. 이 아파트는 교통과 교육 환경이 점차 개선되며 최근 수요가 증가하고 있고, 전용면적 84㎡ 기준 시세는 약 7억 원 전후로 형성되어 있습니다.

매수자 김○○ 씨(45세, IT 기업 중간 관리자)는 가족의 거주 환경을 개선하기 위해 이 아파트를 매입하려 하고 있습니다. 그는 합리적인 가격에 만족스러운 보금자리를 찾고자 합니다.

매도자 박○○ 씨(52세, 자영업자)는 투자 목적으로 보유하던 이 아파트를 시장 흐름이 더 꺾이기 전에 매도하려 하고 있습니다. 그는 최대한 높은 가격에, 그리고 신속하게 거래를 마무리하기를 원합니다.

가격뿐 아니라 계약 조건, 잔금 일정, 수리 여부, 입주일 등 다양한 요소들이 얽혀 있는 협상인 만큼, 양측 모두 철저한 준비와 전략적 접근이 필요한 상황입니다. 이와 관련 매수자와 매도자 입장에서 협상 사례를 살펴보겠습니다.

2. 매수자 김○○ 씨는 협상을 위해 무엇을 준비해야 할까요?

김○○ 씨는 단순한 '집 구하기'를 넘어 '협상'이라는 관점에서 접근했습니다. 그는 철저한 준비가 성공적인 거래의 핵심임을 알고 있었습니다.

(1) 시장 정보 수집 및 분석: 정보는 협상의 출발점

김OO 씨는 협상에 앞서 광범위한 정보 수집에 나섰습니다.

시세 및 실거래가 확인

해당 단지 및 인근 단지의 최근 거래 가격을 꼼꼼히 분석하여, 자신이 제시할 수 있는 협상의 목표가와 상하한가를 설정했습니다. 이는 객관적인 근거를 바탕으로 한 협상에 필수적입니다.

부동산 정책 확인

취득세, 중개수수료, 대출 가능 범위 등 부동산 관련 정책을 정확히 파악하여 실제 자신이 부담 가능한 금액을 명확히 했습니다. 이는 예기치 못한 비용으로 인한 협상력 약화를 막습니다.

매도자 상황 분석

부동산 중개인과의 대화를 통해 매도자의 매도 사유나 시간적 여유 여부 등 개인적인 사정을 파악하려 노력했습니다. 예를 들어, 매도인이 신축 아파트 잔금일이 임박했거나 이혼 등 급한 사정이 있다면, 이는 매수자에게 강력한 협상 지렛대가 될 수 있기 때문입니다.

(2) 협상 전략 수립: 치밀한 계획이 승패를 정한다

수집된 정보를 바탕으로 김OO 씨는 구체적인 협상 전략을 세웠습니다.

로우볼(Low Ball) 전략 적용

협상 초기에는 시세보다 낮은 6억 6천만 원 정도의 금액을 제시하여 매도자의 반응을 살펴보기로 했습니다. 이는 상대방에게 낮은 '앵커(Anchor)'를 설정하고, 매도인의 유연성을 시험하는 동시에, 자신의 협상 시작점을 유리하게 가져가는 전략입니다. 다만, 지나치게 공격적으로 보이지 않도록 유의하여 매도인의 감정을 상하게 하지 않으려 했습니다.

바트나(BATNA) 설정

해당 매물 외에도 검토 가능한 유사 매물을 미리 준비했습니다. 이는 협상 과정에서 심리적 여유를 가질 수 있게 하고, 특정 매물에 대한 집착으로 인해 협상력이 약해지는 것을 막아주는 강력한 방패가 됩니다. "이 집이 아니어도 괜찮다."라는 마음가짐은 협상에서 큰 힘을 발휘합니다.

상호 이익 기반 협상 준비

단순히 가격을 낮추기보다는 대금 일시불 지급, 빠른 계약 체결, 인테리어 부담 없음 등 매도자에게 도움이 될 수 있는 비금전적 요소를 함께 제시함으로써 협상의 폭을 넓히는 걸 목표로 했습니다. 이는 '파이를 키우는' 협상으로, 양측 모두에게 더 큰 가치를 창출할 수 있습니다.

(3) 감정 조절과 협상 태도: 이성적인 접근이 핵심 논리적이고 차분한 접근

감정보다는 수치와 사례를 근거로 설득하는 태도가 중요하다고 판단했습니다. 매물이 아무리 마음에 들어도 '포커페이스'를 유지하여, 자신의 급한 마음을 드러내지 않는 것이 협상에 유리하다는 것을 알고 있었습니다.

협상 단계를 단계적으로 설계

한번에 모든 조건을 요구하지 않고, 작은 양보부터 차근차근 이끌어가는 단계적인 접근이 효과적이라고 생각했습니다.

3. 매도자 박OO 씨, 협상을 위해 무엇을 준비해야 할까요?

박OO 씨 역시 자신의 아파트를 성공적으로 매도하기 위해 전략적인 준비를 했습니다.

(1) 자산 가치 분석 및 실제 수익 계산: 현실적인 목표 설정
시세 및 실거래가 확인

해당 단지의 거래 속도와 가격 흐름을 파악하고, 실거래가와 비교하여 협상 기준점을 마련했습니다. 이는 자신의 매물이 시장에서 어느 정도의 가치를 가지는 지 객관적으로 판단하는 데 중요합니다.

세후 수익 산정

양도세, 중개수수료, 기타 비용을 생각해 실제 손에 쥐는 금액을 계산하고, 이 금액 이하로는 팔지 않겠다는 하한선도 정해뒀습니다.

수요 상황 점검

현재 인근 매물 수나 대기 매수자의 유무를 확인하여 협상 주도권을 판단하려 했습니다. 매수자가 많고 매물이 적다면 매도자 우위 시장이므로 가격을 높게 부를 수 있습니다.

(2) 협상 전략 수립: 주도권 확보를 위한 움직임

하이볼(High Ball) 전략 적용

협상 초기에는 시세보다 높은 7억 3천만 원 수준의 금액을 먼저 제시하되, 협상 여지를 남겨두는 것이 중요했습니다. 이는 높은 '앵커(Anchor)'를 설정하여 매수 자가 생각하는 가격 범위를 상향 조정하려는 의도입니다.

다수 매수자 확보 노력

특정 구매자에게만 의존하지 않고, 중개업소와 협력하여 복수 매수자와 접촉 중 이라는 점을 은근히 전달하여 협상력을 높이려 했습니다. 이는 매수자에게 심리 적 압박을 주어 빠른 결정을 유도하는 효과가 있습니다.

상호 이익 기반 협상 구상

가격을 즉시 낮춰 계약하기보다는 빠른 계약 체결, 잔금 일시불 지급, 계약 일정 에 대한 유연성 제공 등 매수자가 매도자에게 유리한 조건을 제시하는지 여부를 먼저 확인한 후, 그에 맞춰 가격 조정을 검토하는 방식이 더 효과적이라고 판단 했습니다.

(3) 협상 태도: 여유와 유연성

여유 있는 태도 유지

급하게 매도하려는 인상을 주지 않는 것이 협상에서 매우 중요하다고 생각했습니다. 매도인이 급할수록 매수자는 유리한 조건을 제시할 수 있기 때문입니다.

양보 가능 항목 선별

가격 외에도 도배 상태, 관리비 정산, 입주 시기 조정 등 일부 항목은 유연하게 대처하되 핵심 가치(최소 매도 가격)는 지키는 태도를 유지했습니다. 예를 들어, 매수자가 일부 수리를 요구할 경우, 가격을 크게 내리지 않고 수리비용 일부를 부담하는 방식으로 절충점을 찾을 수 있다고 보았습니다.

4. 협상 진행 시나리오: 전략과 심리전의 교차

(1) 첫 만남: 앵커링의 시작

김00 씨(매수자)는 최근 시세를 근거로 6억 6천만 원을 제안하며, 대금 일시불 지급과 계약금 즉시 지급 가능이라는 조건을 함께 제시합니다. 이는 '로우볼' 전략을 통해 협상 시작점을 낮추고, 동시에 매도인에게 매력적인 비금전적 조건을 제시하여 상호 이익의 여지를 만듭니다.

박00 씨(매도자)는 7억 3천만 원을 제안하며, 최근 동일 평형대 매물 거래가와 단지 희소성을 강조합니다. 이는 '하이볼' 전략으로 높은 앵커를 설정하고, 자신의 매물 가치를 최대한 높이 평가하려는 시도입니다.

김00 씨(매수자)는 박00 씨의 반응을 살핀 후, 6억 8천만 원 + 계약 후 1개월 이내 입주 완료를 제안하며, 직접 수리 가능함을 밝힙니다. 이는 자신의 '바트나'를 염두에 두면서도, 매도인의 '빠른 처분'이라는 이해관계를 충족시키려는 시도입니다.

박00 씨(매도자)는 김00 씨의 빠른 입주 제안에 매력을 느끼지만, 가격을 7억 원까지 조정하는 대신, 매수자의 빠른 계약 체결과 관리비 정산 부담 전가 조건을 요구합니다. 이는 가격 양보에 대한 비금전적 보상을 요구하는 상호 이익 기반 협상의 일환입니다.

(2) 최종 합의: 윈-윈의 도출

양측은 여러 차례의 조율 끝에 6억 9천만 원에 최종 합의합니다. 계약금 10% + 잔금 90% 일시불 지급, 입주는 계약일로부터 6주 이내, 실내 도배는 매수자가 직접 부담, 공과금 및 관리비는 계약일까지 정산하는 조건으로 마무리합니다.

이 합의는 매수자는 초기 목표가에 근접한 가격을 얻고, 매도자는 급한 잔금 일정을 맞추면서도 합리적인 가격에 매도할 수 있게 된 '윈-윈'의 결과입니다.

5. 협상에서 얻을 수 있는 시사점

이 부동산 매매 사례는 당신이 매수자든 매도자든, 혹은 삶의 어떤 협상에 임하든 적용될 수 있는 중요한 내용을 담고 있습니다.

(1) 정보는 협상의 출발점입니다

상대방의 숨겨진 동기, 시간적 제약, 재정적 상황 등 최대한 많은 정보를 수집하고 분석하십시오. 정보의 비대칭성을 해소하는 자가 협상에서 우위를 점합니다.

(2) 바트나(BATNA)는 협상력을 지켜주는 방패입니다

이 매물이 아니어도 다른 대안이 있다는 심리적 여유는 당신의 협상력을 보호하는 방패가 됩니다. 그러니 때로는 과감하게 포기할 용기도 필요합니다.

(3) 상호 이익 기반 협상이 성과를 만듭니다

단순히 가격에만 집중하기보다는, 상대방에게 이익이 되는 조건을 함께 제시함으로써 자연스럽게 양보를 유도할 수 있습니다. 이는 '파이를 키우는' 협상으로 이어집니다.

(4) 감정보다는 구조적 접근이 중요합니다

협상은 갈등이 아니라 해결과 조율의 기술이며, 논리적이고 전략적인 설계가 좋은 결과로 이어집니다. '포커페이스'를 유지하고, 감정적인 대응을 피하는 것이 중요합니다.

(5) 중개사를 전략적 파트너로 활용합니다

공인중개사는 양측의 정보를 조율하고 합의점을 찾는 데 결정적인 역할을 합니다. 그들을 당신의 협상 파트너로 활용하는 것이 성공적인 협상에 큰 도움이 됩니다.

이번 협상 사례는 경기도 실거주자들이 실제로 경험할 수 있는 사례를 가상으로 설정한 협상 시나리오입니다. 협상은 단순히 누가 이기느냐의 싸움이 아니라, 정보, 대안, 설득, 유연성이라는 네 가지 요소를 기반으로 상호 만족을 도출하는 과정입니다. 상호 이익 기반 협상을 통해 윈-윈을 설계하실 수 있도록, 충분한 준비와 전략 수립이 무엇보다 중요합니다.

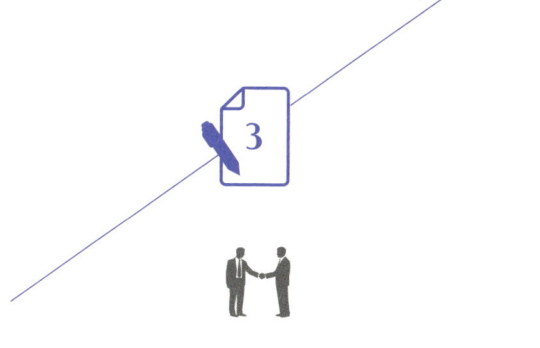

중고차 매매 협상 사례

1. 상황 설정: 서울 도심 중고차 직거래 협상

서울에서 중고차 개인 간 직거래 협상이 이뤄지고 있습니다.

구매자 박OO 씨(38세, 회사원)는 출퇴근용으로 중형 세단 차량을 알아보던 중, 2017년식 국산 중형 세단(약 9만 km 주행) 매물에 관심이 있어 판매자와 협상 자리에 나섭니다. 그는 합리적인 가격에 좋은 상태의 차량을 구매하고자 합니다.

판매자 이OO 씨(45세, 자영업자)는 최근 새 차를 사며, 기존 차량을 개인 간 직거래로 빠르게 매각하고자 합니다. 그는 최대한 높은 가격에, 그리고 신속하게 거래를 마무리하기를 원합니다.

해당 차량의 중고차 시장 시세는 약 1,600만 원 내외이며, 차량의 외관은 양호하나 타이어 상태와 생활 흠집이 일부 존재합니다. 이번 협상은 단순한 가격 결정뿐만 아니라, 정비 여부, 서류 준비, 인도 시점, 차량 점검 결과에 대한 반영 등 다양한 요소들이 얽혀 있는 실무적 협상입니다.

2. 구매자 박OO 씨는 협상을 위해 무엇을 준비해야 할까요?

(1) 시장 조사 및 차량 정보 분석: 정보는 협상의 출발점

박OO 씨는 협상에 앞서 광범위한 정보 수집에 나섰습니다.

유사 차량 시세 조사

같은 모델, 연식, 주행거리 기준으로 중고차 플랫폼(예: 엔카, K 카 등)에서 동일 조건 차량의 거래가를 꼼꼼히 조사했습니다. 이를 통해 자신이 제시할 수 있는 협상의 목표가와 상하한가를 설정했습니다.

차량 감가 요소 분석

사고 이력, 주요 부품 정비 기록, 타이어 마모 상태, 생활 흠집 여부 등을 현장에서 직접 확인하거나 사전 점검 의뢰를 통해 협상의 근거를 확보했습니다. 이는 가격 인하를 요구할 때 객관적인 논리적 기반이 됩니다.

판매자 상황 파악

판매자의 급매 의향, 차량 보유 목적, 새 차 구매 일정 등을 파악하려 노력했습니다. 판매자가 차량을 급히 처분해야 하는 상황이라면, 이는 구매자에게 강력한 협상 지렛대가 될 수 있기 때문입니다.

(2) 협상 전략 수립: 치밀한 계획이 승패를 정한다

수집된 정보를 바탕으로 박00 씨는 구체적인 협상 전략을 세웠습니다.

로우볼(Low Ball) 전략 적용

협상 초기에는 시세보다 낮은 1,400만 원 수준에서 제안하여 판매자의 반응을 살펴보고 조정 여지를 확보하기로 했습니다. 이는 상대방에게 낮은'앵커(Anchor)'를 설정하고, 판매자의 유연성을 시험하는 동시에, 자신의 협상 시작점을 유리하게 가져가는 전략입니다. 다만, 지나치게 공격적으로 보이지 않도록 유의하여 판매자의 감정을 상하게 하지 않으려 했습니다.

바트나(BATNA) 설정

해당 매물 외에도 동일 조건의 차량이 다른 판매자에게도 있는 경우, 대안을 미리 확보했습니다. 이는 협상 과정에서 심리적 여유를 가질 수 있게 하고, 특정 매물에 대한 집착으로 인해 협상력이 약해지는 것을 막아주는 강력한 방패가 됩니다. "이 차가 아니어도 괜찮다."라는 마음가짐은 협상에서 큰 힘을 발휘합니다.

상호 이익 기반 협상 활용

단순히 가격 인하만을 요구하기보다는, 타이어 교체 부담, 차량 점검비 일부 부담, 계약의 신속성 등 판매자에게 실익이 될 수 있는 비금전적 조건을 함께 제시하며 설득하는 걸 목표로 했습니다. 이는 '파이를 키우는' 협상으로, 양측 모두에게 더 큰 가치를 창출할 수 있습니다.

(3) 협상 태도 및 접근 방식: 이성적인 접근이 핵심
차분하고 근거 있는 제안

가격 인하를 요구할 때는 감가 요소를 구체적인 수치와 비교 자료를 통해 제시하고, 판매자 감정을 자극하지 않도록 유의했습니다. 매물이 아무리 마음에 들어도 '포커페이스'를 유지하여, 자신의 급한 마음을 드러내지 않는 것이 협상에 유리하다는 것을 알고 있었습니다.

양보의 순서 설계

처음부터 최종 조건을 말하지 않고, 단계별로 조건을 제시하고 교환하는 방식을 준비했습니다.

3. 판매자 이OO 씨는 협상을 위해 무엇을 준비해야 할까요?

이OO 씨 역시 자신의 차량을 성공적으로 매도하기 위해 전략적으로 준비했습니다.

(1) 차량 가치 평가 및 거래 대비: 현실적인 목표 설정
차량 감정 및 시장가 확인

해당 모델의 최근 거래 내역과 시세 범위를 확인하고, 현재 차량의 감가 요소(주행거리, 정비 기록, 외관 상태 등)를 정리하여 객관적인 근거를 마련했습니다.

점검 이력 및 정비 내역 정리

차량 성능 점검표, 정비소 기록 등을 정리해 구매자에게 보여줄 준비를 했습니다. 이는 구매자 신뢰를 높이고 협상력을 확보하는 데 도움이 됩니다.

서류 준비 상태 점검

자동차 등록증, 보험 말소 서류, 세금 납부 내역 등을 미리 확인하여 거래 시 행정 부담을 줄이도록 했습니다.

(2) 협상 전략 수립: 주도권 확보를 위한 움직임

하이볼(High Ball) 전략 적용

협상 초기에는 시세보다 높은 1,700만 원 수준으로 제안을 하여 가격 조정의 여지를 확보하기로 했습니다. 이는 높은 '앵커'를 설정하여 구매자가 생각하는 가격 범위를 상향 조정하려는 의도입니다.

차량 상태의 강점 강조

정비 없이 바로 운행 가능한 점, 1인 소유·무사고 차량이라는 점을 강조하여 설득 효과를 높이려 했습니다.

시장 비교 활용

"유사 차량이 최근 1,650만 원에 판매된 사례가 있다."라고 제시함으로써, 구매자가 제안한 가격이 낮다는 인식을 유도하려 했습니다.

(3) 협상 태도와 유연성: 여유와 유연성

감정 배제, 논리적 대응 유지

감정적인 언급은 피하고, 차량 상태, 비용, 조건 등 실무적 기준으로 반응하는 것이 협상을 원활하게 만든다고 판단했습니다. 급하게 매도하려는 인상을 주지 않는 것이 협상에서 매우 중요합니다.

양보 가능한 조건 확보

타이어 교체비용 일부 부담, 차량 내 간단한 수리 보완 등 가격 이외에서 융통성 있는 대응 항목을 미리 준비해 두었습니다.

4. 협상 전개 예시: 전략과 심리전의 교차

(1) 첫 협상: 앵커링의 시작

박OO 씨(구매자): 차량 외관과 타이어 상태를 점검한 뒤, '로우볼' 전략에 따라 1,400만 원을 제안하며 "생활 흠집과 타이어 교체가 필요하다."라고 구체적인 감가 요소를 지적합니다.

이OO 씨(판매자): '하이볼' 전략에 따라 "동일 모델이 최근 1,650만 원에 판매되었다."라는 점을 들어 1,700만 원을 제안하며 자신의 차량 가치를 높게 설정합니다.

(2) 중간 조정: 이해관계의 탐색

박OO 씨(구매자): '정비비용을 감안해 1,450만 원이 현실적'이라고 주장하며, 동시에 '계약은 바로 가능하고, 서류도 직접 준비하겠다'는 비금전적 이점을 제시합니다. 이는 판매자의 '빠른 거래'라는 이해관계를 충족시키려는 상호 이익 기반 협상입니다.

이OO 씨(판매자): 박OO 씨의 신속한 거래 의사에 매력을 느끼고, 타이어 교체비용의 일부를 부담하겠다고 제안하며 1,550만 원을 역으로 제시합니다. 이는 가격 양보에 대한 비금전적 보상을 요구하는 동시에, 자신의 하한선을 방어하려는 시도입니다.

(3) 최종 합의: 윈-윈의 도출

양측은 여러 차례의 조율 끝에 1,500만 원에 최종 합의합니다. 판매자가 차량 정비를 완료한 후 인도하고, 거래일 당일 차량 등록과 서류 이전 절차를 함께 진행하기로 결정합니다.

이 합의는 구매자는 초기 목표가에 근접한 가격에 필요한 정비를 포함한 차량을 얻고, 판매자는 급한 차량 처분 일정을 맞추면서도 합리적인 가격에 매도할 수 있게 된 '윈-윈(Win-Win)'의 결과입니다.

5. 협상에서 얻을 수 있는 시사점

(1) 사전 조사는 협상의 힘입니다

객관적인 시세 조사와 차량 상태 분석 없이는 협상 주도권을 확보하기 어렵습니다. 정보의 비대칭성을 해소하는 자가 협상에서 우위를 점합니다.

(2) 바트나(BATNA)는 협상력을 지켜주는 안전장치입니다

다른 차량을 옵션으로 두고 협상에 임하면, 심리적으로 끌려가지 않고 유연하게 판단할 수 있습니다. 최선의 대안이 명확할수록 협상에서 무리하게 끌려가지 않을 수 있습니다.

(3) 가격만이 전부는 아닙니다

가격 외에도 정비 상태, 인도 시점, 서류 준비 여부, 기타 조건들이 모두 협상의 대상이 됩니다. 상대방의 숨겨진 요구를 파악하고, 당신에게는 큰 부담이 아니지만, 상대방에게는 큰 가치를 제공할 수 있는 비금전적 요소 제안이 필요합니다. 이는 '파이를 키우는' 협상으로 이어집니다.

(4) 전략과 감정의 구분이 필요합니다

협상은 이기는 싸움이 아니라 서로 원하는 가치를 조율하는 과정입니다. 감정보다는 전략, 자료, 조건 중심의 대화가 협상을 성공으로 이끕니다. '포커페이스'를 유지하고, 감정적인 대응을 피하는 것이 중요합니다.

중고차 매매 협상은 단순히 '얼마를 깎느냐'의 문제가 아니라, 차량 상태, 거래 조건, 신뢰 형성, 대안 확보, 실무 협의력이 복합적으로 작동하는 협상의 장입니다. 구매자는 시장 조사와 바트나를 갖춘 뒤, 상호 이익 기반 협상을 통해 상대방을 설득하는 방식으로 접근해야 하며, 판매자는 차량의 가치를 논리적으로 제시하고, 유연한 조건 설계를 통해 최적의 매매 결과를 도출하는 것이 바람직합니다.

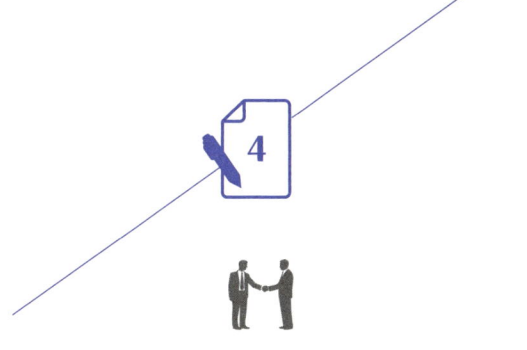

아파트 층간 소음 분쟁 협상

1. 상황 설정: 소음, 이웃 간의 보이지 않는 벽

서울 시내의 한 아파트 9층에 거주하는 김00 씨(42세, 직장인)는 최근 이사 온 위층 이웃의 생활 소음으로 인해 큰 스트레스를 받고 있습니다. 위층 주민 이00 씨(35세, 디자이너) 부부는 퇴근 이후 저녁 시간대에 활동이 집중되며, 발소리나 가구 이동 등으로 인해 밤 10시 이후에도 반복되는 소음이 발생하고 있습니다.

김00 씨는 정중하게 몇 차례 소음을 완화해 달라고 요청하였지만, 변화가 없어 감정적 갈등으로 번지기 전에 합리적인 협상을 통해 해결하기로 합니다. 한편 이00 씨 역시 "주의하려 해도 아파트 구조상 어쩔 수 없는 부분이 있다."라고 말하며 자신의 일상이 침해당하는 듯한 불편함을 느끼고 있어, 양측 모두 감정적 충돌 없이 현실적인 해결책을 찾고자 협상에 나섭니다.

2. 아래층 거주자 김00 씨, 협상을 위해 무엇을 준비해야 할까요?

김00 씨는 층간 소음 문제를 단순히 불평하는 것을 넘어, '문제해결을 위한 협상'이라는 관점에서 접근했습니다. 그는 철저한 준비가 성공적인 결과의 핵심임을 알고 있었습니다.

(1) 문제 인식 및 객관적 근거 정리: 정보는 협상의 출발점

김OO 씨는 협상에 앞서 자신의 주장을 뒷받침할 객관적인 정보를 수집했습니다.

소음 발생 기록 작성

일시, 시간대, 소음 종류(발소리, 가구 끌림 등)를 상세하게 기록했습니다. 이는 감정적인 호소 대신 구체적인 사실을 바탕으로 대화를 이끌어갈 수 있는 논리적 기반이 됩니다.

관련 법규 및 관리사무소 규정 확인

층간 소음 기준, 공동주택관리법, 아파트 관리사무소의 민원 절차 등을 미리 숙지했습니다. 이는 협상 시 자신의 권리를 명확히 인지하고, 필요할 경우 외부 중재 절차를 활용할 수 있음을 보여주는 근거가 됩니다.

장기적 이웃 관계 고려

이번 협상이 단발성 문제가 아니라 이후의 이웃 관계에 영향을 미칠 것을 인식하고, 감정보다는 공동체 내 문제 해결이라는 큰 틀에서 접근하는 것이 중요하다고 판단했습니다.

(2) 협상 전략 수립: 치밀한 계획이 승패를 정한다

수집된 정보를 바탕으로 김OO 씨는 구체적인 협상 전략을 세웠습니다.
이해 기반 접근 방식 설정

단순한 불만 표현이 아니라 "서로 불편을 최소화할 수 있는 현실적 방안이 무엇일까?"라는 관점으로 접근하기로 했습니다. 이는 하버드 협상 프로젝트의 '입장 아닌 이해관계 집중'원칙과 일맥상통합니다. 즉, "소음이 싫다."라는 입장 뒤에 숨겨진 '평화로운 휴식'이라는 자신의 이해관계를 명확히 하고, 상대방의 이해관계(일상 생활의 자유)도 고려하려 했습니다.

상호 이익 기반 협상안 준비

소음 매트 설치, 가구 재배치, 활동 시간 조정 등 양측 모두가 부담 없이 실천 가능한 대안을 미리 준비했습니다. 이는 '상호 이익 옵션 개발'의 원칙에 따라, 양측 모두에게 이득이 되는 창의적인 해결책을 모색하는 겁니다.

바트나(BATNA) 설정

협상이 결렬될 경우, 관리사무소를 통한 중재 요청 또는 입주자대표회의와의 연계 등의 절차를 준비해 두었습니다. 이는 협상 과정에서 심리적 여유를 가질 수 있게 하고, 특정 결과에 대한 집착으로 인해 협상력이 약해지는 것을 막아주는 강력한 방패가 됩니다. "이 협상이 아니어도 해결방법은 있다."라는 마음가짐은 협상에서 큰 힘을 발휘합니다.

(3) 협상 태도 및 접근 방식: 이성적인 접근이 핵심

공감적 표현 사용

"저도 조심스럽지만, 생활에 불편이 있다 보니 말씀드리게 되었습니다."와 같은 공감의 말로 대화의 문을 열기로 했습니다. 이는 '사람과 문제 분리' 원칙에 따라, 상대방의 감정을 상하게 하지 않으면서 문제에 집중하는 자세입니다.

비난보다는 구조적 원인 중심 설명

"층간 소음은 누구나 겪는 문제다."는 전제를 두고 이야기하여 상대방이 불필요한 방어를 하지 않도록 유의했습니다. 이는 감정적인 비난 대신 객관적인 상황을 설명함으로써 건설적인 대화를 유도하는 방식입니다.

3. 위층 거주자 이OO 씨, 협상을 위해 무엇을 준비해야 할까요?

이OO 씨 역시 아랫집의 불편을 인지하고, 감정적인 충돌 없이 문제를 해결하기 위해 전략적인 준비를 했습니다.

(1) 문제에 대한 객관적 인식: 상황 파악의 중요성

실제 소음 세기 및 시간대 자가 점검

자신의 일상생활 중 어느 시간대에 소음이 발생하는지를 돌아보고, 생활 습관 조정 가능성을 분석했습니다. 이는 문제의 원인을 객관적으로 파악하고, 해결책을 모색하는 첫걸음입니다.

이웃의 입장 고려

"우리는 조심한다고 생각했지만, 이웃이 불편을 느낀다면 실제로 조정할 여지가 있겠다."라는 공감적 시각을 가지려 노력했습니다. 상대방의 관점에서 상황을 이해하려는 노력은 협상 성공에 필수적입니다.

유사 사례 파악

관리사무소나 주변 입주민에게 유사한 사례를 들어보고, 해결 경험을 참고하여 대응 방향을 명확히 했습니다.

(2) 협상 전략 수립: 유연한 대처로 신뢰 확보

방어보다는 대화 중심 소통 준비

"저희도 미처 인지하지 못한 점이 있을 수 있습니다." 같은 수용적 표현으로 대화를 시작하여 긴장을 풀고 건설적인 분위기를 조성하려 했습니다.

실행 가능한 해결책 제안

소음 매트 설치, 밤 11시 이후 조용한 활동 중심 전환, 주말 가구 이동 제한 등의 구체적 조치를 직접 제안하는 것을 준비했습니다. 이는 자신의 의지를 보여주고, 상대방에게 신뢰를 주는 효과적인 방법입니다.

협상 유연성 확보

"이 부분은 조정 가능합니다만, 이 부분은 현실적으로 조금 어려울 수 있습니다."라는 식으로 명확한 기준을 설정하고, 유연한 양보 지점을 미리 준비했습니다. 이는 자신의 '하이볼' 즉, 초기 입장을 고집하기보다 합리적인 선에서 타협할 준비가 되어있음을 보여줍니다.

(3) 협상 태도: 공감과 책임감
감정보다는 구조 중심 설명
건물 구조 문제, 리모델링 전 아파트의 방음 취약성 등 주거 환경의 한계를 설명하되, 책임을 회피하지 않는 태도를 유지했습니다.

상대방의 감정 인정
"불편하셨을 텐데 직접 말씀해 주셔서 감사합니다."라는 표현으로 상대방의 심리적 방어를 낮추는 접근이 중요하다고 생각했습니다.

4. 협상 전개 시나리오: 섬세한 대화와 합의 도출
(1) 첫 대면: 공감으로 시작하는 대화
김00 씨(아래층): 정중하게 인사 후, "저녁 늦은 시간에 발소리나 가구 소리가 반복돼서 생활이 조금 힘들어지고 있어요. 혹시 해결 방법이 있을까요?"라고 자신의 불편함을 차분하게 전달합니다. 이는 감정적인 비난 대신 문제 해결에 초점을 맞춘 '로우볼' 요청이자, 대화를 시작하는 부드러운 앵커링입니다.

이00 씨(위층): "그런 불편이 있는 줄 몰랐습니다. 저희도 조심하긴 하는데, 아파트 구조상 어려운 점도 있어서요. 어떤 방법이 있을지 같이 찾아보면 좋겠습니다." 라고 응답하며, 자신의 초기 입장(아파트 구조 문제)을 언급하면서도 대화 의지를 보입니다.

(2) 중간 조정: 구체적인 제안과 상호 양보
김00 씨(아래층): "밤 11시 이후에는 발소리를 조금 줄여주시면 좋겠습니다. 그 외에는 저희도 이해할 수 있습니다."라고 현실적인 요청을 전달합니다. 이는 자신의 핵심 이해관계를 명확히 하면서도, 상대방의 일상생활을 존중하는 유연성을 보여줍니다.

이00 씨(위층): "늦은 시간엔 슬리퍼를 바꿔 신고, 소음 매트를 설치하는 걸 고려하겠습니다. 혹시 더 좋은 방법이 있다면 알려주세요."라고 적극적인 수용의 자세를 보이며, 구체적인 해결책을 직접 제안합니다. 이는 '상호 이익 기반 협상'의 좋은 예시로, 상대방의 불편을 해소하려는 의지를 보여줍니다.

(3) 최종 합의: 윈-윈(Win-Win)의 도출

양측은 여러 차례의 대화 끝에 다음과 같은 사항에 합의합니다:

이00 씨는 소음 매트를 설치하고, 밤 11시 이후에는 조용한 활동 중심으로 생활을 전환합니다.

김00 씨는 이00 씨의 노력을 이해하고, 추가 소음이 발생한다면 관리사무소를 통해 협의하거나 정중하게 다시 소통하기로 합니다.

양측은 정기적인 소통을 유지하며 불편이 누적되지 않도록 사전 조율하기로 합니다.

이번 합의는 김00 씨는 평화로운 주거 환경을, 이00 씨는 이웃과의 원만한 관계 속에서 생활의 자유를 보장받게 된 '윈-윈(Win-Win)'의 결과입니다.

5. 협상에서 얻을 수 있는 시사점: 삶의 모든 협상에 적용하라

앞서 나온 층간 소음 협상 사례는 당신이 어떤 갈등 상황에 놓이든 적용될 수 있는 중요한 교훈을 담고 있습니다.

(1) 감정보다는 사실 기반 대화가 협상의 출발점입니다

불만을 감정적으로 전달하면 갈등으로 번지기 쉽지만, 소음 시간, 유형, 빈도 등을 정리해 전달하면 상대도 이해할 수 있는 여지를 갖게 됩니다. 이는 '사람과 문제 분리'의 핵심입니다.

(2) 상호 이익 기반 협상이 실현 가능성을 높입니다

'내가 불편하다'에서 멈추지 않고, "이런 조건이면 우리 모두에게 나을 수 있겠

네요."로 연결되는 대화가 문제 해결을 현실화합니다. 상대방의 이해관계를 파악하고, 양측 모두에게 이득이 되는 옵션을 개발하는 것이 중요합니다.

(3) 장기적 관계를 고려한 접근이 중요합니다

이웃 관계는 한 번의 대화로 끝나지 않습니다. 감정이 남지 않도록 끝맺고, 이후의 소통 여지를 남겨두는 협상 태도가 필수적입니다.

(4) 바트나(BATNA)는 협상력을 지켜주는 안전장치입니다

협상이 원만하게 진행되지 않을 경우를 대비한 대안(관리사무소 중재 등)을 준비하는 것은 심리적 안정감을 주고, 협상력을 높이는 데 도움을 줍니다.

(5) 협상은 문제 해결을 위한 공동의 탐색입니다

누구의 잘못을 따지는 것이 아니라, 함께 '더 나은 일상'을 만들기 위한 노력이라는 프레임이 중요합니다.

6. 결론

이웃 간 소음 문제는 법보다 대화가 우선시되어야 할 협상 상황입니다. 감정이 섞인 요구보다, 객관적 근거와 실행 가능한 대안을 갖고 진정성 있는 대화를 시작하는 것이 가장 효과적인 해결 방식입니다. 피해자는 명확하고 존중 있는 표현으로 요청하고, 가해자는 열린 자세로 수용과 현실적 조정안을 준비할 때, 층간 소음이라는 민감한 이슈도 서로 배려하며 해결해 나갈 수 있습니다.

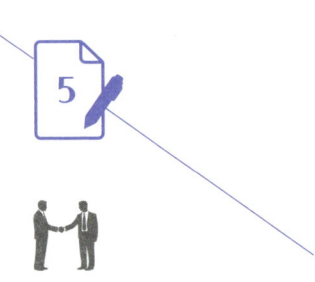

부부 간 협상 사례: 가사 분담 협상

1. 상황 설정: 쌓여가는 가사, 멀어지는 마음

이00 씨(36세, 마케팅 매니저)와 김00 씨(38세, 엔지니어)는 맞벌이 부부로, 서로 바쁜 일상 속에서도 원만한 가정생활을 유지하기 위해 노력하고 있습니다. 하지만 최근 가사 노동의 분담 문제로 인해 갈등이 누적되고 있으며, 이00 씨는 "퇴근 후에도 집안일 대부분이 자신에게 집중되고 있다."라는 점에 불만을 느끼고 있습니다. 그녀는 피로가 쌓여 주말에도 제대로 쉬지 못하는 상황에 지쳐가고 있었습니다.

한편 김00 씨는 "업무 강도가 높고, 퇴근 후에는 휴식이 꼭 필요하다."라는 입장입니다. 그는 자신도 나름대로 쓰레기를 버리거나 전등을 교체하는 등 '눈에 보이지 않는' 가사를 하고 있다고 생각했지만, 이00 씨의 불만을 들으며 뭔가 조율이 필요하다는 것을 느꼈습니다. 두 사람은 감정적인 대립 없이 현실적인 조율을 통해 균형을 회복하고자 협상을 시도하고자 합니다.

2. 아내 이00 씨, 협상을 위해 무엇을 준비해야 할까요?

이00 씨는 감정적인 불평 대신, '문제 해결을 위한 협상'이라는 관점에서 접근했습니다. 그녀는 철저한 준비가 성공적인 결과의 핵심임을 알고 있었습니다.

(1) 가사 분담 현황에 대한 객관적 정리: 정보는 협상의 출발점

이OO 씨는 협상에 앞서 자신의 주장을 뒷받침할 객관적인 정보를 수집했습니다.

가사 시간 기록

평일과 주말 각각 자신이 수행한 가사 목록과 소요 시간을 꼼꼼히 기록했습니다. 예를 들어, '평일 저녁 식사 준비 1시간, 설거지 30분, 빨래 1시간'과 같이 구체적인 데이터를 확보했습니다. 이는 감정적인 호소 대신 구체적인 사실을 바탕으로 대화를 이끌어갈 수 있는 논리적 기반이 됩니다.

역할 비교 및 타 사례 참고

비슷한 맞벌이 부부 사례나 온라인 커뮤니티 등에서 현실적인 가사 분담 방식을 찾아보고, 이를 협상의 대안으로 활용할 수 있는지 고민했습니다. 이는 '객관적 기준 활용'의 원칙에 따라, 자신의 주장이 개인적인 불만이 아닌 보편적인 기준에 부합함을 보여주는 근거입니다.

배우자의 업무 강도 파악

남편 김OO 씨의 퇴근 시간, 프로젝트 일정 등을 고려하여 협상의 타이밍과 요청 강도를 조절할 필요가 있다고 판단했습니다. 상대방의 제약 사항을 이해하는 것은 '상대방의 이해관계에 집중'하는 협상 원칙의 중요 부분입니다.

(2) 협상 전략 수립: 치밀한 계획이 승패를 정한다

수집된 정보를 바탕으로 이OO 씨는 구체적인 협상 전략을 세웠습니다.

명확한 요청 정리(로우볼 전략의 부드러운 적용)

"나는 평일 하루 평균 2시간 30분 정도 집안일을 하고 있어요. 이 부분에 대해 좀 더 이야기를 나눌 수 있으면 좋겠어요."와 같이 객관적 데이터에 기반한 요청을 준비했습니다. 이는 감정적인 불만 대신 구체적인 문제를 제시하여 상대방에게 낮은 '앵커'를 설정하는 동시에, 대화의 문을 여는 부드러운 '로우볼' 전략입니다.

현실적으로 이러한 객관적 데이터를 기반하여 요청하는 것은 현실적으로 너무 딱딱하게 전달될 수도 있고 부부관계에서 자칫 냉정하게 들릴 수도 있습니다. 현실에서는 충분한 공감과 이해의 언어를 섞어 준비하는 것이 필요합니다.

상호 이익 기반 협상 구성

김00 씨가 부담을 덜 느끼면서도 실질적으로 일할 수 있는 시간대나 영역을 함께 설계해 보았습니다. 예를 들어, '주말 집중 분담', '저녁 설거지 전담' 등 구체적인 대안을 준비하여 '상호 이익 옵션 개발'의 원칙을 적용했습니다. 이는 단순히 '파이를 나누는' 것을 넘어 '파이를 키우는' 협상으로 이어집니다.

바트나(BATNA)

협상이 실패할 경우를 대비해 가사 도우미, 청소 서비스 등 외부 자원 활용안을 고려했습니다. 이는 협상 과정에서 심리적 여유를 가질 수 있게 하고, 특정 결과에 대한 집착으로 인해 협상력이 약해지는 것을 막아주는 강력한 방패가 됩니다. "이 협상이 아니어도 해결 방법은 있다."라는 마음가짐은 협상에서 큰 힘을 발휘합니다.

(3) 협상 태도 및 소통 방식: 이성적인 접근이 핵심

협력적 접근 유지

"당신이 도와줘야 해." 보다는 "우리가 이 문제를 함께 풀어나갈 수 있을까?"와 같은 공동 해결의 프레임을 준비했습니다. 이는 '사람과 문제 분리' 원칙에 따라, 상대방에게 방어적인 행동을 보이는 것을 감소시킬 수 있습니다.

이성적이고 일관된 표현 유지

감정이 고조되지 않도록 사실 중심, 예시 중심의 대화를 준비하고 상대방의 반응을 경청하는 태도를 유지하기로 했습니다.

3. 남편 김OO 씨, 협상을 위해 무엇을 준비해야 할까요?

김OO 씨는 아내의 불만을 단순한 잔소리로 여기지 않고 '관계 개선을 위한 협상'이라는 관점에서 접근했습니다.

(1) 현재 상황에 대한 점검 및 인식 확립: 상황 파악의 중요성
본인의 일정과 체력 여건 파악

실제로 가사에 참여 가능한 시간대를 점검하고, 소화 가능한 업무 분담 영역을 현실적으로 설정했습니다. 이는 자신의 '한계'를 명확히 인지하고, 실현 불가능한 약속을 피하는 데 중요합니다.

본인이 일한 부분 목록화

가사 외에도 차량 관리, 청구서 납부, 장보기, 가전 구매 등 눈에 보이지 않는 기여 항목을 목록화해 두었습니다. 이는 자신의 '가치'를 어필하고, 협상에서 자신의 기여도를 '하이볼'하는 효과를 가져올 수 있습니다.

가사 분담 완화 대안 조사

청소기 자동화, 정기 세탁 서비스, 가사 도우미 등 비용 대비 효과적인 외부 자원 활용 방안을 함께 고려했습니다. 이는 문제 해결에 대한 적극적인 의지를 보여주는 동시에, '상호 이익'을 위한 창의적인 옵션을 제시하는 것입니다.

(2) 협상 전략 수립: 유연한 대처로 신뢰 확보
현실 기반 제안 정리(하이볼 전략의 현실적 적용)

"평일 저녁에는 피곤하지만, 설거지는 내가 전담할게. 주말에는 청소와 빨래를 나눠서 하자."처럼 실천 가능한 영역을 구체적으로 제안했습니다. 이는 자신의 '하이볼' 즉, 자신이 할 수 있는 최대치를 제시하되, 현실적인 제약 조건을 고려하여 신뢰를 얻는 전략입니다.

양보 가능한 영역 명확화

"업무가 바쁘지 않은 날은 청소도 추가로 도울 수 있어요."처럼 유동적인 일정에 따라 탄력적으로 협력할 수 있도록 준비했습니다. 이는 유연성을 보여주어 상대방의 만족도를 높이는 동시에, 자신의 부담을 조절하는 방법입니다.

협조적 소통 프레임 채택

"나도 가사에 보탬이 되고 싶고, 당신의 부담을 줄여주고 싶어요. 앞으로도 우리가 함께 이 부분에 대하여 계속 이야기 나눠요."라는 협력적 언어로 접근하여 갈등이 줄어들 수 있도록 준비했습니다.

(3) 협상 태도 및 대응 방식: 공감과 책임감
감정적 대응 지양, 경청 강조

상대방의 불만 표현을 방어적으로 해석하기보다는 "불편을 느끼는 지점을 구체적으로 듣겠다."라는 태도로 대화를 유도하기로 했습니다. 이는 '적극적 경청'을 통해 상대방의 감정을 인정하고, 문제의 본질을 파악하는 데 집중하는 겁니다.

균형 잡힌 표현 사용

"제가 힘든 만큼 당신도 힘든 걸 알아요. 저도 조금이라도 도움이 되고 싶어요." 와 같이 상호 인정 기반의 대화가 공감대를 형성한다고 판단했습니다.

4. 협상 전개 시나리오: 섬세한 대화와 합의 도출
(1) 첫 대화: 공감으로 시작하는 대화

이OO 씨: "여보, 퇴근하고 집안일까지 전부 혼자 하다 보니 체력적으로 너무 힘들어. 우리가 함께 분담할 방법을 찾았으면 좋겠어." (감정적 호소와 함께 문제 해결 의지 표명)

김OO 씨: "미안해, 당신이 그렇게 힘든지 몰랐네. 나도 회사 일 끝나면 지치긴 하는데, 당신 말을 듣고 보니 균형이 안 맞는 것 같아. 어떻게 도울 수 있을지 함께 이

야기하자." (공감과 함께 대화 의지 표명)

(2) 중간 조율: 구체적인 제안과 상호 양보

이00 씨: (준비한 데이터를 바탕으로) "내가 평일에 평균 2시간 반 정도 가사를 하는데, 당신이 평일엔 설거지와 분리수거만이라도 도와줬으면 좋겠고, 주말에는 전체적인 가사 일을 반반씩 나누는 건 어때?" (구체적인 '로우볼' 요청과 함께 상호 이익 제안)

김00 씨: (자신의 상황과 기여를 고려하며) "음… 주말에는 내가 청소랑 빨래 다 할수 있어. 평일엔 설거지는 내가 맡고, 청소는 격일로 교대하는 게 어떨까? 그리고 내가 차 관리나 공과금 납부 같은 건 계속 전담할게." (자신의 '하이볼' 제안과 함께 유연한 대안 제시)

(3) 최종 합의: 윈-윈(Win-Win)의 도출

양측은 여러 차례의 대화와 조율 끝에 다음과 같은 사항에 합의합니다.

주말 가사 분담

청소, 빨래, 장보기 등 주요 가사는 50:50으로 명확히 구분하여 진행합니다.

평일 가사 분담

저녁 설거지는 김00 씨가 전담하고, 청소(간단한 정리 및 바닥 청소)는 격일로 교대합니다.

기타 가사

차량 관리, 공과금 납부 등은 김00 씨가 계속 전담하고, 이00 씨는 식사 준비와 아이들 돌봄에 더 집중합니다.

필요하면 청소 도우미나 식기세척기, 로봇청소기 등 외부 자원 활용 여부도 추후 논의하여 부담을 줄이기로 합니다.

이 합의는 이00 씨는 가사 부담을 덜고 휴식 시간을 확보하며, 김00 씨는 자신의 기여를 인정받고 아내와의 관계를 개선할 수 있게 된 '윈-윈(Win-Win)'의 결과입니다.

5. 협상에서 얻을 수 있는 시사점: 삶의 모든 협상에 적용하라

이 부부 간 가사 분담 협상 사례는 당신이 어떤 갈등 상황에 놓이든 적용될 수 있는 중요한 교훈을 담고 있습니다.

(1) 구체적인 데이터는 설득의 힘이 됩니다

단순히 "너무 힘들어."가 아니라, 시간, 작업 내용, 빈도 등을 수치화하면 협상력이 높아집니다. 그러나 처음부터 수치를 제시하는 게 아니라 대화를 하면서 자연스럽게 데이터를 제시하면 배우자의 거부감이 많이 감소할 것입니다.

(2) 감정보다 협력 중심 접근이 효과적입니다

갈등 상황이라도 공동의 문제로 인식하고 해결을 위한 대화를 시도할 때, 상대방의 저항이 줄어듭니다. '사람과 문제 분리' 원칙을 통해 감정적인 비난 대신 문제 해결에 집중해야 하겠습니다.

(3) 현실 가능한 대안을 함께 설계해야 합니다

"무조건 나눠."라는 요구보다는, 상대의 생활 리듬과 강점을 고려한 역할 조정안이 협상의 지속 가능성을 높입니다. 이는 '상호 이익 기반 협상'의 핵심입니다.

(4) 바트나(BATNA)는 협상력을 지켜주는 안전장치입니다

협상이 원만하게 진행되지 않을 경우를 대비한 대안(외부 서비스 활용 등)을 준비하는 것은 심리적 안정감을 주고, 협상력을 높이는 데 이바지합니다.

부부 협상은 관계 설계입니다: 지금의 조율은 향후 더 큰 협상(양육, 이사, 가족 일정 등)의 연습이자, 상호 존중과 이해를 쌓아가는 중요한 기회입니다.

6. 결론

부부간 가사 분담 협상은 단순한 일 처리 방식의 조율이 아니라, 삶의 가치와 역할, 일과 가정의 균형에 대한 깊은 대화의 시작입니다. 이00 씨와 김00 씨의 사례처럼, 감정이 아닌 데이터와 상호 존중 기반의 협력적 접근을 통해 서로가 지치지 않고 함께 살아가는 방향을 찾아갈 수 있습니다. 서로를 이해하고 존중하며, 함께 해결책을 모색할 때 이처럼 민감한 이슈도 서로 배려하며 해결해 나갈 수 있습니다.

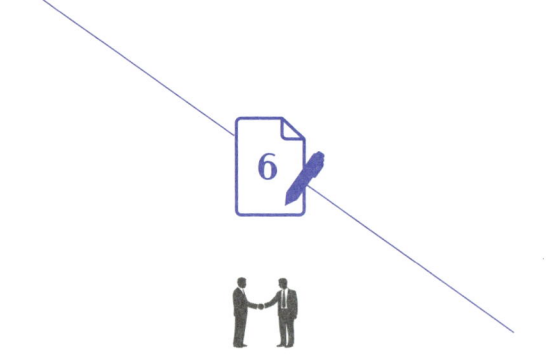

연봉 협상, 한국에서는 협상의 영역인가?

연봉 협상은 개인이 조직에 제공하는 역량, 경험, 잠재력에 대한 금전적 보상을 놓고 조직과 의견을 주고받는 과정을 의미합니다. 협상이란 상호 이익을 조율하고, 상충하는 요구를 절충하여 합의에 도달하는 데 초점이 맞추어져 있습니다.

그렇다면 우리나라의 현실에서 연봉 협상이 과연 협상의 범주에 해당하는지 살펴볼 필요가 있습니다. 여기서는 한국의 연봉 협상 현실을 기업 종류, 기업 규모, 핵심인재 유무로 나누어 구체적으로 분석하고, 전망을 살펴본 뒤 연봉 협상 사례를 소개하고자 합니다.

1. 기업 종류별 연봉 협상의 현실

(1) 공무원 및 공공기관

공무원은 국가공무원법, 지방공무원법에 따라 직급별로 봉급표가 정해져 있으며, 각종 수당과 성과급도 법령과 규정에 근거하여 지급됩니다. 이러한 구조하에서는 개별 직원이 연봉을 협상할 여지가 거의 없으며, 개인 단위 협상이 아닌 노조 중심의 집단 교섭이 임금 조정의 주된 형태로 작동합니다. 공공기관 및 공기업 또한 정부의 임금 가이드라인과 노사 합의, 단체협약에 따라 임금이 결정되며, 이 역시 개인 협상이 개입할 공간은 매우 제한적입니다.

즉, 공공부문은 연봉 협상이 아니라 합의된 집단 규칙에 대한 수용의 형태로 볼 수 있겠습니다.

(2) 대기업

삼성, 현대자동차, LG, SK, 롯데 등 국내 대기업들은 직급별, 직무별로 나뉜 임금체계를 보유하고 있습니다. 대졸 신입사원의 경우 이미 시장 평균 초봉이 형성되어 있으며, 개인이 연봉을 협상할 수 있는 여지는 극히 제한적입니다. 다만, 경력직이나 특정 고급인력(예: AI 전문가, 반도체 설계 전문가, 데이터 사이언스 전문가)의 경우, 협상 테이블이 열리는 경우가 많습니다.

대기업 내부에서는 연봉 수준이 연공서열, 성과평가, 승진 등을 통해 결정되며, 개인의 협상력이 직접 연봉에 개입하는 구조는 드뭅니다. 그러나 경력직 영입 과정에서는 헤드헌터가 주선하는 협상에서 현재 연봉, 시장가치, 이직 프리미엄 등이 주요한 협상 대상이 됩니다. 특히 글로벌 경쟁 분야에서는 개인 협상이 활발히 이루어지는 모습을 확인할 수 있습니다.

(3) 중견·중소기업

중견기업(코스닥 상장사, 강소기업) 및 중소기업의 경우 대기업과 비교해 임금체계가 덜 정형화되어 있어 개인 협상의 여지가 상대적으로 더 많습니다. 특히 IT 개발자, 연구개발 전문가, 영업 핵심인력과 같이 인력 확보 경쟁이 치열한 직무에서는 개인이 연봉을 유리하게 조율할 가능성이 큽니다. 이러한 분야에서는 업계 평균보다 20~30% 이상 높은 연봉을 제안하거나, 스톡옵션 및 성과급을 추가로 지급하는 사례도 종종 발생합니다.

반면 일반 사무직, 생산직, 관리직 등에서는 여전히 회사 내 규정에 따르는 테이블형 연봉체계가 지배적이어서, 개인 협상의 여지가 크지 않은 편입니다.

(4) 스타트업·벤처기업

스타트업과 벤처기업은 연봉 협상의 중심 무대라 할 수 있습니다. 이들은 자본력이 부족한 대신 성장성과 비전, 혁신성을 전면에 내세워 인재를 설득하는 방식으로 연봉 협상을 전개합니다. 특히 시니어급 인재를 영입할 때는 단순한 연봉 협상을 넘어 스톡옵션, 직무 재량권, 유연 근무제, 투자 라운드, 회사 가치 평가까지 협상 범위가 확대됩니다.

스타트업에서는 협상력이 강한 인재가 연봉뿐만 아니라 역할, 권한, 승진 구조까지 조율할 확률이 높고, 실제로 연봉 산정 기준 자체를 바꿀 수 있는 협상 사례도 존재합니다.

2. 핵심인재 여부에 따른 연봉 협상

핵심인재(Key Talent)는 회사의 매출, 혁신, 전략적 전환에 직접 이바지할 수 있는 인물을 말합니다. 예를 들어 대형 고객 네트워크를 가진 영업 임원, 특정 특허를 보유한 연구개발자, AI 분야 글로벌 박사 등이 이에 해당합니다. 이러한 인재의 연봉은 직급체계나 내부 규정이 아니라, 외부 경쟁사의 제안, 헤드헌터의 평가, 시장 평균, 최고경영진의 전략적 판단에 따라 결정됩니다.

따라서 핵심인재들은 단순한 연봉 협상이 아니라 직위, 역할, 조직 설계까지 함께 협상 테이블에 올릴 수 있으며, 이때 협상력은 개인의 시장가치, 경쟁력, 희소성에 따라 크게 달라집니다.

3. 연봉 협상이 어려운 이유

대한민국에서 연봉 협상이 보편화되지 않은 데에는 여러 복합적인 이유가 존재합니다.

(1) 경직된 연봉 테이블과 내부 형평성

많은 기업이 사전에 정해진 연봉 테이블을 운영하며, 직급별, 근속연수별로 연봉이 자동 조정되는 방식이 일반적입니다. 이는 조직 내 형평성을 유지하고 인사 관리를 용이하게 하면서도 동시에 개인의 성과나 시장 가치를 반영한 유연한 보상을 어렵게 만듭니다.

(2) 조직 문화적 제약

한국 기업 문화에서는 "회사가 알아서 연봉을 올려주는 것이 당연하다."라는 인식이 강하며, 연봉 협상을 적극적으로 시도하면 '조직에 충성하지 않는다'거나 '이기적인 직원'이라는 오해를 받을 수도 있습니다. 이러한 문화적 배경은 직장인들이 연봉 협상을 시도하는 데 심리적인 장벽으로 작용합니다.

(3) 제한적인 인사팀 권한

중간관리자나 인사팀의 권한이 제한적이고, CEO나 고위 임원진의 최종 결정에 따라 연봉이 정해지는 경우가 많습니다. 이는 협상 과정에서 실질적인 권한을 가진 상대방을 만나기 어렵게 만들고, 협상 결과에 대한 예측 가능성을 낮춥니다.

4. 향후 연봉 협상이 갖는 중요성

연봉 협상의 중요성은 더 커질 예정입니다. 그 이유는 크게 네 가지로 정리될 수 있습니다.

(1) 직무·성과 중심 인사제도의 확산

전통적인 연공서열형 인사제도를 유지해온 한국 대기업들조차 최근에는 직무 중심, 성과 중심 인사로 전환하고 있습니다. 여러 대기업은 직급 폐지 혹은 최소화를 시도하며, '연공이 아니라 성과에 따른 보상'을 강화하는 방향으로 움직이고 있습니다. 이 변화는 개인의 성과와 시장가치가 연봉 협상의 핵심 기준으로 부상할 길을 열고 있습니다.

(2) MZ세대의 협상력 강화

MZ세대는 자신이 원하는 조건과 가치를 명확히 요구하는 경향이 강합니다. 이들은 단순히 연봉 수용자가 아니라, 워라밸, 복지, 성장 가능성, 직무 재량, 조직문화까지 종합적으로 고려하는 주체로 자리 잡았습니다. 앞으로 기업들은 일방적인 연봉 제시가 아니라, 다면적 협상 테이블을 열어야 하는 상황에 직면할 것입니다.

(3) 핵심인재 쟁탈전의 심화

특히 AI, 반도체, 바이오, 데이터 사이언스 등 첨단 분야에서 글로벌 인재 확보 경쟁은 점점 심해지고 있습니다. 한국 기업들은 글로벌 시장에서 경쟁력 있는 연봉 패키지, 스톡옵션, 연구 환경 등을 협상 도구로 삼아야 하며, 이는 연봉 협상이 더 전략적이고 치열해질 것임을 시사합니다.

(4) 외부 인재 영입의 확대

과거 한국 대기업은 사내 승진과 내부 인재 육성을 중심으로 운영되었습니다. 그러나 최근에는 외부 영입을 통해 새로운 피를 수혈하려는 움직임이 확대되고 있으며, 이에 따라 경력직 연봉 협상은 인사팀과 최고경영진의 중요한 전략적 과제로 떠오르고 있습니다.

5. 연봉 협상에 대한 새로운 시각

연봉 협상은 단순히 '급여를 책정하는 과정'이 아닙니다. 그것은 개인의 시장가치, 경력 설계, 성장 비전, 조직의 전략적 선택이 교차하는 다층적 협상입니다. 앞으로 연봉 협상을 바라보는 관점은 단순한 금전적 보상에서 벗어나, 인재 가치를 매개로 한 전략적 교섭으로 진화할 필요가 있습니다.

개인에게는 자기 역량을 계량화하고 명확하게 표현하는 준비와 훈련이 요구되며, 기업에 핵심인재 유지 전략을 새롭게 설계할 필요성이 제기됩니다. 이 두 주체가 서로의 필요와 가치를 얼마나 잘 조율하느냐에 따라 미래의 연봉 협상 판도가 결정될 것입니다.

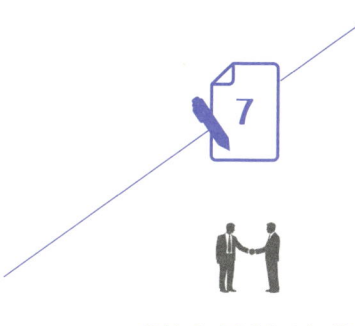

연봉 협상 사례

1. 사례 상황: 대기업 마케팅 매니저의 연봉 협상

기업에서 마케팅 매니저로 5년째 근무하는 박OO 씨(35세)는 최근 회사에 큰 수익을 안겨준 대형 프로젝트를 성공적으로 마무리했습니다. 현재 연봉보다 최소 15% 인상을 기대하며, 이는 자신의 성과와 업계 평균을 고려할 때 합당한 요구라고 판단하고 있습니다.

하지만 회사 측은 경기 침체로 인해 연봉 인상에 소극적인 태도를 보일 가능성이 높습니다. 실제로 인사팀에서는 전 직원 대상 일률적 5% 인상안을 마련한 상황입니다. 이러한 배경 속에서 박OO 씨와 회사(인사팀) 간의 연봉 협상이 시작될 예정입니다. 이 상황은 연봉 협상이 이뤄지는 직장인이 직면할 수 있는 전형적인 연봉 협상 환경을 보여줍니다.

2. 연봉 협상의 핵심 이론

연봉 협상은 단순한 요구와 수용의 관계가 아니라, 상대방의 이해관계를 파악하고, 설득력 있는 근거를 마련하며, 최선의 대안을 고려하는 복합적인 과정입니다. 앞선 사례에서도 협상관련 이론을 언급하였지만 연봉 협상에서는 아래 이론이 더욱 많이 활용될 수 있습니다.

(1) 바트나(BATNA)

협상이 결렬될 경우, 당사자가 취할 수 있는 최선의 행동 방안을 의미합니다. 예를 들어, 직원의 바트나(BATNA)는 경쟁사로의 이직이나 다른 부서로의 이동이 될 수 있으며, 회사의 바트나(BATNA)는 해당 인력의 대체 인력 채용 등이 될 것입니다. 자신의 바트나(BATNA)를 명확히 아는 것은 협상에서 심리적 우위를 확보하고 불리한 제안을 거절할 용기를 줍니다.

(2) 협상가능영역(ZOPA)

협상 당사자 모두가 수용할 수 있는 최저점과 최고점 사이의 범위를 말합니다. 직원의 최소 연봉 인상 요구와 회사의 최대 연봉 인상 가능액 사이에 겹치는 부분이 바로 조파입니다. 이 영역을 정확히 파악하고 그 안에서 최적의 합의점을 찾는 것이 중요합니다.

(3) 앵커링(Anchoring) 효과

협상 초기 제시되는 정보나 숫자가 이후 협상 과정 전반에 걸쳐 기준점(Anchor)으로 작용하여, 최종 결과에 큰 영향을 미치는 현상입니다. 연봉 협상에서는 먼저 제시하는 금액이 협상의 기준점이 될 가능성이 크기에, 전략적으로 합리적이면서도 다소 높은 금액을 먼저 제시하는 것이 유리할 수 있습니다.

3. 성공적인 연봉 협상을 위한 준비: 직원의 관점

직원이 연봉 협상을 성공적으로 이끌기 위해서는 자신의 가치를 객관적으로 증명하고, 다양한 대안을 고려하는 치밀한 준비가 필수적입니다.

(1) 데이터 및 근거 자료 확보
자신의 성과 정리

최근 1년간 담당한 프로젝트를 면밀히 분석하여, 그로 인한 매출 증가율, 비용 절감 효과, 고객 만족도 상승, 생산성 향상 등 측정 가능한 성과를 수치화해야 합니다. "제가 주도한 프로젝트로 인해 회사의 매출이 20% 증가하였으며, 이는 연간 50억 원의 추가 수익을 창출한 결과입니다."처럼 구체적인 데이터를 제시함으로써 자신의 기여도를 명확히 합니다.

업계 평균 연봉 조사

경쟁사의 유사 직책과 직무의 연봉 수준을 조사하여, 자신의 현재 연봉이 시장 대비 적정한지, 혹은 낮은지 객관적인 근거를 마련합니다. 이는 "업계 평균을 기준으로 보면, 제 현재 연봉은 시장 대비 10% 낮은 수준입니다."처럼 논리적인 주장을 펼칠 수 있는 기반이 됩니다.

회사 재정 상황 분석

회사의 최근 실적 발표 자료, 뉴스 기사, 산업 보고서 등을 분석하여 회사의 전반적인 재정 상황과 연봉 인상 가능성을 판단합니다. 이는 회사의 제약 조건을 이해하고 현실적인 목표를 설정하는 데 도움이 됩니다.

(2) 협상 전략 수립

최소 목표 및 이상적인 목표 설정

협상 시작 전, 자신이 수용할 수 있는 최소 연봉 인상 목표와 이상적인 연봉 인상 목표를 명확히 설정해야 합니다. 예를 들어, 최소 10% 인상을 목표로 하되, 이상적인 목표는 15%로 설정하는 식입니다.

상호 이익 기반 협상 준비

연봉 인상이 회사 예산상 어렵거나 제한적일 경우를 대비하여, 성과급, 직급 승진, 유급휴가 확대, 재택근무, 교육 지원, 스톡옵션 등 비금전적 보상의 대안을 함께 제안할 준비를 합니다. 이는 회사의 부담을 줄이면서도 자신의 만족도를 높일 수 있는 유연한 접근 방식입니다.

바트나(BATNA) 설정

협상이 결렬될 경우를 대비한 바트나를 미리 구체적으로 검토합니다. 내부 부서 이동, 경쟁사 이직, 프리랜서 전환 등 현실적인 대안을 마련해두면 협상 과정에서 심리적 우위를 확보하고, 불리한 제안을 단호히 거절할 수 있는 자신감을 얻을 수 있습니다.

4. 성공적인 연봉 협상을 위한 준비: 회사의 관점

인사팀은 직원의 연봉을 결정할 때 개인의 성과뿐만 아니라 회사 전체의 인력 운영 전략과 재정 상황 등 여러 요소를 종합적으로 고려합니다.

(1) 회사가 고려해야 할 요소
전체 인건비 예산

회사는 매년 전체 인건비 예산을 설정하고, 이에 따라 연봉 인상에 대한 지침을 수립합니다. 특정 직원의 과도한 연봉 인상은 전체 예산에 부담을 줄 뿐만 아니라, 다른 직원들과의 형평성 문제를 일으킬 수 있습니다.

시장 경쟁력 유지 및 인재 유치

유능한 핵심 직원이 경쟁사로 이직하는 것을 방지하면서도, 과도한 연봉 인상으로 다른 직원들과의 형평성이 깨지지 않도록 조정해야 합니다. 시장의 인재 집단과 동종 업계의 보상 수준을 꾸준히 점검하여 경쟁력 있는 보상 체계를 유지하는 것이 중요합니다.

핵심 인재의 기여도 평가

특정 직원의 성과가 회사 전체의 성장에 기여도를 객관적으로 평가해야 합니다. 이는 개인의 주장뿐만 아니라, 독립적인 평가 시스템을 통해 이루어져야 합니다.

(2) 협상 전략 수립
연봉 인상 요청을 제한할 논리 개발

"회사의 재정 상황이 어렵다."라는 점을 강조하되, 단순히 부정적인 답변으로 일관하기보다, 직원에게 실망감을 주지 않으면서도 수용 가능한 적절한 보상을 제안할 논리를 개발해야 합니다. 이는 회사의 어려운 상황을 투명하게 설명하면서도, 직원의 노고를 인정하는 방식으로 진행되어야 합니다.

비금전적 보상 제안

연봉 인상이 어려운 경우, 성과급 지급, 유급 휴가 추가 제공, 자기 계발을 위한 교육 지원 프로그램, 유연 근무 제도 확대, 복지 혜택 강화 등 다양한 비금전적 보상을 적극적으로 고려하고 제안합니다. 이는 직원의 동기부여를 유지하면서도 회사의 재정적 부담을 분산시킬 수 있는 효과적인 방법입니다.

직원의 핵심 성과 분석

협상에 임하기 전, 해당 직원이 주장하는 성과가 회사 전체의 성장에 미친 영향을 정량적, 정성적으로 면밀하게 분석하고 평가합니다. 이를 통해 직원의 요구에 대해 근거 있는 반박이나 대안을 제시할 수 있습니다.

5. 연봉 협상 시나리오 및 주요 조율 과정

앞서 설정한 마케팅 매니저 박OO 씨와 인사팀 간의 연봉 협상 과정을 통해 성공적인 협상의 단면을 살펴봅니다.

(1) 협상 시작: 직원의 앵커링과 회사의 현실론

박OO: "지난해 제가 주도한 프로젝트 덕분에 회사의 매출이 20% 증가했습니다. 제 성과와 업계 평균 연봉을 고려할 때, 올해 연봉을 15% 인상하는 것이 적절하다고 생각합니다."(앵커링 효과를 노린 높은 첫 제안)

인사팀: "박OO 매니저님의 기여를 높이 평가하고 있습니다. 다만, 현재 회사의 예산이 제한적이라서 전 직원 일괄 5% 인상안을 적용하는 방침입니다." (회사의 제약 조건 설명 및 현실론 제시)

(2) 중간 조율: 대안 제시와 상호 이익 탐색

박OO: "회사의 방침을 이해합니다. 하지만 업계 평균과 비교하면 제 연봉은 10% 이상 낮은 수준이며, 성과 기여도를 고려할 때 5% 인상으로는 부족합니다. 연봉 15% 인상이 어렵다면, 추가적인 성과급 지급이나 다른 형태의 보상을 검토하여 주시기 바랍니다." (회사를 이해하면서도 자신의 바트나를 간접적으로 시사하며 대안 탐색)

인사팀: "연봉 인상 대신, 이번 분기 성과급을 추가 지급하거나, 연말 보너스를 늘리는 방식으로 보상할 수 있을 것 같습니다. 박OO 매니저님의 성과는 분명 인정받아야 할 부분입니다." (비금전적 보상으로 협상 범위를 확장)

박OO: "성과급 지급을 긍정적으로 검토해주셔서 감사합니다. 추가 성과급 지급과 함께, 연봉은 최소 10% 인상해 주시기를 요청합니다. 이는 제 기여도와 시장가치를 반영하는 최소한의 수준이라고 생각합니다." (최소 목표를 다시 제시하며 금전적 보상과 비금전적 보상의 결합 시도)

(3) 최종 합의: 협상가능영역(ZOPA) 내에서의 타협

인사팀: "최종적으로 8% 연봉 인상과 추가 성과급 지급을 제안합니다. 이는 회사 예산을 고려하면서 박OO 매니저님의 기여를 최대한 반영한 방안입니다." (회사의 협상가능영역 상한선 제시)

박OO: "네, 8% 연봉 인상과 추가 성과급 제안에 동의합니다. 제 노력을 인정해주셔서 감사합니다." (합리적인 범위 내에서 수용)

6. 협상 결과 및 핵심 시사점

(1) 협상 결과 분석

박OO: 최초 목표(15%)에는 미치지 못했지만, 8% 연봉 인상과 추가 성과급이라는 실질적인 성과를 확보했습니다. 이는 자신의 가치를 명확히 제시하고, 유연하게 대안을 탐색한 결과입니다.

회사 측: 전체 연봉 예산을 초과하지 않으면서도, 핵심 인재인 박OO 씨를 유지하고 동기를 부여하는 전략을 성공적으로 수행했습니다. 일률적인 인상안을 고수하기보다, 개별 협상을 통해 인재 이탈을 방지하고 생산성을 유지할 수 있었습니다.

(2) 연봉 협상의 핵심 시사점

위와 같은 가상의 협상 사례는 연봉 협상에서 다음의 핵심 원칙들이 얼마나 중요한지를 보여줍니다.

명확한 성과와 데이터로 협상해야 합니다

감정적인 주장보다는 수치화된 성과와 객관적인 시장 데이터를 기반으로 협상하는 것이 훨씬 설득력이 높고 효과적입니다. '무엇을 했는가'보다 '무엇을 달성했는가'에 초점을 맞춰야 합니다.

연봉 외의 비금전적 보상을 고려해야 합니다

협상이 금전적 부분에서 난항을 겪을 때, 성과급, 복지 혜택, 직급 승진, 교육 기회, 유연 근무 등 비금전적 대안을 제시함으로써 합의 가능성을 높일 수 있습니다. 이는 회사와 직원 모두에게 '상호 이익'을 줄 수 있는 중요한 유연성입니다.

바트나(BATNA)를 설정하고 협상에 임해야 합니다

협상이 실패할 경우 이직, 내부 부서 이동 등 현실적인 대안을 미리 검토하고 준비해야 합니다. 이는 협상 과정에서 당신의 심리적 안정감을 제공하고, 불리한 조건에 굴하지 않을 용기를 줍니다. 바트나가 강력할수록 협상력은 더욱 강해집니다.

정보의 비대칭성을 해소해야 합니다

자신의 시장가치, 회사의 재정 상황, 그리고 동종 업계의 보상 수준에 대한 충분한 정보를 확보하는 것이 협상력의 기반이 됩니다.

7. 결론: 연봉 협상, 관계 구축과 가치 창출의 과정

위의 연봉 협상 사례는 성과를 명확히 증명하고, 감정이 아닌 전략으로 접근할 때 어떻게 협상이 성사될 수 있는지를 잘 보여줍니다. 박OO 씨는 비록 목표했던 15% 인상에는 미치지 못했지만, 연봉 8% 인상과 추가 성과급이라는 실질적인 성과를 얻었고, 회사는 예산 범위를 넘지 않으면서도 핵심 인재를 유지할 수 있었습니다.

연봉 협상은 나의 가치를 증명하는 과정이며, 동시에 상대방의 조건과 현실을 존중하는 대화입니다. 철저한 준비, 유연한 전략, 상호 이익 기반 사고가 연봉 협상을 포함한 모든 협상의 기본임을 사례를 통해 알 수 있습니다. 앞으로의 시대에는 자신의 가치를 명확히 파악하고, 이를 바탕으로 합리적인 협상을 주도하는 역량이 더욱 중요해질 것입니다. 이는 단순히 개인의 재정적 이득을 넘어, 기업과 개인이 함께 성장하는 지속 가능한 관계를 구축하는 핵심적인 방법이 될 것입니다.

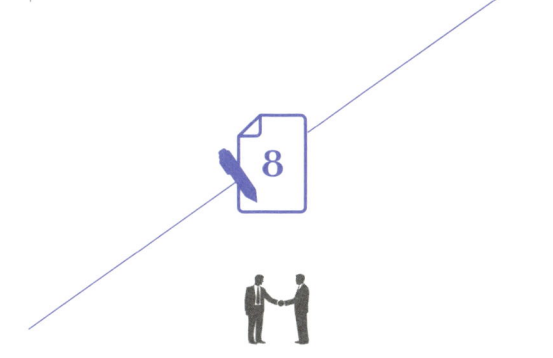

노사 협상 : 갈등을 해결하는 협상의 기술

1. 대한민국 노사 협상의 현실과 중요성

노사 협상은 기업과 노동자가 임금, 근로 조건, 복지, 근무 환경 등에 대해 의견을 조율하는 과정입니다. 하지만 대한민국에서는 노사 협상이 종종 갈등과 대립의 양상으로 펼쳐지는 경우가 있습니다.

(1) 노사 협상이 어려운 이유

노사 협상이 원활하게 진행되기 어려운 데에는 몇 가지 요인이 있습니다.

이해관계의 차이

기업은 인건비의 적절한 운영과 경쟁력 확보를 중요한 목표로 삼지만, 노동자는 더 나은 처우와 근로 환경 개선을 추구합니다. 이러한 각자의 목표는 협상 과정에서 자연스러운 의견 차이를 발생시킵니다.

노사 간의 입장 차이

노동조합의 입장이 강할 경우, 기업 역시 이에 상응하는 대응을 하면서 협상보다는 대립적인 상황으로 이어질 수 있습니다. 반대로 기업이 노동조합의 요구를 일방적으로 거부한다면, 파업이나 생산 차질과 같은 문제가 발생할 가능성도 있습니다.

정부 개입과 법적 규제

노사 협상에는 노동법, 최저임금, 근로기준법 등 다양한 법적 요소가 관여하며, 정부의 정책 방향에 따라 협상 구도에 변화가 생기기도 합니다.

하지만 성공적인 노사 협상은 기업과 노동자 모두에게 긍정적인 결과를 가져올 수 있습니다. 기업은 안정적인 생산성을 유지하고, 노동조합은 근로자의 권익을 보호하며 상호 발전의 기회를 모색할 수 있기 때문입니다.

2. 사례 개요: IT 제조업체 A사의 노사 협상

여기, 국내 대기업의 협력사로 500여 명의 직원이 근무하는 중견 IT 제조업체 A사의 사례를 살펴보겠습니다. 최근 A사의 노동조합은 근로 조건 개선과 임금 인상을 중심으로 다음과 같은 요구사항을 제시하며 단체협약 협상을 요청했습니다.

기본급 10% 인상

주 4.5일 근무제 도입

성과급 지급 기준 명확화

산업안전 강화 및 작업장 환경 개선

이에 대해 A사 경영진은 다음과 같은 이유로 신중한 입장을 밝혔습니다.

최근 수익성 악화로 인해 10% 인상은 현실적으로 어렵다는 점

주 4.5일 근무제는 생산성 저하로 이어질 수 있다는 우려

성과급 지급 기준 조정 시 다른 협력업체와의 형평성 문제가 발생할 수 있다는 점

이러한 배경 속에서 노조와 기업 간의 협상이 본격적으로 시작되었습니다.

3. 노조(노동자 측)의 협상 준비

노조는 근로 조건 개선과 임금 인상을 목표로 협상을 준비했습니다.

(1) 협상의 목표 설정

노조는 협상에 임하기 전 두 가지 목표를 설정했습니다.

최대 목표: 기본급 10% 인상과 주 4.5일 근무제 도입

최소 목표: 기본급 5% 인상과 근무시간 일부 조정 또는 유급휴가 확대

(2) 협상의 근거 자료 확보

노조는 자신들의 요구에 대한 합리적인 근거를 제시하기 위해 다음과 같은 자료들을 준비했습니다.

업계 유사 기업의 임금 및 근로 환경 비교 자료

자체 실시한 근로자 만족도 설문 및 건강 실태 조사

산업안전 기준 미달 사례 수집

(3) 협상 전략 수립

노조는 협상 과정에서 활용할 전략을 구상했습니다.

하이볼 전략: 협상 초반에 최대 요구 조건을 제시하여 협상력을 확보하는 방안

상호 이익 기반 협상: 근무환경 개선이 생산성 향상에 이바지할 수 있음을 강조하여 회사에도 긍정적인 영향을 줄 수 있음을 강조

여론 형성 전략: 필요시 회사 외부의 여론이나 언론을 통한 간접적인 접근도 고려

4. 기업(경영진 측)의 협상 준비

경영진은 재정 부담을 최소화하면서도 잠재적인 리스크를 줄이기 위한 준비를 진행했습니다.

(1) 협상의 목표 설정

경영진은 협상에서 양보할 수 있는 최대 범위와 수용하기 어려운 요구 사항을 명확히 정했습니다. 예를 들어 다음과 같이 목표를 설정할 수 있습니다.

최대한 수용 가능한 조건: 기본급 5% 인상과 연간 5일 유급휴가 추가

수용 불가능한 조건: 주 4.5일 근무제 도입, 성과급 기준 변경

(2) 협상의 근거 자료 확보

경영진은 자신들의 입장을 뒷받침할 객관적인 데이터를 준비했습니다.

최근 3개 분기 실적 자료: 최근 수익 감소를 데이터로 제시하며, 급격한 임금 인상이 어려운 이유를 논리적으로 설명

유사 경쟁 기업과의 비교 분석 (임금, 근로시간, 생산성 등): 경쟁사의 근무 조건을 비교하여, 현재 수준이 업계 평균과 크게 다르지 않음을 강조

(3) 협상 전략 수립

경영진은 노조의 요구에 대한 대응 전략을 세웠습니다.

로우볼(Low Ball) 전략: 처음에는 3% 인상안을 제시한 후, 점진적으로 협상하며 5%까지 조정하는 방안

비금전적 보상 제안: 연봉 인상이 어려운 대신, 복지 혜택 확대, 교육 지원, 근무 환경 개선 등의 대안을 제시

장기적 신뢰 구축 강조: 일회성 혜택보다는 장기적인 안정 고용 제공을 강조하며, 노사 간의 지속적인 관계 발전을 모색

5. 협상 과정 시나리오

노조와 경영진의 협상 과정은 다음과 같이 전개되었습니다.

(1) 1차 협상 - 초기 요구안 조율

노조: "기본급 10% 인상과 주 4.5일 근무제 도입은 직원들의 생계 안정과 삶의 질 개선을 위한 중요한 요구입니다."

경영진: "직원 여러분의 어려움에 공감합니다. 다만 현재 회사 재정 상황을 고려할 때 3% 인상 외에는 현실적으로 어렵고, 주 4.5일 근무는 생산 차질이 우려되어 수용하기 어렵습니다."

(2) 2차 협상 - 대안 제시

노조: "최소한 7% 인상은 필요하며, 주 4.5일제가 어렵다면 월 1회 유급휴가 확대나 근무시간 탄력제 도입을 요구합니다."

경영진: "기본급은 최대 5%까지 인상할 수 있으며, 대신 연간 5일의 유급휴가를 추가로 제공하고, 일부 부서에 대해 탄력근무제를 시범 운영하는 방안을 검토할 수 있습니다."

(3) 최종 합의

노조와 경영진은 여러 차례의 논의 끝에 아래의 조건으로 최종 합의에 이르게 되었습니다.

기본급 5% 인상

연간 5일 유급휴가 추가 제공

작업장 산업안전 강화 및 공조설비 개선 실시

일부 부서에 탄력근무제 시범 적용

6. 협상에서 얻을 수 있는 시사점

A사의 사례는 성공적인 노사 협상을 위한 몇 가지 중요한 시사점을 제공합니다.

(1) 감정적인 대립을 피하고 논리적으로 접근해야 한다

협상 과정에서 감정적인 태도는 논의를 어렵게 만들 수 있습니다. 논리적인 근거와 데이터에 기반한 접근이 합리적인 합의 도출에 중요합니다.

(2) 상호 이익을 고려한 대안을 마련해야 한다

기업은 단순히 "불가능하다."라고 거절하기보다는, 비금전적 보상이나 다른 형태의 대안을 제안하는 것이 중요합니다. 이는 상호 간의 이해를 높이고 협력적인 분위기를 조성하는 데 공헌합니다.

(3) 바트나(BATNA)를 설정해야 한다

협상이 결렬될 경우를 대비한 바트나를 미리 설정하는 것은 협상력을 유지하는 데 도움이 됩니다. 노조가 파업을 고려하듯, 기업도 대체 인력 확보나 정부 중재 요청 등 다양한 대안을 준비할 수 있습니다.

(4) 협상가능영역(ZOPA)을 파악해야 한다

노조의 최소 목표와 기업의 최대 양보안 사이에는 협상가능영역이 존재합니다. 기본급 인상 폭, 복지 혜택, 근로 조건 등을 조합하여 서로 수용 가능한 합의점을 찾아내는 것이 중요합니다.

7. 결론: 성공적인 노사 협상은 협력과 타협의 결과다

노사 협상은 단순한 대립이 아니라, 기업과 노동자가 함께 성장하기 위한 과정입니다. 데이터 기반의 협상, 상호 이익을 고려한 접근, 그리고 합리적인 대안 마련을 통해 원만한 합의를 이끌어내는 것이 가장 중요한 목표입니다.

기업과 노동자가 서로 협력할 때, 더 나은 근로 환경과 지속 가능한 기업 운영이 가능해집니다.

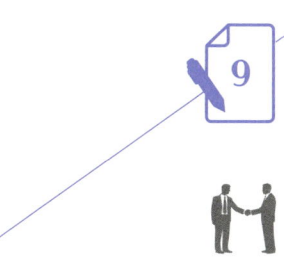

협력업체와의 납품 단가 협상: 실전 사례와 전략 분석

1. 대한민국 기업 환경에서 협력업체 납품 단가 협상의 현실

대한민국 기업 환경에서 협력업체와의 납품 단가 협상은 중요한 요소 중 하나입니다. 기업들은 원가 절감을 위해 협력업체와 꾸준히 가격에 대한 논의를 진행하며, 협력업체는 적정한 이윤을 확보하기 위해 협상에서 합리적인 조건을 모색하려합니다.

그러나 납품 단가 협상은 단순히 가격만을 조정하는 과정은 아닙니다. 기업은 비용 절감과 품질 유지 사이에서 균형을 이루어야 하며, 협력업체는 납품 단가 인하 압박 속에서도 지속 가능한 운영을 위한 전략이 필요합니다. 따라서, 가격뿐만아니라 신뢰, 품질, 공급 안정성까지 고려해야 하는 다각적인 고려가 필요한 협상입니다.

2. 사례 개요: 전자기기 제조업체 A사와 부품 공급업체 B사의 납품 단가 협상

여기, 전자기기를 생산하는 중견기업 A사와 A사에 반도체 부품을 공급하는 협력업체 B사의 사례를 살펴보겠습니다.

최근 원자재 가격 상승과 글로벌 공급망의 변화로 인해 B사는 납품 단가 조정을 요청했습니다. 하지만 A사는 경쟁력을 유지하기 위해 비용 절감이 필수적이므로 단가를 현 수준으로 유지하거나 조정하고자 합니다.

(1) 협력업체 B사의 요구 사항 (공급업체 입장)

최근 원자재 가격이 15% 상승하여, 기존 납품 단가로는 수익성 유지가 어려운 상황입니다. 최소한 납품 단가를 10% 인상해야만 적정한 이윤을 확보할 수 있을 것으로 판단됩니다.

지속적인 품질 유지와 안정적인 공급을 위해 협력사가 어느 정도의 안정적인 재정 기반이 필요합니다.

(2) 제조업체 A사의 요구 사항 (발주 기업 입장)

경쟁사보다 가격 경쟁력을 유지하기 위해 단가 조정이 필요합니다. 원자재 가격 상승이 모든 업체에 영향을 미치는 것은 맞지만, 다른 협력업체들은 기존 단가를 유지하고 있습니다.

공급업체가 단가 인상을 요구할 경우, 대체 공급업체와의 협력 가능성도 검토할 수 있습니다.

3. 협력업체(공급업체 B사)의 협상 준비

B사는 납품 단가 인상을 정당화하기 위해 신중한 준비가 필요합니다.

(1) 객관적 데이터 확보

원자재 가격 상승, 물류비 증가, 인건비 인상 등을 객관적인 자료로 정리해야 합니다. 경쟁사들도 비슷한 수준으로 단가를 인상했는지 파악해야 합니다. 만약 단가 인상이 어렵다면, 대체적인 비용 절감 방안(예: 대량 발주 할인, 장기 계약 등)을 모색해야 합니다.

(2) 협상 전략 설정

하이볼(High Ball) 전략: 처음에는 15% 인상을 제시한 후, 협상을 통해 10% 수준에서 합의점을 찾아보고자 합니다.

신뢰 관계 유지: 품질 유지 및 안정적 공급이 가능함을 강조하여, 장기적인 파트

너십을 유지할 필요성을 강조합니다.

차별화된 강점 제시: 다른 업체보다 기술력이 우수하며, 납품 속도가 빠르다는 점을 부각합니다.

(3) 협상 태도

A사가 납품 단가 인상에 어려움을 표할 가능성이 있으므로, 협상 과정에서 감정적인 대응보다는 논리적인 접근을 유지해야 합니다.

A사가 대체 공급업체를 고려할 경우, 단순한 가격 경쟁을 넘어 공급 안정성과 품질의 차별화를 강점으로 제시해야 합니다.

4. 제조업체(발주사 A사)의 협상 준비

A사는 비용 절감과 안정적인 납품을 함께 고려해야 합니다.

(1) 객관적 데이터 확보

현재 시장에서 같은 부품의 가격을 조사하여, B사의 요구가 합리적인지 검토해야 합니다.

대체 공급업체 조사: 만약 B사가 과도한 단가 인상을 요구하면, 다른 공급업체와 비교하여 협상에 필요한 정보를 확보할 수 있습니다.

현재 원가 구조 분석: 협력업체가 요구하는 10% 인상이 A사의 수익률에 미치는 영향을 면밀히 분석해야 합니다.

(2) 협상 전략 설정

로우볼(Low Ball) 전략: 협상의 시작점을 5% 인상 또는 현 수준 유지로 제시하고, 이후 논의를 통해 조정합니다.

비금전적 대안 활용: 대량 발주를 통해 단가 조정을 위한 논의를 진행합니다.

장기 계약을 체결하여 단기적인 단가 변동성을 관리하고, 안정적인 관계를 유지합니다.

대체 공급업체와의 협력 가능성은 협상 중 중요한 요소로 고려됩니다.

"다른 협력업체는 기존 단가를 유지하고 있다."라는 점을 강조하며, B사의 단가 인상 요구를 조정할 수 있도록 논의를 이끌어갑니다.

(3) 협상 태도

협력업체와의 관계를 고려하여 지나치게 강경한 태도보다는 유연한 접근이 필요합니다.

다만, 협력업체가 지나치게 높은 단가를 요구할 경우, 협상에서 신중하고 단호한 입장을 유지해야 합니다.

5. 협상 과정 전개

(1) 1차 협상 - 공급업체의 요구 제시

B사: "최근 원자재 가격과 물류비 상승으로 인해, 기존 단가로는 더는 공급이 어렵습니다. 최소한 10% 인상이 필요합니다."

A사: "회사의 수익성도 중요한 요소입니다. 현재 다른 협력업체들은 기존 단가를 유지하고 있습니다. 3% 인상까지만 가능합니다."

(2) 2차 협상 - 대안 제시

B사: "하지만 품질 유지와 안정적인 공급을 위해서는 이 정도 인상이 필요합니다. 대신, 대량 발주 시 5% 할인 혜택을 제공할 수 있습니다."

A사: "대량 발주 조건을 추가하면, 5% 인상 수준에서 조정할 수 있을 것 같습니다. 대신, 추가적인 품질 보증과 빠른 납품을 보장해 주실 수 있을까요?"

(3) 최종 합의

여러 차례의 논의 끝에, B사와 A사는 아래의 조건으로 최종 합의에 이르게 되었습니다.

기본 납품 단가는 5% 인상

대량 발주 시 추가 5% 할인 적용

품질 보증 및 납기 준수 강화 조항 포함

6. 시사점

이 사례는 납품 단가 협상에서 얻을 수 있는 몇 가지 중요한 시사점을 제공합니다.

(1) 단순한 가격 협상이 아니라, 장기적인 관계를 고려해야 한다

지나치게 가격 인하를 요구할 경우, 협력업체의 품질 유지에 어려움이 발생하거나 장기적인 공급 관계에 영향을 줄 수 있습니다. 반대로, 협력업체가 지나치게 높은 단가를 요구할 경우, 발주사는 대체 공급업체를 검토할 수 있습니다.

(2) 협상의 출발점을 전략적으로 설정해야 한다

공급업체는 처음엔 높은 인상률(15%)을 제시하고, 논의를 통해 10%로 합의점을 찾아갔습니다. 발주사는 처음엔 3% 인상을 제시하고, 5%로 조정하며 협상 과정을 이끌어갔습니다.

(3) 비금전적 대안을 활용해야 한다

가격 협상이 어려울 때는 대량 발주, 장기 계약, 품질 보증 강화 등의 비금전적 대안을 활용하면 협상 진행에 긍정적인 영향을 줄 수 있습니다.

7. 결론: 성공적인 납품 단가 협상은 협력 과정이다

납품 단가 협상은 단순히 가격만을 조정하는 것을 넘어, 기업과 협력업체가 장기적인 신뢰 관계를 구축하는 중요한 과정입니다.

협력업체는 데이터 기반으로 가격 인상의 필요성을 설득해야 하며, 발주사는 비용 절감과 품질 유지 사이에서 균형을 찾아야 합니다.

궁극적으로, 양측이 윈-윈(Win-Win)할 수 있는 협상 전략을 수립하는 것이 매우 중요합니다.

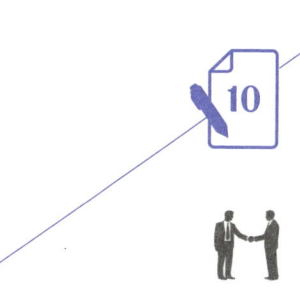

기업 간 전략적 제휴 협상:
실전 사례와 협상 전략

1. 기업 간 전략적 제휴 협상의 현실과 중요성

기업들은 글로벌 경쟁이 심화하는 환경에서 성장을 촉진하고, 시장 지배력을 확대하며, 혁신을 촉진하기 위해 전략적 제휴(Strategic Alliance)를 맺습니다. 전략적 제휴는 단순한 협업이 아니라, 두 기업이 서로의 강점을 극대화하고 위험을 분산하며 장기적인 상생 관계를 구축하는 과정입니다.

그러나 전략적 제휴 협상은 여러 복합적인 요소를 포함하고 있어 신중한 접근이 필요합니다. 이는 목표가 다른 기업 간의 이해관계를 조율하고, 기술 공유, 브랜드 이미지, 시장 점유율, 수익 배분, 지적 재산권(IP) 보호와 같은 복잡한 요소들을 조율해야 하기 때문입니다. 또한 신뢰를 바탕으로 협상을 진행하되, 만일의 경우 발생할 수 있는 위험에도 대비하는 자세가 요구됩니다.

따라서, 전략적 제휴 협상에서는 단순한 가격 협상이 아니라 장기적인 가치 창출과 상호 이익 극대화가 가장 중요한 요소가 됩니다.

2. 사례 개요: IT 대기업 A사와 스타트업 B사의 전략적 제휴 협상

(1) 협상의 배경

A사는 글로벌 IT 대기업으로 AI 기반 스마트 기기를 제조하고 있습니다. 그러나 소프트웨어 경쟁력이 부족하여 혁신적인 AI 알고리즘을 보유한 스타트업 B사

와 전략적 제휴를 추진하려 합니다.

B사는 AI 기술력을 가지고 있지만 글로벌 시장 진출 및 대량 생산 역량이 부족합니다. 따라서 A사의 자금력과 유통망을 활용하여 B사의 기술이 탑재된 AI 스마트 기기를 출시하는 것이 목표입니다. 하지만 양측의 목표와 기대는 다소 차이가 있었습니다.

(2) 각 기업의 협상 목표

A사(IT 대기업)의 목표

B사의 AI 기술을 독점적으로 활용할 수 있는 라이센싱 계약을 체결하고자 했습니다. B사의 브랜드보다는 A사의 브랜드를 전면에 내세워 시장에서 경쟁 우위를 확보하고자 했습니다.

향후 독자적인 AI 연구를 진행할 계획이므로, 장기적으로 B사에 대한 의존도를 점진적으로 줄여나가고자 했습니다.

B사(스타트업)의 목표

A사의 글로벌 유통망을 활용하여 자사의 AI 기술을 널리 알리고, 브랜드 가치를 높이고자 했습니다. 단순히 기술력만 제공하는 하도급 업체가 아니라, 공동 브랜드 및 공동 마케팅을 통해 시장 내 영향력을 강화하고자 했습니다.

기술 유출을 방지하고, A사가 향후 자체 AI 개발을 진행하더라도 B사와의 협력 관계가 지속될 수 있도록 계약을 체결하고자 했습니다.

3. 스타트업 B사의 협상 준비 전략

B사는 A사의 자금력과 유통망이 필요했지만, 자사의 핵심 기술이 부당하게 활용되거나 단순한 하도급 업체로 인식되지 않도록 신중하게 대비해야 했습니다.

(1) 객관적 데이터 확보

자사의 AI 알고리즘이 기존 기술보다 얼마나 우수한지 수치화하여 입증할 자료를 준비했습니다. 현재 시장에서 AI 기술 도입이 활발하게 이루어지고 있음을 강조하고, A사가 이 기술을 확보하는 것이 얼마나 중요한지 설득할 계획이었습니다.

경쟁 기업과의 협업 가능성을 열어두어(BATNA) 협상력을 높였습니다.

(2) 협상 전략 설정

협상가능영역(ZOPA) 분석

B사는 기술 독점을 허용할 수도 있지만, 그 기간을 제한하거나 매출 연동 사용료를 요구하는 방안을 고려했습니다.

공동 브랜드 활용 요청

A사의 브랜드를 활용하되, B사의 기술이 공동 브랜드로 함께 인식될 수 있도록 협상을 진행할 계획이었습니다.

상호 이익을 극대화하는 제안

A사가 자체 AI 연구를 진행할 수 있도록 제한적인 기술 이전을 허용하는 대신, 향후 B사와의 지속적인 협력 의무를 계약에 포함하는 전략을 활용했습니다.

(3) 협상 태도

A사가 대체 기술을 모색할 수도 있으므로, 지나치게 강경한 태도를 보이지 않도록 신중을 기울였습니다.

장기적인 관계를 고려하여, 단기적인 이익보다는 브랜드 인지도 향상과 협력 모델 확장에 중점을 두었습니다.

4. IT 대기업 A사의 협상 준비 전략

A사는 AI 기술 확보가 필요했지만, 장기적으로 특정 기술에 대한 의존도를 낮추면서도 시장 경쟁력을 유지해야 하는 과제를 안고 있었습니다.

(1) 객관적 데이터 확보

B사 외에도 AI 기술을 보유한 다른 기업들과의 비교 분석 자료를 확보했습니다.

B사의 AI 기술이 A사 스마트 기기 판매에 미칠 수 있는 잠재적 효과를 분석했습니다. 기술 유출 방지를 위한 계약 조항을 검토했습니다.

(2) 협상 전략 설정

로우볼(Low Ball) 전략

처음에는 단순 사용권 계약을 제안하되, 협상 과정을 통해 점진적으로 기술 협력 모델로 조정할 계획이었습니다.

비금전적 보상 활용

B사 브랜드를 공동 마케팅에 포함하는 대신, 기술 라이선스 비용을 합리적으로 조정하는 방안을 고려했습니다.

대체 옵션 확보(BATNA)

경쟁 AI 스타트업과도 논의를 진행하여 B사가 독점적인 우위를 점하지 않도록 유도했습니다.

(3) 협상 태도

B사가 지나치게 높은 요구를 할 때 협상 결렬 가능성을 암시할 수 있으나, 장기적인 관계 유지를 고려하여 유연하고 부드러운 접근을 유지하려 했습니다.

장기적인 협력 가능성을 열어두면서도, 독립적인 AI 기술 개발 가능성 또한 염두에 두었습니다.

5. 협상 과정 전개

(1) 1차 협상 - 대기업 A사의 제안

A사: "B사의 AI 기술은 매우 우수하다고 판단됩니다. 저희는 장기적인 사용권 계약을 희망하며, 10년 동안 독점적으로 기술을 활용하는 조건으로 선지급 100억 원을 지급할 의향이 있습니다."

B사: "저희 기술의 시장 경쟁력을 인정해주셔서 감사합니다. 하지만 독점 사용권을 드린다면 저희 브랜드의 정체성이 약해질 수 있습니다. 저희는 공동 브랜드 협업을 제안합니다."

(2) 2차 협상 - 스타트업 B사의 대안 제시

B사: "독점 사용권보다는 공동 브랜드로 협력하고, 매출의 일정 비율을 사용료로 받는 방안을 고려해 주시길 제안합니다."

A사: "공동 브랜드는 다소 부담스러운 부분이 있습니다만, 일정 기간 후 A사 단독 브랜드로 전환하는 조건이라면 검토해 볼 수 있습니다."

(3) 최종 합의

여러 차례의 논의 끝에, A사와 B사는 아래의 조건으로 최종 합의에 이르게 되었습니다.

A사는 B사의 AI 기술을 5년간 독점적으로 사용하되, 이후에는 A사의 단독 브랜드로 전환할 수 있도록 합의했습니다.

B사는 A사의 글로벌 유통망을 활용하여 자사 브랜드 인지도를 높일 수 있는 마케팅 지원을 받기로 했습니다.

A사는 B사에 50억 원 선지급 + 매출의 3% 사용료 지급.

6. 전략적 제휴 협상의 시사점

이 사례는 전략적 제휴 협상에서 얻을 수 있는 몇 가지 중요한 시사점을 제공합니다.

(1) 단순한 단기 이익이 아니라 장기적 가치 창출이 중요하다

B사는 단순한 라이선스 비용에만 집중하기보다, 브랜드 가치를 높이는 방향으로 협상하여 장기적인 경쟁력을 확보할 수 있었습니다.

(2) 비금전적 요소도 중요한 협상 카드가 된다

A사는 단순히 비용을 지불하는 것 외에, 유통망 제공과 공동 브랜드 활용을 협상 카드로 효과적으로 활용했습니다.

(3) 바트나(BATNA)를 반드시 고려해야 한다

양측 모두 대체 가능성을 염두에 둠으로써, 협상에서 불리한 위치에 놓이는 것을 피할 수 있었습니다.

7. 결론: 성공적인 전략적 제휴 협상은 협력과 균형의 과정이다

기업 간 전략적 제휴 협상은 단순한 비용 조정이 아니라, 장기적인 시너지 창출이 핵심입니다. 상호 이익을 극대화하는 협상 전략을 수립하는 것이 결국 가장 성공적인 결과를 가져옵니다.

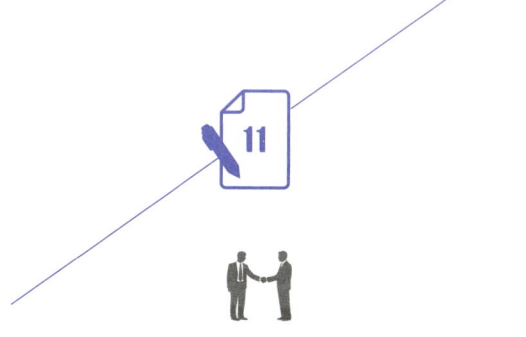

기업 간 인수·합병(M&A) 협상: 실전 사례와 협상 전략

1. 인수·합병(M&A) 협상의 현실과 중요성

인수·합병(M&A, Mergers & Acquisitions)은 기업 성장 전략 중 하나로, 경쟁력 강화, 시장 점유율 확대, 기술 확보, 비용 절감 등의 다양한 목적으로 이루어집니다. 하지만 인수·합병(M&A) 협상은 단순한 거래를 넘어 기업의 미래 방향성을 결정하는 복잡한 과정입니다.

인수·합병(M&A) 협상에서는 기업 가치 평가, 경영권 확보, 지분율 조정, 인수 후 통합(PMI, Post-Merger Integration) 등의 요소가 중요하게 다루어집니다.

인수 기업(Buyer)은 합리적인 가격으로 회사를 인수하되, 핵심 인력과 자산을 유지하고자 합니다. 피인수 기업(Seller)은 자사의 가치를 최대한 높게 평가받아, 더 나은 조건으로 매각하는 것을 목표로 합니다. 이 협상 과정에서 가격, 지분 구조, 인수 후 경영권 유지 여부, 기존 직원의 고용 보장 등이 핵심적인 논의 대상이 됩니다.

2. 사례 개요: IT 대기업 A사의 스타트업 B사 인수 협상

(1) 협상의 배경

글로벌 IT 대기업 A사와 AI 기반 데이터 분석 솔루션을 보유한 유망 스타트업 B사의 인수 협상 사례를 살펴보겠습니다. A사는 클라우드 기반의 AI 기술을 활용하여 시장을 확대하고 있었고, B사의 AI 기술을 확보하여 클라우드 서비스 경쟁력을 높이고자 했습니다.

B사는 성장 가능성이 크지만 자금 부족 문제로 인해 대기업과의 협력을 모색하고 있었으며, A사의 자금과 유통망을 활용하여 더 빠르게 성장하는 것을 목표로 했습니다. 하지만, 두 회사 간의 이해관계는 다소 차이가 있었습니다.

(2) 각 기업의 협상 목표

A사(인수 기업)의 목표

합리적인 가격으로 인수하되, B사의 핵심 인력을 유지하고 기술을 확보하고자 했습니다. B사의 고객 데이터를 확보하여 기존 서비스와 통합하는 것을 목표로 했습니다. B사의 경영진이 인수·합병(M&A) 이후에도 일정 기간 남아 사업을 안정적으로 운영해 줄 것을 요청했습니다.

B사(피인수 기업)의 목표

최대한 높은 인수 가격을 받아내어 창업자와 초기 투자자들의 수익을 극대화하고자 했습니다. B사의 브랜드를 유지하고, 창업자가 인수·합병(M&A) 이후에도 경영권을 유지할 수 있도록 협상하고자 했습니다. 기술이 단순히 흡수되는 것이 아니라, 독립적인 사업 부문으로 운영되도록 보장받기를 원했습니다.

3. 인수 기업(A사)의 협상 준비 전략

A사는 B사의 기술을 확보하면서도 인수 비용을 효율적으로 관리하는 전략이 필요했습니다.

(1) 객관적 데이터 확보

B사의 기술이 현재 시장에서 어떤 차별성을 가지는지 분석했습니다. 유사한 인수·합병(M&A) 사례를 조사하고 기업 가치 평가 모델을 활용하여 객관적인 기준을 마련했습니다. B사가 다른 기업들과 협상을 진행 중인지(BATNA) 파악하여 협상 주도권을 확보하고자 했습니다.

(2) 협상 전략 설정

로우볼(Low Ball) 전략

초기 인수 제안으로 낮은 금액을 제시하고, 협상을 통해 점진적으로 조정하는 방안을 고려했습니다.

비금전적 보상 활용

창업자와 핵심 인력이 일정 기간 동안 근무하도록 하고, 성과에 따라 추가 보상을 제공하는 계약 구조를 제안했습니다. B사의 기존 브랜드 유지를 보장하여, 창업자가 경영에 참여할 동기를 부여하고자 했습니다.

협상가능영역(ZOPA) 분석

경쟁사가 인수를 제안할 경우를 대비하여 최대 인수 가능 금액을 설정했습니다.

(3) 협상 태도

B사가 자신들의 가치를 다소 높게 평가할 가능성이 있으므로, 시장 데이터를 활용하여 합리적인 가격을 강조했습니다.

기술과 인력을 확보하는 것이 중요한 목표였으므로, 지나치게 강경한 태도보다는 유연한 협상 진행을 지향했습니다.

4. 피인수 기업(B사)의 협상 준비 전략

B사는 기업 가치를 극대화하고, 인수·합병(M&A) 이후에도 일정한 독립성을 유지하는 전략이 필요했습니다.

(1) 객관적 데이터 확보

B사의 기술이 경쟁사와 비교했을 때 얼마나 독보적인지 수치화된 자료를 준비했습니다.

경쟁사와도 협상을 진행 중이라는 신호를 보내, A사의 제안이 유일한 선택이 아님을 시사하여(BATNA 활용) 협상력을 높였습니다.

인수·합병(M&A) 이후 예상 매출 증가 전망치를 제시하여 더 높은 기업 가치를 주장했습니다.

(2) 협상 전략 설정

하이볼(High Ball) 전략

초기 인수 희망 가격을 높게 제시하여, 협상을 통해 조정하는 방안을 고려했습니다.

비금전적 요구 사항 추가

창업자가 인수·합병(M&A) 이후에도 CEO 또는 고문으로 남을 수 있도록 요구했습니다.
핵심 기술 개발 인력의 고용 보장 계약을 포함시켰습니다.
A사가 B사의 브랜드를 유지하도록 요청했습니다.

(3) 협상 태도

인수 협상 과정에서 A사가 B사의 고객 데이터 확보를 목표로 하고 있음을 인지하고, 데이터 가치를 협상의 중요한 요소로 활용했습니다.

A사가 지나치게 낮은 가격을 제안할 경우, 다른 인수 후보와 협상을 진행할 수 있음을 시사하여 협상력을 높였습니다.

5. 협상 과정 전개

(1) 1차 협상 - 인수 기업 A사의 제안

A사: "B사의 기술은 훌륭하지만, 현재 시장에서 경쟁사도 유사한 기술을 개발하고 있습니다. 따라서 500억 원 수준에서 인수를 고려하고 있습니다"

B사: "우리 기술은 시장에서 차별성이 있으며, 이미 여러 기업이 관심을 보입니다. 1,000억 원 이하로는 협상하기 어렵습니다."

(2) 2차 협상 - 피인수 기업 B사의 추가 요구

B사: "우리는 단순히 인수되는 것이 아니라, A사와 협력하여 사업을 성장시키기를 원합니다. 따라서, 브랜드 유지와 창업자의 경영권 보장이 필요합니다."

A사: "브랜드는 유지할 수 있지만, 창업자는 인수 후 3년간 CEO로 남고 이후에는 자문 역할로 전환하는 조건을 고려할 수 있습니다."

(3) 최종 합의

여러 차례의 논의 끝에, A사와 B사는 아래의 조건으로 최종 합의에 이르게 되었습니다.

A사는 700억 원에 B사를 인수하되, 창업자는 3년간 CEO로 근무 후 자문 역할로 전환, B사의 브랜드는 유지되며, 인수 후에도 독립적인 사업 부문으로 운영하는 것입니다.

6. 인수·합병(M&A) 협상 시사점

이 사례는 인수·합병(M&A) 협상에서 얻을 수 있는 몇 가지 중요한 시사점을 제공합니다.

(1) 인수 가격뿐만 아니라, 인수 후 운영 방식도 협상의 핵심이다

B사는 단순히 매각하는 것을 넘어, 인수·합병(M&A) 이후에도 독립성을 유지하며 성장할 수 있도록 협상했습니다. 이는 장기적인 관점에서 인수 후 통합의 중요성을 보여줍니다.

(2) 협상에서 바트나(BATNA)를 확보하는 것이 중요하다

B사는 A사 외에도 다른 인수 후보와 협상을 진행 중이라는 점을 강조하여 협상력을 높였습니다. 이는 협상 과정에서 유리한 위치를 선점하는 데 기여합니다.

(3) 비금전적 요소를 활용하면 협상이 더 원만해질 수 있다

A사는 초기 가격에서 타협하는 대신, 창업자의 고용 보장, 브랜드 유지 등의 조건을 추가하여 협상을 성공적으로 마무리했습니다. 이는 금전적 요소 외의 가치를 활용하는 지혜를 보여줍니다.

7. 결론: 성공적인 인수·합병(M&A) 협상은 신뢰와 균형이 핵심이다

인수·합병(M&A) 협상은 단순한 가격 협상이 아니라, 기업의 미래를 결정하는 중요한 과정입니다. 가격, 인수 후 운영 방식, 브랜드 유지, 경영권 승계 등 다양한 요소를 종합적으로 고려하여 균형을 맞추는 것이 필수적입니다. 궁극적으로, 양측이 윈-윈(Win-Win)할 수 있는 협상 전략을 수립하는 것이 가장 중요합니다.

관세 협상(1): 사례와 협상 전략

1. 관세 협상의 현실과 중요성

관세 협상은 수입국과 수출국, 또는 기업과 정부 간에 무역 관세를 조정하는 중요한 논의를 의미합니다. 관세는 단순한 세금의 개념을 넘어, 국가 간 무역 정책의 핵심 요소이며, 경제, 정치, 외교적 이해관계가 복합적으로 얽혀 있습니다.

관세 협상은 다음과 같은 다양한 상황에서 발생할 수 있습니다.

(1) 국가 간 무역 협정(FTA, WTO 협상)에서의 관세 조정

예를 들어, 한·미 FTA나 RCEP(역내포괄적경제동반자협정)와 같은 대규모 무역 협정에서 관세율을 조정하는 경우가 이에 해당합니다.

(2) 기업이 특정 제품의 수입 관세 인하를 정부에 요청하는 경우

원자재 가격 상승과 같은 외부 요인으로 인해 기업이 정부에 관세 감면을 요청하는 협상도 있습니다.

(3) 정부 간 분쟁을 해결하기 위한 협상

미국과 중국의 관세 전쟁처럼 특정 국가가 상대국 제품에 보복 관세를 부과하는 상황에서 이를 해결하기 위한 협상도 이루어집니다.

관세 협상에서는 국익, 자국 산업 보호, 소비자 이익, 경제 성장, 외교적 관계 등 여러 요소가 복잡하게 얽혀 있으며, 그 결과는 수출입 기업뿐만 아니라 소비자와 국가 경제 전반에 광범위한 영향을 미칩니다.

2. 사례 개요: 한국 전자회사 A사의 미국 관세 협상

(1) 협상의 배경

한국의 대표적인 전자제품 제조업체 A사와 미국 정부 간의 관세 협상 사례를 살펴보겠습니다. A사는 미국 시장에 TV, 가전제품, 반도체 부품 등을 수출하고 있었습니다.

최근 미국 정부가 무역 보호 정책을 강화하면서, 특정 가전제품과 전자부품에 대해 15%의 관세를 부과하기로 결정했습니다. 이에 A사는 미국 시장에서 경쟁력을 유지하기 위해, 미국 정부와 협상을 통해 관세 인하 또는 예외 적용을 요청해야 하는 상황에 놓였습니다. 하지만 미국 정부는 자국 제조업 보호를 위해 관세를 쉽게 낮추려 하지 않는 입장이었습니다.

(2) 협상의 이해관계자 및 목표

A사(수출기업)의 목표

관세를 최대한 낮추거나 예외 적용을 받아 비용 부담을 줄이는 것이 가장 중요한 목표였습니다. 미국 정부가 자국 산업 보호를 명분으로 관세를 유지하려는 논리를 극복해야 했습니다. 미국 내 공장 설립, 고용 창출 등의 대안을 제시하여 협상력을 확보하고자 했습니다.

미국 정부(수입국 관세 당국)의 목표

국내 제조업 보호 및 무역 적자 개선을 목표로 했습니다. A사의 제품이 미국 시장에서 과도한 점유율을 차지하는 것을 막기 위해 관세 유지를 희망했습니다. 한국과의 전반적인 무역 관계를 고려하여 협상 가능성은 열어두었습니다.

3. A사의 협상 준비 전략

A사는 단순히 "관세를 낮춰달라."라는 요구만으로는 협상을 성공시키기 어렵다는 점을 인지하고 있었습니다. 미국 정부가 관세를 유지할 이유를 분석하고, 설득력 있는 대안을 제시하는 협상 전략이 필요했습니다.

(1) 객관적 데이터 확보

관세 부과 시 미국 소비자와 기업에 미치는 영향 분석

관세가 부과되면 A사의 제품 가격이 상승하고, 이는 미국 소비자의 부담 증가로 이어진다는 점을 강조할 자료를 준비했습니다. 미국 기업들도 A사의 부품을 사용하고 있어, 관세가 미국 내 기업의 생산 비용 증가를 초래할 것이라는 자료를 확보했습니다.

경쟁국(중국, 일본) 대비 A사의 기여도 분석

한국 기업(A사)이 미국 내 투자와 일자리 창출에 이바지하고 있으며, 경쟁국(중국)보다 무역 관계가 안정적이라는 점을 부각했습니다.

(2) 협상 전략 설정

협상가능영역(ZOPA) 분석

미국 정부의 완전한 관세 철폐는 어렵겠지만, 특정 품목 또는 일정 기간 관세 감면 가능성이 있는지 면밀하게 검토했습니다.

비금전적 보상 활용

미국 시장에서 현지 생산 확대, 미국 기업과의 협업 강화 등의 대안을 제시하여 협상 카드로 활용했습니다.

로우볼(Low Ball) 전략

초기 협상에서 관세 완전 철폐 요구에서 점진적 감면으로 조정하는 방안을 고려했습니다.

(3) 협상 태도

미국 정부의 산업 보호 논리를 정면으로 반박하기보다 '상호 이익' 관점에서 접근하고자 했습니다. 미국 내 고용 창출과 경제 기여도를 강조하여 긍정적인 협상 분위기를 조성하는 데 주력했습니다.

4. 미국 정부(수입국 관세 당국)의 협상 준비 전략

미국 정부는 A사의 요청을 쉽게 수락하지 않으며 자국 제조업 보호 및 경제적 이익을 극대화하는 협상 전략을 사용하는 것이었습니다.

(1) 객관적 데이터 확보

A사의 제품이 미국 시장에서 차지하는 비율을 분석하여 과도한 시장 점유율을 지적할 가능성을 검토했습니다. 관세가 미국 소비자에게 미치는 영향과 그에 따른 정치적 부담을 조사했습니다. 한국 외에도 중국, 일본 등 경쟁국 기업의 입장을 고려하여 협상 가능성을 검토했습니다.

(2) 협상 전략 설정
하이볼(High Ball) 전략

처음에는 관세의 추가 인상 가능성까지 언급하여 협상력을 확보하는 방안을 고려했습니다.

비금전적 조건 추가

A사가 관세 감면을 원한다면, 미국 내 공장 설립, 미국 기업과의 합작 투자 등 추가적인 요구를 할 준비를 했습니다.

바트나(최선의 대안) 확보

A사의 요구를 거부할 경우, 다른 기업(중국, 유럽 기업)과의 협력 가능성을 검토했습니다.

(3) 협상 태도

강경한 입장을 유지하되, 협상 가능성은 열어두었습니다.
A사가 충분한 대안을 제시할 경우, 점진적인 협상 진행을 고려했습니다.

5. 협상 과정 전개

(1) 1차 협상 - A사의 요청

A사: "관세 부과로 인해 미국 소비자 가격이 상승하고, 미국 기업의 생산 비용이 증가할 것입니다. 관세 감면을 고려하여 주시기 바랍니다."

미국 정부: "우리의 목표는 자국 제조업 보호입니다. 관세를 철폐하면 미국 기업이 불리해질 수 있습니다."

(2) 2차 협상 - A사의 대안 제시

A사: "관세 감면이 가능하다면 미국 내 공장을 설립하여 현지 생산을 늘리고, 미국 기업과 기술 협력을 강화할 계획입니다."

미국 정부: "미국 내 투자를 확대하면, 일정 기간 관세를 단계적으로 감면할 가능성을 검토해 보겠습니다."

(3) 최종 합의

여러 차례의 논의 끝에, A사와 미국 정부는 다음과 같은 조건으로 최종 합의에 이르게 되었습니다. A사는 미국 내 투자 확대 및 현지 생산 증가를 약속했습니다. 미국 정부는 15% 관세를 단계적으로 3년간 5%로 감면하기로 했습니다. A사는 미국 정부와 협력하여, 미국 기업과의 합작 사업 추진을 약속했습니다.

6. 관세 협상의 시사점

이 사례는 관세 협상에서 얻을 수 있는 몇 가지 중요한 시사점을 제공합니다.

(1) 상호 이익을 고려한 협상이 중요하다

A사는 단순히 관세 감면을 요청하는 것을 넘어, 미국 내 고용 창출과 경제 기여도를 강조하여 협상을 유리하게 이끌었습니다. 이는 상대방의 이익을 고려한 접근이 중요함을 보여줍니다.

(2) 비금전적 대안을 적극 활용해야 한다

단순한 가격 협상이 아니라, 현지 투자, 기술 협력 등의 비금전적 대안을 제시하면 협상이 더 원활하게 진행될 수 있습니다. 이는 협상의 폭을 넓히는 중요한 전략입니다.

(3) 감정적 대응이 아닌, 논리적 접근이 필요하다

미국 정부가 강경한 태도를 보였지만, A사는 논리적인 데이터와 구체적인 대안을 활용하여 협상을 성공적으로 마무리했습니다. 이는 감정보다는 이성과 논리가 협상에서 더 큰 힘을 발휘함을 시사합니다.

7. 결론: 관세 협상은 경제와 외교가 결합된 복합적 협상이다

관세 협상은 단순한 세금 조정이 아니라, 국익, 무역 정책, 기업 경쟁력 등이 복합적으로 얽혀 있는 중요한 협상입니다. 객관적인 데이터와 창의적인 협상 전략을 활용하면, 관세 협상을 유리하게 이끌 수 있습니다.

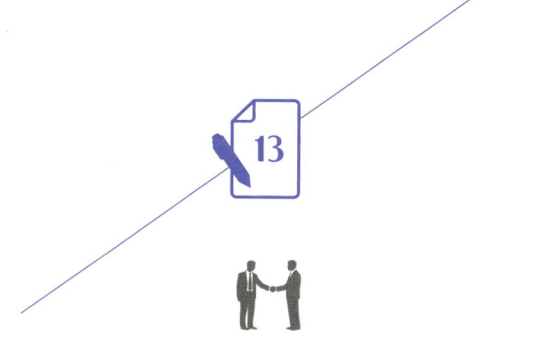

13

관세 협상 (2):
미국과 중국 간 협상 사례 _ 트럼프 1기

1. 미·중 관세 협상의 현실과 중요성

미국과 중국은 세계 경제에서 가장 큰 영향력을 가진 두 국가입니다. 이 두 나라 간의 무역 관계는 글로벌 경제 전반에 직접적인 파급 효과를 미칩니다. 그러나 2018년부터 본격화된 미·중 무역 전쟁은 단순한 경제적 문제를 넘어, 국가 안보, 기술 패권, 글로벌 공급망 재편 등 복합적인 요소가 얽힌 갈등으로 전개되었습니다.

이 과정에서 미국과 중국은 서로에게 높은 관세를 부과하며 무역 보복 조치를 주고받았고, 이는 세계 경제에 상당한 영향을 주었습니다. 미·중 간 관세 협상은 단순한 무역 협상을 넘어, 글로벌 패권 경쟁의 한 축으로 진행되었습니다.

2. 사례 개요: 미·중 무역 전쟁과 1단계 무역 합의(Phase One Deal)

(1) 협상의 배경

2018년, 당시 도널드 트럼프 미국 대통령은 중국의 불공정 무역 관행을 지적하며, 중국산 제품에 대규모 관세 부과를 선언했습니다. 트럼프 행정부는 중국이 미국 기업의 기술을 강제로 이전하도록 요구하고, 국가 보조금을 통해 불공정한 경쟁을 하고 있다고 주장했습니다.

이에 대해 중국도 미국산 제품에 보복 관세를 부과하며 맞대응했습니다. 이후 양국은 여러 차례 협상을 진행했으며, 2020년 '1단계 무역 합의(Phase One Deal)'를 통해 일부 관세를 조정하는 타협점에 도달했습니다.

(2) 각국의 입장과 목표

미국(트럼프 행정부)의 목표

중국의 불공정 무역 관행을 시정하고, 미국 기업의 기술을 보호하고자 했습니다.
무역 적자를 줄이고, 미국 제조업을 보호하는 것을 목표로 했습니다.
중국이 미국산 제품(농산물, 에너지 등)의 수입을 확대하도록 요구했습니다.

중국(시진핑 지도부)의 목표

미국의 높은 관세 부담을 줄이고, 자국 경제 성장 둔화를 방지하고자 했습니다.
자국 산업 보호 및 공급망의 안정성을 유지하는 데 중점을 두었습니다.
미국과의 갈등을 완화하여 글로벌 시장에서의 투자 신뢰를 회복하고자 했습니다.

3. 미국(트럼프 행정부)의 협상 전략

미국은 강력한 압박 전략을 사용하여 중국이 양보하도록 유도했습니다.

(1) 객관적 데이터 확보

2017년 기준, 미국은 중국과의 무역에서 3,750억 달러의 적자를 기록했음을 강조
했습니다. 미국은 중국이 불공정 무역을 통해 무역 흑자를 키웠다고 주장했습니다.

(2) 협상 전략 설정

하이볼(High Ball) 전략

미국은 협상 초기부터 2,000억 달러 규모의 중국산 제품에 25% 관세를 부과하
겠다고 발표하며 높은 수준의 요구를 제시했습니다. 이후 협상을 통해 일부 완
화하는 방식으로 주도권을 확보하고자 했습니다.

보복 관세 카드 활용

"중국이 보복하면, 우리는 더 강력한 보복 조치를 할 것."이라며 추가 관세 부과

가능성을 언급하여 압박했습니다.

바트나(BATNA) 확보
"만약 중국이 협상에 응하지 않으면, 우리는 동남아·멕시코 등과의 무역을 확대할 것."이라는 메시지를 전달하여 중국의 협상 참여를 유도했습니다.

(3) 협상 태도
트럼프 대통령은 강경한 발언을 하며 중국을 압박했습니다.
협상이 지연될 경우, 추가 관세를 부과하는 등 강경한 태도를 고수했습니다.

4. 중국(시진핑 지도부)의 협상 전략
중국은 미국의 강경한 압박에 대응하면서도, 자국 경제의 피해를 최소화하는 협상 전략을 사용했습니다.

(1) 객관적 데이터 확보
미국 기업이 중국 시장에서 얻는 이익을 분석하였습니다. 즉 애플, 테슬라 등 주요 미국 기업들이 중국에서 거대한 시장을 차지하고 있음을 분석하여, 미국 역시 무역 전쟁으로 인해 손해를 볼 수 있음을 시사했습니다.

(2) 협상 전략 설정
로우볼(Low Ball) 전략
협상 초기에 미국산 제품 수입 확대 규모를 낮게 제시하여, 점진적으로 조정하는 방안을 고려했습니다.

보복 관세 카드 활용
미국이 중국산 제품에 관세를 부과하면, 중국도 미국산 대두, 항공기, 자동차 등에 보복 관세를 부과하며 균형을 맞추고자 했습니다.

장기전 전략

미국이 2020년 대선을 앞두고 있었고, 트럼프 대통령이 재선을 위해 협상 타결이 필요하다는 점을 활용했습니다. 협상을 최대한 지연시키면서도, 미국이 원하는 일부 조건을 수용하는 방식으로 협상을 진행했습니다.

(3) 협상 태도

공식적으로는 강경한 입장을 유지했지만, 실제 협상에서는 유연한 태도를 보였습니다.

미국이 협상을 장기화할 경우를 대비하여, 내부적으로 경제적 대응 전략을 마련했습니다.

5. 협상 과정 전개

(1) 1차 협상 - 미국의 압박

트럼프 행정부: "중국이 불공정 무역을 하고 있으므로, 2,000억 달러 규모의 중국산 제품에 25% 관세를 부과할 것입니다."

중국 지도부: "우리는 보복 조치를 검토 중이며, 미국산 대두, 자동차, 항공기에 높은 관세를 부과할 것입니다."

(2) 2차 협상 - 중국의 대안 제시

중국: "미국산 농산물과 에너지를 더 많이 수입할 용의가 있습니다. 대신, 일부 품목의 관세를 철폐하시기 바랍니다."

미국: "미국 기술 기업이 중국 시장에서 더 공정하게 경쟁할 수 있도록, 기술 이전 강요를 중단해야 합니다."

(3) 최종 합의(Phase One Deal, 2020년)

여러 차례의 논의 끝에, 미국과 중국은 다음과 같은 조건으로 '1단계 무역 합의'

에 이르게 되었습니다.

중국은 2년간 미국산 제품(농산물, 에너지, 금융 서비스 등) 2,000억 달러를 추가 구매하기로 약속했습니다.

미국은 일부 품목의 관세를 낮추되, 핵심 품목(반도체, 통신 장비 등)에는 관세를 유지했습니다.

기술 이전 강요 중단, 지적 재산권 보호 강화 등의 조건이 포함되었습니다.

6. 미·중 관세 협상의 시사점

이 사례는 미·중 관세 협상에서 얻을 수 있는 몇 가지 중요한 시사점을 제공합니다.

(1) 강경한 압박 전략이 효과적일 수도 있지만, 장기전으로 가면 협상이 어려워진다

미국은 강경한 관세 정책을 내세웠지만, 중국도 장기전 전략을 활용하여 협상을 길게 끌었습니다. 이는 일방적인 압박만으로는 원하는 결과를 얻기 어렵다는 점을 보여줍니다.

(2) 보복 관세는 협상력을 높이는 도구가 된다

중국은 미국이 관세를 부과할 때마다 미국산 제품에도 보복 관세를 부과하며 균형을 맞추었습니다. 이는 상대방의 압박에 대한 효과적인 대응 수단이 될 수 있음을 시사합니다.

(3) 경제적 손실을 최소화하는 협상 전략이 중요하다.

중국은 일부 품목에서 양보하면서도, 핵심 산업(반도체, 통신 장비 등)에서는 양보하지 않았습니다. 이는 자국의 핵심 이익을 보호하면서도 전반적인 경제적 피해를 줄이는 전략적 접근의 중요성을 보여줍니다.

7. 결론: 미·중 관세 협상은 경제 패권 경쟁의 한 축이다

미·중 관세 협상은 단순한 무역 협상이 아니라, 글로벌 경제 패권을 둘러싼 치열한 경쟁의 일환이었습니다. 양측이 강경한 태도를 보이면서도, 타협 가능한 대안을 마련하는 전략적 협상이 중요했음을 보여준 사례입니다.

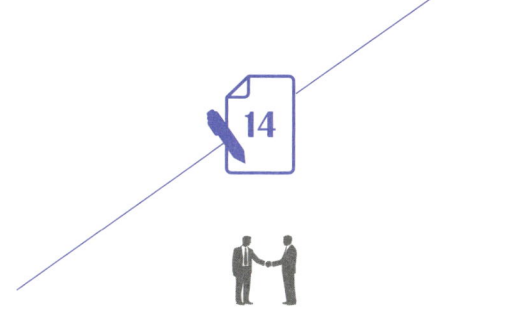

14

관세 협상(3): 미국과 중국 간 협상 사례_트럼프 2기

1. 미·중 관세 협상의 현실과 중요성

도널드 트럼프 전 대통령의 2기 행정부(2025년~)는 '해방의 날(Liberation Day) 관세' 도입 등 전례 없는 확장된 보호무역 조치를 특징으로 합니다. 미국과 중국은 여전히 세계 경제의 핵심축이지만, 이번 협상은 단순한 무역 합의를 넘어 기술 패권, 희토류 및 반도체 공급망, 그리고 무역 불균형을 둘러싼 다층적인 갈등의 새로운 시험대가 되고 있습니다.

2. 사례 개요: 2025년 제네바·런던 회담과 잠정 논의

(1) 협상의 배경

2025년 2월부터 4월까지, 트럼프 행정부는 중국산 제품에 최대 145%에 이르는 높은 관세를 부과하며 압박을 가했습니다. 이에 중국도 미국산 제품에 125% 수준의 보복 관세와 함께 희토류 수출 제한 조치로 맞대응했습니다.

이러한 긴장 속에서 5월 12일 스위스 제네바에서 양국은 상호 관세를 각각 30%와 10%로 낮추는 90일간의 유예 합의를 체결했습니다.

(2) 런던 6월 회담

6월 9일부터 10일까지 영국 런던의 랭커스터 하우스에서 고위급 협상이 재개되었습니다. 이 회담에는 미국 재무부 및 상무부 관계자와 중국 허리펑(何立峰) 부총리 등이 참석했습니다.

핵심 의제는 희토류 수출 재개, 반도체 및 항공기 부품 수출 제한 완화, 그리고 관세 수준 조정 등이었습니다. 협상 결과, 양측은 합의를 위한 '프레임워크'에 대한 논의를 진행하며, 트럼프 대통령과 시진핑 주석의 승인을 거쳐 기술, 희토류, 관세 조정 여지가 있는 장기적인 작업으로 이어질 가능성을 모색했습니다.

3. 미국(트럼프 행정부)의 협상 전략

미국은 강력한 압박 전략을 통해 중국의 양보를 유도하고자 했습니다.

(1) 주도적 압박 전략

'해방의 날 관세'와 고강도 '상호 관세(Reciprocal Tariffs)' 도입을 통해 미국의 협상력을 극대화했습니다.

(2) 바트나(BATNA) 확보

중국 외에 동남아, 멕시코, 캐나다, 유럽연합(EU) 등 다른 국가들과의 무역 협상 가능성을 열어두는 메시지를 전달하며 협상력을 강화했습니다.

(3) 핵심 목표

희토류 확보, 반도체 및 항공기 등 기술 품목에 대한 수출 관세 완화, 무역 적자 축소, 그리고 중국에 대한 경제적 의존도 절감을 주요 목표로 삼았습니다.

(4) 고위급 소통

트럼프 대통령이 직접 시진핑 주석과 통화하며 강력한 정치적, 정서적 메시지를 전달했습니다.

4. 중국(시진핑 지도부)의 협상 전략

중국은 미국의 강경한 압박에 대응하면서도, 자국 경제의 피해를 최소화하는 실용적인 협상 전략을 사용했습니다.

(1) 희토류 카드 활용

희토류 및 자성체 수출 규제를 협상 도구로 유지하며 협상 공간을 확보했습니다.

(2) 내실형 저강도 양보

희토류 부분 조정과 함께 일부 미국산 농산물 및 에너지 수입 확대 기조를 유지하며 유연한 태도를 보였습니다.

(3) 실무적 조정 병행

허리펑 부총리 주도로 '단호한' 외교 메시지를 전달하면서도, 동시에 실무적인 조정을 병행했습니다.

5. 협상 과정 전개

미·중 관세 협상은 다음과 같은 단계로 전개되었습니다.

'해방의 날' 관세 선언 (4월 2일, 4월 5일 발효): 미국이 일방적인 압박을 개시했습니다.

중국의 강력한 보복 조치: 미국산 제품에 대한 125% 관세 부과와 희토류 수출 통제, 그리고 비관세 장벽 확대 등으로 맞대응했습니다.

제네바 유예 합의 (5월 12일): 양국이 각각 관세를 30%와 10%로 낮추며 90일간의 유예 기간을 시작했습니다.

런던 회담 재개 (6월 9~10일): 희토류, 반도체, 기술 제한 등 주요 쟁점에 대한 논의가 계속됐습니다.

6. 시사점 및 한계

이 사례는 미·중 관세 협상에서 얻을 수 있는 몇 가지 중요한 시사점을 제공합니다.

양국 모두 강경 태세와 실용적 균형: 미국은 관세 및 제재 카드를, 중국은 희토류 통제와 자국 경제의 체력을 활용하며 강경한 입장과 실용적인 접근 사이에서 균형을 모색했습니다.

글로벌 공급망 불확실성: 희토류, 인공지능(AI), 반도체 산업에 압박이 집중되면서, 글로벌 기업들의 불확실성이 확대되는 양상을 보였습니다.

법적·정치적 한계: 미국 법원에서 트럼프 대통령의 관세 부과 권한에 대한 소송이 진행 중이며, 항소 법원이 해당 판결을 일시 중지하여 협상 과정에 영향을 미쳤습니다. 이는 대통령의 비상 권한 사용에 대한 법적 논란이 계속되고 있음을 보여줍니다.

장기적이고 조건부적인 협상의 불가피성: 이번 협상은 단순한 무역 합의를 넘어선 복합적인 이해관계가 얽혀 있어, 장기적이고 다양한 조건이 결부된 협상이 불가피함을 시사합니다.

7. 향후 전망

트럼프 2기 행정부 하의 미·중 관세 협상은 여전히 진행 중이며, 몇 가지 중요한 관전 포인트가 있습니다.

유예 기간 종료 전 추가 연장 여부: 7월 제네바 유예 합의(90일)가 8월 중순경 종료될 예정이므로, 그 전에 추가 연장 여부와 관세 비율의 재조정 여부가 주목됩니다.

정상급 공감대 확인: 주요 요건이 달성될 경우, 시진핑 주석과 트럼프 대통령 간의 직접적인 승인 과정이 필요할 것으로 예상합니다.

기술·희토류 중심 연계 협상: 차량, 미사일, 클린 에너지 등에 필요한 희토류 확보를 대가로 반도체 및 AI 관련 기술 수출 제한을 완화하는 연계 협상이 이루어질 가능성이 있습니다.

글로벌 이해관계 동원: 유럽연합(EU), 일본, 한국 등 주요 공급망 국가들의 로비 및 참여 정도가 향후 협상에 영향을 미칠 수 있습니다.

8. 결론

2025년 6월 현재 트럼프 2기 정부의 미·중 관세 협상은 아직 완료되지 않았지만, 고강도 관세 부과, 유예 합의, 그리고 향후 프레임워크 논의를 통한 조건부 승인이라는 단계적 흐름을 보이고 있습니다.

미국은 여전히 강경한 압박 기조를 유지하며 희토류 확보와 기술 수출 완화를 핵심 쟁점으로 내세우고 있으며, 중국은 내수 안정과 희토류 통제를 바탕으로 유연한 협상 태도를 보입니다. 이 과정은 글로벌 공급망 재편과 패권 경쟁이라는 큰 맥락에서 장기적이고 단계적인 접근이 필요한 중대한 경제 외교 무대입니다.

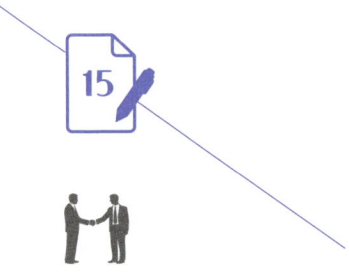

환경 규제 및 기후변화 협상:
실전 사례와 협상 전략

1. 환경 규제 및 기후변화 협상의 현실과 중요성

기후변화 대응은 오늘날 국제 사회의 핵심적인 과제입니다. 이에 따라 각국 정부와 기업들은 환경 규제 및 탄소 배출 감축을 둘러싸고 복잡한 협상을 진행하고 있습니다. 환경 규제 협상은 크게 두 가지 차원에서 이루어집니다.

(1) 국가 간 협상

파리협정(Paris Agreement)이나 COP(유엔기후변화협약 당사국총회)와 같은 국제 협약을 통해 국가들이 함께 기후변화 대응 목표와 방안을 논의하는 경우입니다.

(2) 정부와 기업 간 협상

탄소 배출 규제, 재생에너지 투자 유도, 탄소세 도입 등 정부 정책이 기업 활동에 미치는 영향을 조율하는 협상입니다.

이러한 협상에서는 각국의 국익, 자국 산업 보호, 기술 이전의 필요성, 그리고 경제적 영향 등이 핵심적인 변수로 작용합니다.

2. 사례 개요: 유럽연합(EU)과 개발도상국 간의 탄소 배출 규제 협상

(1) 협상의 배경

유럽연합(EU)은 2030년까지 탄소 배출량을 55% 감축하겠다는 야심 찬 목표를 설정하고, 이를 달성하기 위해 탄소국경세(CBAM, Carbon Border Adjustment Mechanism) 도입을 추진하고 있습니다. CBAM이 시행되면, 탄소 배출량이 높은 국가에서 유럽으로 수입되는 제품에 추가적인 관세가 부과됩니다.

주요 대상 산업은 철강, 시멘트, 화학제품 등 탄소 배출량이 많은 분야이며, 이로 인해 유럽으로 제품을 수출하는 개발도상국 기업들은 생산 비용 증가라는 부담에 직면하게 됩니다. 이에 대해 개발도상국들은 CBAM이 사실상 '환경을 명분으로 한 무역 장벽'이라며 강하게 반발하고 있습니다.

(2) 각 협상 당사자의 입장과 목표

유럽연합(EU)의 목표

탄소 배출을 줄이고, 유럽 내 친환경 산업을 보호하는 것을 최우선 목표로 삼았습니다.

환경 규제를 강화하여 글로벌 기후변화 대응을 선도하는 역할을 하고자 했습니다. 유럽 기업들이 공정한 경쟁 환경에서 활동할 수 있도록 제도를 조정하고자 했습니다.

개발도상국(인도, 브라질, 남아공 등)의 목표

CBAM 도입이 자국 수출 산업에 부정적인 영향을 미칠 것을 크게 우려했습니다. 탄소 감축 기술이 부족한 상황에서 추가적인 비용 부담이 발생하는 것에 대한 해결책을 요구했습니다.

CBAM이 보호무역주의 정책으로 작용할 가능성을 차단하고자 했습니다.

3. 유럽연합(EU)의 협상 준비 전략

EU는 탄소 감축 목표를 강력하게 추진하되, 개발도상국의 반발을 완화하고 협력을 이끌어내기 위한 전략이 필요했습니다.

(1) 객관적 데이터 확보

탄소국경세(CBAM)가 환경에 미치는 긍정적인 영향을 분석하고, 그 효과를 명확히 제시할 자료를 준비했습니다.

탄소 감축 노력이 이루어지지 않는다면 유럽 기업들이 입을 수 있는 피해에 대한 논리를 개발했습니다.

국제적인 합의를 통해 CBAM의 정당성을 확보할 수 있는 법적 근거를 마련하고자 했습니다.

(2) 협상 전략 설정

협상가능영역(ZOPA) 분석

CBAM의 완전한 적용과 단계적 도입 또는 예외 조항 추가 사이에서 합의 가능성을 검토했습니다.

비금전적 보상 활용

개발도상국이 CBAM 부담을 줄일 수 있도록 탄소 감축 기술 지원, 금융 지원 패키지 제공 가능성을 고려했습니다.

로우볼(Low Ball) 전략

CBAM을 강력하게 추진하되, 협상을 통해 일부 완화할 여지를 남겨두어 유연성을 확보했습니다.

(3) 협상 태도

환경 보호의 명분을 강조하면서도, 개발도상국과의 협력을 고려하는 유연한 태도를 유지했습니다.

기업들의 반발을 최소화하면서도, 정책을 효과적으로 시행할 수 있는 전략적인 접근을 모색했습니다.

4. 개발도상국(수출국)의 협상 준비 전략

개발도상국은 CBAM 도입에 반대하면서도, 완전한 거부가 어렵다면 자국에 유리한 조건을 확보해야 하는 상황이었습니다.

(1) 객관적 데이터 확보

CBAM이 자국 경제와 기업에 미치는 구체적인 영향을 분석했습니다.

대체 시장(아시아, 아프리카 등)과의 무역 확대를 통해 대응책으로 삼을 수 있을지 검토했습니다.

탄소 감축이 어려운 이유(기술 부족, 자금 부족 등)를 논리적으로 설명할 자료를 준비했습니다.

(2) 협상 전략 설정

하이볼(High Ball) 전략

협상 초기에 CBAM 전면 철폐를 요구한 후, 논의를 통해 일부 품목에 대한 예외 적용 요구로 조정하는 방안을 고려했습니다.

비금전적 보상 활용

탄소 감축을 위한 유럽의 기술 지원 및 금융 지원을 요청하는 것을 협상 카드로 활용했습니다.

BATNA(최선의 대안) 확보

CBAM이 강행될 경우, 아시아·아프리카 시장으로 수출을 다변화할 가능성을 검토하여 협상력을 높였습니다.

(3) 협상 태도

강경한 반대 입장을 유지하면서도, 현실적인 대안을 모색하는 전략적인 태도를 보였습니다.

CBAM이 단순한 무역 규제가 아니라, 기후변화 대응을 위한 정책이라는 점을 수용하는 태도를 통해 건설적인 논의를 유도했습니다.

5. 협상 과정 전개

(1) 1차 협상 - 유럽연합(EU)의 발표

EU: "탄소국경세는 기후변화 대응을 위한 필수적인 정책이며, 유럽 기업들이 공정한 경쟁을 할 수 있도록 보호해야 합니다."

개발도상국 대표: "이는 사실상 무역 장벽이며, 우리는 탄소 감축 기술이 부족한 상황에서 과도한 부담을 지게 됩니다."

(2) 2차 협상 - 개발도상국의 대안 제시

개발도상국: "탄소 감축을 위한 기술과 자금이 부족합니다. CBAM을 전면 시행하는 대신, 일정 기간 유예하거나, 일부 품목에 대한 예외를 허용하여야 합니다."

EU: "탄소 감축 목표는 유지하되, 개발도상국이 감당할 수 있도록 단계적으로 시행하는 방안을 검토해 보겠습니다."

(3) 최종 합의

여러 차례의 논의 끝에, EU와 개발도상국은 아래의 조건으로 최종 합의에 이르게 되었습니다.

CBAM은 단계적으로 시행되며, 일부 품목(철강, 화학제품)은 5년간 예외 적용

EU는 개발도상국에 탄소 감축 기술 및 금융 지원 패키지를 제공

개발도상국은 장기적으로 탄소 감축 목표를 설정하고, 환경 규제를 강화하기로 합의

6. 환경 규제 협상의 시사점

이 사례는 환경 규제 협상에서 얻을 수 있는 몇 가지 중요한 시사점을 제공합니다.

(1) 환경 규제는 단순한 무역 규제가 아니라, 국제 협력이 필수적이다

EU는 환경 보호의 명분을 강조하면서도, 현실적인 협력 방안을 제시하여 협상을 유연하게 진행했습니다. 이는 환경 문제가 국경을 넘어선 협력을 요구함을 보여줍니다.

(2) 국가 간 협상에서는 경제적 현실을 고려한 타협이 필요하다

개발도상국은 CBAM을 완전히 거부하는 대신, 기술 지원과 단계적 시행을 협상 카드로 활용했습니다. 이는 각국의 경제적 상황을 고려한 유연한 접근이 중요함을 시사합니다.

(3) 협상에서는 비금전적 요소(기술 지원, 금융 지원 등)를 활용하면 더 효과적이다

단순한 관세 조정이 아니라, 지속가능한 개발을 위한 지원이 협상의 핵심 요소로 작용했습니다. 이는 금전적 보상 외의 다양한 가치를 활용하는 것이 협상 성공에 기여함을 보여줍니다.

7. 결론: 기후변화 협상은 장기적 관점에서 협력과 타협이 핵심이다

환경 규제 및 기후변화 협상은 국가 간 이해관계, 경제적 현실, 산업 보호 등의 요소가 복합적으로 얽힌 협상입니다. 결국 강경한 입장만을 고수하는 것이 아니라, 현실적인 대안을 제시하고 상호 이익을 고려하는 전략적 협상이 필수적입니다. 기후변화 대응은 전 세계가 함께 해결해야 할 문제이므로, 협상에서는 장기적인 관점에서의 균형 잡힌 접근이 가장 중요합니다.

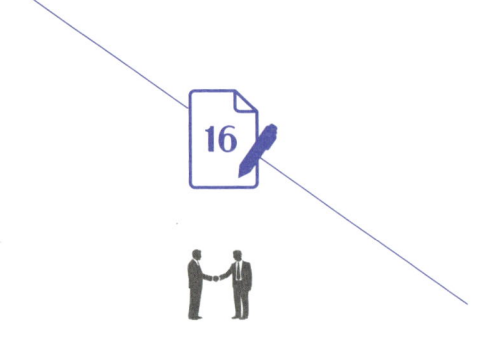

국경 분쟁 해결 협상 : 실전 사례와 협상 전략

1. 국경 분쟁 협상의 현실과 중요성

국경 분쟁은 영토, 자원, 정치적 영향력, 역사적 배경 등 다양한 요인이 복합적으로 얽힌 국가 간의 갈등입니다. 이러한 분쟁은 단순히 국경선 문제를 넘어 국제 안보, 경제, 외교 관계, 그리고 민족 감정까지 영향을 미치는 중대한 사안입니다.

(1) 국경 분쟁이 발생하는 주요 원인

국경 분쟁이 발생하는 데에는 여러 가지 복합적인 원인이 있습니다.

역사적 배경

식민지 시대의 불명확한 국경선 설정이나 과거 조약에 대한 해석 차이가 분쟁의 씨앗이 되기도 합니다.

자원 문제

석유, 천연가스, 수자원 등 경제적 가치가 큰 자원을 차지하기 위한 국가 간 경쟁이 분쟁으로 이어지기도 합니다.

전략적 요충지

군사적 또는 경제적으로 중요한 이점을 가진 지역을 확보하려는 국가 간의 대립이 국경 분쟁의 원인이 되기도 합니다.

민족 분쟁

같은 민족이 여러 국가에 걸쳐 거주하고 있을 경우, 민족적 정체성과 관련된 문제가 국경 분쟁으로 번질 수 있습니다.

국경 분쟁 해결 협상에서는 군사적 충돌을 방지하면서도, 국가의 이익과 주권을 최대한 보호하는 전략적인 접근이 필수적입니다.

2. 사례 개요: 인도와 중국의 국경 분쟁 협상

(1) 협상의 배경

인도와 중국이 히말라야 지역에서 국경선을 둘러싸고 겪고 있는 오랜 분쟁 사례를 살펴보겠습니다. 1962년 인도-중국 전쟁 이후에도 양국은 국경 지역에서 크고 작은 충돌을 반복해 왔습니다.

특히 2020년, 갈완 계곡(Galwan Valley)에서 양국 군대가 충돌하면서 상황은 다시 긴장 국면으로 접어들었습니다.

(2) 각국의 입장과 목표

인도의 목표

중국의 국경 침범을 방지하고, 실질통제선(LAC, Line of Actual Control)을 강화하고자 했습니다.

자국 군대의 주둔을 보장하며, 지역 내 영향력을 유지하는 것을 목표로 했습니다.

외교적 해결을 통해 무력 충돌을 피하면서도, 국가의 주권을 보호하고자 했습니다.

중국의 목표

히말라야 지역에서 전략적 요충지를 확보하고, 국경 지역에서 군사적 우위를 유지하고자 했습니다.

인도가 국경 지역에 군사 시설을 확장하는 것을 저지하는 데 중점을 두었습니다.

협상을 통해 국경 문제를 자국에 유리한 방향으로 조정하고자 했습니다.

3. 인도의 협상 준비 전략

인도는 국경을 보호하면서도 군사적 충돌을 피하는 균형 잡힌 협상 전략이 필요했습니다.

(1) 객관적 데이터 확보

실제 국경선(LAC) 변화 분석

위성 사진 및 군사 정찰 데이터를 활용하여 중국이 영토를 확장하려는 증거를 수집했습니다.

국제 사회의 지지 확보

미국, 일본, 호주 등 쿼드(Quad) 동맹국과의 협력을 통해 중국의 행동을 견제하고 국제적인 지지를 얻고자 했습니다.

(2) 협상 전략 설정

협상가능영역(ZOPA) 분석

인도가 군사적으로 대응할 수 있는 한계를 분석하고, 외교적 해결 가능성을 면밀히 검토했습니다.

비금전적 보상 활용

경제 협력(무역, 투자) 또는 외교적 대화 채널을 활용하여 협상을 유도하는 방안을 고려했습니다.

하이볼(High Ball) 전략

협상 초반에는 즉각적인 철수라는 강경한 대응을 하면서도 단계적인 조정 가능성을 남겨두었습니다.

(3) 협상 태도

강경한 군사적 대응과 외교적 대화를 병행하는 균형 전략을 취했습니다.

중국의 요구를 일방적으로 수용하지 않으면서도, 군사적 충돌을 피할 수 있는 외교적 해결 방안을 모색했습니다.

4. 중국의 협상 준비 전략

중국은 국경 지역에서 군사적 우위를 유지하면서도, 국제 사회의 압력을 최소화하는 전략이 필요했습니다.

(1) 객관적 데이터 확보

국경 지역에서의 역사적 권리 주장 근거 마련: 중국의 지도와 과거 국경 조약을 근거로 자국 영토임을 주장할 자료를 준비했습니다.

국제 여론 대응 전략을 수립하였습니다. 즉 "인도가 먼저 국경을 침범했다"는 논리로 국제적인 비판을 회피하고자 했습니다.

(2) 협상 전략 설정

로우볼(Low Ball) 전략

협상 초기에 군대 철수를 최소화하는 제안을 하고, 협상 과정에서 점진적으로 조정하는 방안을 고려했습니다.

비공식 채널 활용

군사적 긴장 완화를 위해 비공식적인 외교 라인(예:비밀 협상, 정상 간 핫라인)을 활용하는 방안을 모색했습니다.

바트나(BATNA) 확보

만약 협상이 결렬될 경우, 군사력을 계속 유지하며 인도의 압박을 견제할 준비를 했습니다.

(3) 협상 태도

군사적 압박을 지속하면서도, 공식적으로는 평화적 해결을 강조하는 전략을 취했습니다.

필요시 경제적 협력을 제안하여, 협상에서 유리한 위치를 확보하고자 했습니다.

5. 협상 과정 전개

(1) 1차 협상 - 강경한 입장 대립

인도: "중국군은 즉각 갈완 계곡에서 철수해야 합니다. 이는 우리의 영토이며, 군사적 침범을 용납할 수 없습니다."

중국: "갈완 계곡은 역사적으로 중국의 영토입니다. 우리는 방어적 조치를 한 것이며, 인도가 먼저 국경을 넘어왔습니다."

(2) 2차 협상 - 단계적 철수 및 외교적 해결 논의

인도: "양국이 충돌을 피하기 위해, 국경에서 병력을 후퇴시키는 방안을 논의해야 합니다."

중국: "조건부 병력 감축을 검토할 수 있습니다. 하지만, 인도도 군사 시설 확장을 중단해야 합니다."

(3) 최종 합의

여러 차례의 논의 끝에, 양국은 아래의 조건으로 최종 합의에 이르게 되었습니다.

양국은 일정 지역에서 병력을 철수하고, 비무장 완충지대를 설정.

군사적 충돌을 방지하기 위해 외교 채널 강화.

향후 추가 협상을 통해 국경선 문제를 논의하기로 합의.

6. 국경 분쟁 협상의 시사점

이 사례는 국경 분쟁 협상에서 얻을 수 있는 몇 가지 중요한 시사점을 제공합니다.

(1) 군사적 충돌을 방지하면서도, 주권을 지키는 균형 잡힌 전략이 필요하다

인도와 중국 모두 강경한 군사적 대응과 외교적 해결 방안을 병행하여 협상을 진행했습니다. 이는 국가의 이익을 보호하면서도 불필요한 충돌을 피하는 지혜를 보여줍니다.

(2) 국제 사회의 지지를 확보하는 것이 중요하다

인도는 미국, 일본 등의 지지를 활용하여 협상력을 높였으며, 중국도 국제적인 비난을 피하기 위해 외교적 해결을 강조했습니다. 이는 국제 여론이 협상에 미치는 영향을 보여줍니다.

(3) 국경 문제는 단기적인 해결 보다 장기적인 협상 구조가 필요하다

협상 후에도 정기적인 회담과 외교 채널을 유지하여, 갈등을 최소화하는 것이 핵심입니다. 이는 복잡한 국경 문제가 지속적인 관리와 대화를 요구함을 시사합니다.

7. 결론: 국경 분쟁 협상은 외교, 군사, 경제 전략이 복합적으로 작용하는 협상이다

국경 분쟁 해결 협상은 단순한 영토 문제가 아니라, 국가의 주권, 군사력, 외교 관계, 경제적 이익이 모두 얽힌 복잡한 협상입니다. 결국, 강경한 태도와 외교적 해결책을 조화롭게 활용하는 것이 핵심이며, 장기적인 협상 구조를 구축하는 것이 분쟁 해결에서 가장 중요합니다. 이 사례를 통해 국제 협상에서 군사적 위협과 외교적 해법이 어떻게 조화될 수 있는지를 이해할 수 있습니다.

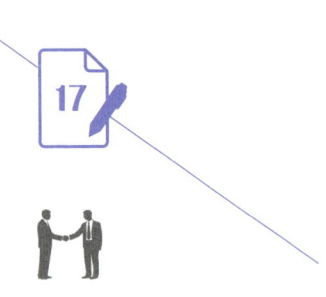

인질·포로 교환 협상 : 실전 사례와 협상 전략

1. 인질·포로 교환 협상의 현실과 중요성

인질 및 포로 교환 협상은 군사적, 정치적, 외교적, 그리고 인도주의적 문제가 복합적으로 얽힌 복잡한 협상입니다. 이 협상은 단순한 인원 교환을 넘어, 국가 간 신뢰 구축, 군사적 균형, 국제법 준수, 그리고 인도주의적 가치 등이 함께 고려되어야 합니다.

(1) 인질·포로 협상이 중요한 이유

인질·포로 협상은 여러 면에서 중요한 의미를 가집니다.

인명 보호

협상의 성공 여부가 인질 또는 포로의 생명과 직결되기 때문입니다.

국가 간 외교적 관계 조율

포로 교환은 갈등 상황에서도 협력과 신뢰를 회복하는 중요한 수단이 될 수 있습니다.

긴장 완화의 출발점

때로는 포로 교환이 군사적 긴장 완화의 첫 단계가 되어 더 큰 대화의 물꼬를 트기도 합니다.

국내 정치적 영향

정부는 자국민 보호를 위해 적극적으로 협상에 임해야 하지만, 상대국과의 협상 과정이 국내 여론이나 국민 정서와 충돌할 수도 있습니다.

2. 사례 개요: 러시아-우크라이나 전쟁 속 포로 교환 협상

(1) 협상의 배경

2022년 러시아의 전면적인 우크라이나 침공 이후 전쟁이 장기화되면서, 양측은 다수의 군인과 민간인을 포로로 억류하고 있습니다. 특히 마리우폴 공방전(2022년 5월) 이후, 우크라이나 군인 수천 명이 러시아군에 포로로 잡혔습니다.

우크라이나는 자국 포로들의 안전한 귀환을 위해 러시아와 협상을 추진하고 있으며, 러시아 역시 자국 포로 송환을 원하고 있습니다. 하지만, 양국 간 전쟁 범죄, 정치적 이해관계, 국내 여론 등이 얽혀 협상이 쉽지 않은 상황입니다.

(2) 각 협상 당사자의 입장과 목표

우크라이나의 목표

마리우폴 등지에서 생포된 자국 군인 및 민간인을 최대한 많이 송환하는 것입니다.

국제사회의 지지를 확보하여 러시아의 전쟁 범죄에 대한 책임을 강조하고자 합니다.

러시아가 포로 교환을 군사적 또는 정치적 지렛대로 활용하는 것을 차단하고자 합니다.

러시아의 목표

자국 포로를 석방하여 군사적·정치적 입지를 강화하는 것입니다.

우크라이나의 특정 지휘관들이 복귀하지 않도록 일부 인물의 교환을 거부하는 전략을 사용합니다.

서방 국가들이 우크라이나에 대한 지원을 줄이도록 외교적으로 활용하고자 합니다.

3. 우크라이나의 협상 준비 전략

우크라이나는 포로 교환을 통해 군사적, 정치적, 도덕적 정당성을 확보하는 협상 전략이 필요합니다.

(1) 객관적 데이터 확보

억류된 포로들의 정확한 목록을 정리하고 생존 여부를 확인합니다.

국제 인권단체(예: 적십자)와 협력하여 포로들에 대한 인도적 지원을 요청합니다.

러시아에 억류된 포로들의 인권 침해 사례를 조사하여 협상 과정에서 활용할 수 있는 자료로 준비합니다.

(2) 협상 전략 설정

협상가능영역(ZOPA) 분석

러시아가 석방을 거부할 가능성이 높은 포로 목록(예: 전쟁 범죄자로 간주하는 인물)을 파악합니다.

교환 가능한 인원수를 파악하여 실질적인 협상 가능 범위를 설정합니다.

비금전적 보상 활용

러시아 포로 송환 외에, 특정 지역에서의 휴전 설정이나 인도적 지원 제공 등의 비금전적 옵션을 추가할 가능성을 검토합니다.

하이볼(High Ball) 전략

협상 초기에 최대한 많은 포로의 석방을 요구하되, 이후 조정할 여지를 남겨둡니다.

(3) 협상 태도

강경한 입장을 유지하는 동시에 인도주의적 차원의 협상임을 강조합니다.
국제 사회의 압력을 적극적으로 활용하여 러시아가 협상에 응하도록 유도합니다.

4. 러시아의 협상 준비 전략

러시아는 포로 교환을 전략적 도구로 활용하여 군사적·정치적 이익을 극대화하려는 협상 전략이 필요합니다.

(1) 객관적 데이터 확보

우크라이나가 러시아 포로를 어떻게 대우하고 있는지에 대한 정보를 수집합니다.
서방 국가들이 포로 교환에 대해 어떤 입장을 취하고 있는지 분석합니다.

(2) 협상 전략 설정

로우볼(Low Ball) 전략

협상 초반에는 우크라이나 군인의 대규모 석방 요구에 대해 신중한 태도를 보이며 협상 주도권을 확보합니다.

비금전적 보상 활용

우크라이나가 포로 교환 외에 경제적 또는 군사적 양보를 하도록 유도하는 방안을 모색합니다. 특정 지역에서의 휴전 조건 추가를 고려합니다.

바트나(BATNA) 확보

협상이 결렬될 경우, 포로를 활용한 심리전(예:선전전, 인질 활용 등)을 지속할 준비를 합니다.

(3) 협상 태도

강경한 태도를 보이면서도, 대화의 여지를 남기는 전략을 취합니다.
서방 국가들이 우크라이나에 대한 지원을 줄이도록 외교적 압력을 병행합니다.

5. 협상 과정 전개

러시아–우크라이나 전쟁 속 포로 교환 협상은 지속적인 갈등 속에서도 인도주의적 차원에서 꾸준히 진행됐습니다. 특히 2025년 5월과 6월에는 대규모 교환이 많은 주목 속에 이루어졌습니다.

(1) 이스탄불 평화 회담에서의 합의

2025년 5월과 6월 초 튀르키예 이스탄불에서 열린 직접 평화 회담에서 양측은 휴전에는 이르지 못했지만, 인도주의적 차원의 중요한 합의를 도출했습니다. 여기에는 1,000명의 포로 교환과 함께, 양측에서 각각 6,000구의 전사자 시신을 교환하는 계획이 포함되었습니다. 또한, 중증 부상자, 25세 미만 포로의 석방을 우선시하기로 합의했습니다.

(2) 대규모 포로 교환 (2025년 5월)

2025년 5월 23일, 러시아의 전면 침공 이후 가장 큰 규모의 포로 교환이 시작되었습니다. 이 첫 단계에서 270명의 우크라이나 군인과 120명의 민간인이 우크라이나로 귀환했습니다. 다음 날인 5월 24일에는 러시아 국방부가 307명의 우크라이나 포로를 석방하고, 그 대가로 307명의 러시아 군인을 돌려받았다고 발표했습니다.

(3) 전사자 시신 교환 (2025년 6월)

6월 초, 러시아는 1,212구의 우크라이나 전사자 시신을 돌려보냈으나, 러시아 측은 27구의 시신만을 돌려받았다고 주장했습니다. 6월 13일에도 러시아는 1,200구의 우크라이나 전사자 시신을 추가로 반환했으나, 이번에도 러시아 측은 우크라이나로부터 시신을 돌려받지 못했다고 주장했습니다.

(4) 협상 과정의 어려움

이러한 교환이 이루어지는 동안에도 양측은 상대방이 협상 조건을 일방적으로 지시하거나, 막판에 교환을 연기하려 한다고 비난하며 긴장감을 드러냈습니다. 포로 교환은 전쟁 중에도 양국 간 직접적인 협력이 이루어지는 몇 안 되는 분야 중 하나이지만, 여전히 지상에서의 전투와 공습은 계속되고 있습니다.

6. 인질·포로 협상의 시사점

이 사례는 인질·포로 협상에서 얻을 수 있는 몇 가지 중요한 시사점을 제공합니다.

(1) 감정적 대응을 피하고 현실적인 협상 전략이 중요하다

양국은 초기에는 강경했으나, 실질적인 교환 가능성과 인도주의적 필요성을 고려하여 협상을 진행했습니다. 이는 극한 상황에서도 감정보다는 현실적인 목표 설정이 중요함을 보여줍니다.

(2) 포로 교환 협상에서는 국제 사회의 압력이 큰 역할을 한다

우크라이나는 서방 국가 및 국제 적십자사 등의 지원을 받아 협상력을 높였습니다. 러시아 역시 국제적인 비판을 피하기 위해 협상 가능성을 열어두는 모습을 보였습니다.

(3) 포로 협상은 정치적, 군사적, 인도적 요소가 맞물린 복합적 협상이다.

단순한 인원 교환을 넘어, 군사적 및 외교적 영향까지 고려해야 하는 복합적인 협상입니다. 포로의 신분(군인, 민간인, 지휘관 등)과 그들의 가치가 협상에 미치는 영향이 큽니다.

7. 결론: 인질·포로 교환 협상은 신뢰와 전략이 핵심이다

포로 교환 협상은 국가의 군사적·정치적 입장과 인도주의적 가치가 교차하는 복잡한 협상입니다. 이 협상에서는 감정적인 접근보다는 철저한 전략과 현실적인 조정이 필수적이며, 국제 사회의 압력과 상호 신뢰 구축이 협상 성공의 중요한 열쇠가 됩니다. 이 사례를 통해 전쟁과 외교가 맞물린 협상의 본질을 깊이 이해할 수 있습니다.

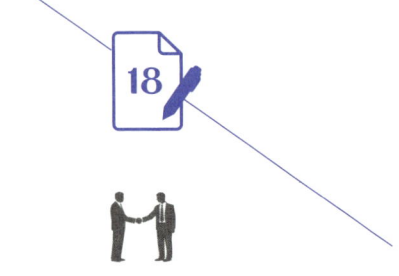

국제 원조 및 개발 협상: 실전 사례와 협상 전략

1. 국제 원조 및 개발 협상의 현실과 중요성

국제 원조 및 개발 협상은 선진국과 개발도상국 간의 경제적 지원을 조율하는 중요한 과정입니다. 이는 단순한 금전적 지원을 넘어 경제 발전, 정치적 영향력, 지속 가능한 개발, 그리고 국제 관계 강화 등의 요소가 복합적으로 결합된 다면적인 협상입니다.

(1) 국제 원조 협상의 주요 유형

국제 원조 협상은 다양한 형태로 이루어집니다.

양자 원조(Bilateral Aid)

특정 국가가 다른 국가에 직접 개발 지원을 제공하는 협상입니다. 예를 들어, 일본이 동남아시아 국가에 인프라 건설을 지원하는 경우가 이에 해당합니다.

다자 원조(Multilateral Aid)

유엔(UN), 국제통화기금(IMF), 세계은행(WB)과 같은 국제기구를 통해 여러 국가가 참여하는 다국적 개발 지원 협상입니다. 세계은행의 빈곤 퇴치 프로그램이 대표적인 예입니다.

긴급 인도적 지원(Humanitarian Aid)

자연재해, 전쟁, 기근 등의 위기 상황에 대응하기 위한 긴급 지원 협상입니다. 유엔의 난민 지원 협상이 여기에 속합니다.

(2) 국제 원조 협상이 중요한 이유

국제 원조 협상은 여러 면에서 중요한 의미를 가집니다.

개발도상국의 경제 및 사회 발전 촉진

원조는 개발도상국이 빈곤을 극복하고 사회 기반 시설을 구축하며 교육 및 보건 수준을 향상시키는 데 필수적인 역할을 합니다.

선진국의 정치적 · 경제적 영향력 확대

원조는 공여국이 국제 사회에서 자국의 정치적 입지를 강화하고, 장기적으로는 무역 및 투자 기회를 확대하는 데 이바지할 수 있습니다.

지속 가능한 개발과 글로벌 안정성 유지

환경 보호, 기후변화 대응, 질병 퇴치 등 전 지구적 문제 해결에 기여하며, 이는 궁극적으로 글로벌 안정성을 유지하는 데 도움이 됩니다.

그러나 국제 원조 협상에서는 선진국의 원조 조건, 수원국((受援國, 개발도상국)의 자주권 침해 우려, 부패 가능성, 그리고 원조의 지속 가능성 여부 등 다양한 논쟁이 발생할 수 있습니다.

2. 사례 개요: 유럽연합(EU)과 아프리카연합(AU)의 인프라 개발 협상

(1) 협상의 배경

유럽연합(EU)과 아프리카연합(AU) 간의 인프라 개발 협상 사례를 살펴보겠습니다. 유럽연합은 아프리카연합과의 경제 협력을 강화하기 위해, 500억 유로 규모의 인프라 개발 지원을 추진했습니다. EU는 아프리카 국가들이 경제적으로 성장하면서 유럽과의 무역 기회가 확대될 것을 기대했습니다. 특히, 중국이 아프리카에서 적극적으로 인프라 투자를 확대하고 있었기 때문에, EU는 중국과의 경쟁에서도 우위를 점하고자 했습니다. 아프리카연합(AU)은 대규모 자금 지원을 환영했지만, 원조 조건과 잠재적인 정치적 개입에 대한 우려를 가지고 있었습니다.

(2) 각 협상 당사자의 입장과 목표

유럽연합(EU)의 목표

아프리카의 경제 발전을 지원하면서 유럽과의 경제적 관계를 강화하는 것입니다.
중국의 '일대일로(一帶一路)' 프로젝트에 대응하여 유럽의 영향력을 유지하고자 합니다.
원조 집행의 투명성을 확보하고 반부패 기조를 유지하는 데 중점을 두는 것입니다.

아프리카연합(AU)의 목표

최대한 많은 원조를 유리한 조건으로 확보하는 것입니다.
유럽의 정치적 개입 없이 자주적인 개발 프로젝트 운영을 보장받고자 합니다.
중국과 EU를 경쟁시켜 더 나은 원조 조건을 협상하고자 합니다.

3. 유럽연합(EU)의 협상 준비 전략

EU는 중국의 영향력을 견제하면서도, 원조가 실질적으로 효과를 거둘 수 있도록 전략적인 접근이 필요했습니다.

(1) 객관적 데이터 확보

아프리카 경제 발전 수준 및 필요한 자금 규모를 분석했습니다.
중국의 투자 방식과 그에 따른 문제점(예: 부채 부담 증가)을 조사했습니다.
EU의 원조가 아프리카에 미칠 경제적 효과를 연구했습니다.

(2) 협상 전략 설정

협상가능영역(ZOPA) 분석

개발 프로젝트 운영 방식 조정 가능성을 검토했습니다.

EU 원조 자금 사용의 투명성을 유지하면서도, AU의 독립성을 인정할 수 있는 방안을 탐색했습니다.

비금전적.보상 활용

기술 이전, 유럽 대학 장학금 지원, 아프리카 기업의 유럽 시장 진출 기회 제공 등 비금전적 지원을 협상 카드로 활용할 가능성을 고려했습니다.

로우볼(Low Ball) 전략

협상 초기에 엄격한 원조 조건을 제시한 후, 점진적으로 조정할 여지를 남겨두었습니다.

(3) 협상 태도

중국과의 비교 우위(예: 부채 부담 없이 지속 가능한 개발 지원)를 강조했습니다.

장기적인 협력 관계를 강조하면서, 단기적인 성과보다는 지속 가능한 개발을 우선순위로 설정했습니다.

4. 아프리카연합(AU)의 협상 준비 전략

아프리카연합은 최대한 유리한 원조 조건을 확보하면서, 경제적·정치적 독립성을 유지하는 전략이 필요했습니다.

(1) 객관적 데이터 확보

아프리카 내 중국 원조의 성공 및 실패 사례를 분석했습니다.

EU 외에도, 미국, 일본 등 다른 원조 제공국과의 비교 분석을 통해 협상력을 높였습니다.

아프리카 국가들이 요구하는 인프라 프로젝트의 우선순위를 정리했습니다.

(2) 협상 전략 설정

하이볼(High Ball) 전략

협상 초기에 더 많은 원조 금액과 유연한 조건을 요구한 후, 점진적으로 조정할 가능성을 남겨두었습니다.

비금전적 보상 활용

유럽 기업이 아프리카에서 사업할 기회를 제공하는 대신, 아프리카 기업도 유럽 시장에서 성장할 기회를 보장받도록 요구했습니다.

바트나(BATNA) 확보

EU가 불리한 조건을 제시할 경우, 중국 또는 다른 국가의 원조로 대체할 가능성을 열어두어 협상력을 강화했습니다.

(3) 협상 태도

EU의 정치적 개입을 최소화하는 방향으로 협상을 유도했습니다.

장기적인 개발 계획을 강조하여, 단기적인 지원보다는 지속 가능한 협력을 요구했습니다.

5. 협상 과정 전개

(1) 1차 협상 - 원조 규모 및 조건 논의

EU: "우리는 500억 유로 규모의 원조를 제공할 준비가 되어 있습니다. 하지만, 개발 프로젝트는 투명하게 운영되어야 합니다."

AU: "자금 지원은 환영하지만, 원조 조건이 너무 엄격하면 실질적인 개발이 어려워질 수 있습니다. 또한, 우리는 우리의 방식으로 개발을 추진하고 싶습니다."

(2) 2차 협상 - 원조 방식 조정 및 대안 제시

AU: "우리는 EU의 원조를 받되, 일부 프로젝트는 자체적으로 운영할 수 있도록 보장받고 싶습니다."

EU: "그렇다면, 특정 인프라 프로젝트는 아프리카 주도로 운영하되, 투명한 감시 시스템을 도입하여야 합니다."

(3) 최종 합의
여러 차례의 논의 끝에, EU와 아프리카연합은 아래의 조건으로 최종 합의에 이르게 되었습니다.

EU는 500억 유로 원조 제공, 일부 프로젝트는 AU가 주도적으로 운영
EU의 기술 지원과 교육 협력 포함
AU는 투명한 원조 집행을 위해 감시 시스템 도입에 동의

6. 국제 원조 및 개발 협상의 시사점
이 사례는 국제 원조 및 개발 협상에서 얻을 수 있는 몇 가지 중요한 시사점을 제공합니다.

(1) 단순한 자금 지원이 아니라, 지속 가능한 개발 전략이 필요하다
EU는 단기적인 지원에 그치지 않고, 기술 지원, 교육 협력 등을 포함하여 장기적인 협력을 강조했습니다. 이는 원조의 효과를 극대화하고 수원국의 자립을 돕는 데 중요합니다.

(2) 수원국(AU)의 협상력 강화를 위해 다자적 협상 전략이 필요하다
AU는 EU 외에도 중국, 미국 등 다른 원조 제공국과의 비교를 통해 협상력을 높였습니다. 이는 수원국이 다양한 선택지를 활용하여 유리한 조건을 확보할 수 있음을 보여줍니다.

(3) 원조 협상에서는 경제적, 정치적 요소가 더해진 복합적 접근이 필요하다

단순한 개발 원조가 아니라, 무역, 교육, 정치적 독립성 등의 요소까지 종합적으로 고려해야 합니다. 이는 국제 개발 협상이 단순한 재정 지원을 넘어선 복합적인 이해관계 조정 과정임을 시사합니다.

7. 결론: 국제 원조 협상은 경제적 협력과 정치적 전략이 맞물린 협상이다

국제 원조 및 개발 협상은 수원국의 경제적 발전과 공여국의 정치·경제적 이익이 맞물리는 협상입니다. 이 협상에서 수원국은 최대한 자주성을 유지하면서 유리한 조건을 확보하고, 공여국은 장기적인 협력 관계를 구축하는 것이 핵심 전략입니다. 이 사례를 통해 국제 개발 협상이 단순한 재정 지원이 아니라, 복합적인 이해관계 조정 과정임을 이해할 수 있습니다.

비대면(화상 포함, 전화 또는 이메일)협상

비대면 협상이 일반화되면서 협상의 본질과 과정에도 여러 가지 중요한 변화가 나타나고 있습니다. 특히 전화, 이메일, 영상회의와 같은 비대면 협상(Non Face-To-Face Negotiation)은 대면 협상(Face-To-Face Negotiation)과는 분명한 차이가 있으며, 이에 맞는 전략적 대응이 필요합니다. 아래에 그 차이점과 주의사항을 구체적으로 설명합니다.

1. 대면 협상 vs 비대면 협상의 주요 차이점

주요 차이점을 보면 다음과 같습니다.

항목	대면 협상(Face-to-Face)	비대면 협상(Non Face-to-Face)
비언어적 단서	표정, 제스처, 눈빛, 목소리 톤 등 다양한 비언어적 정보 활용 가능	비언어적 정보가 제한됨 (특히 전화/이메일 협상은 거의 없음)
관계 형성	신뢰, 라포(rapport) 형성 용이	정서적 연결이 약하고 신뢰 형성에 시간 필요
즉각적 피드백	반응을 실시간으로 관찰하고 조정 가능	응답 지연으로 인해 오해 가능성 증가
협상 속도	빠르게 협상이 진행되고, 돌발 상황에도 유연하게 대처 가능	템포 조절이 어렵고, 결정에 시간이 걸림
문서화 수준	구두 약속 중심 → 사후 메모 필요	대부분의 내용이 자동으로 기록되어 증거로 남음

2. 비대면 협상에서의 주의사항 및 전략

(1) 커뮤니케이션의 명확성 확보

비대면 환경, 특히 이메일이나 문자 메시지에서는 문맥의 뉘앙스가 잘 전달되지 않아 오해가 생기기 쉽고, 공격적으로 해석될 수 있는 문장은 피해야 합니다. 이를 방지하려면 중요한 메시지는 반복해서 요약하거나 항목별로 명확히 전달해야 합니다. 또한, 감정적인 표현보다는 중립적이고 논리적인 언어를 사용하는 것이 좋으며, 확인 요청' '명확히 하고 싶은 부분' '이해한 바가 맞는지' 와 같은 표현으로 상대방이 제대로 이해했는지 주기적으로 점검해야 합니다.

(2) 신뢰 구축에 시간과 노력 투자

대면 협상과 달리, 비대면 협상에서는 상대방과의 인간적인 연결이 약해 신뢰가 쉽게 쌓이지 않습니다. 신뢰를 구축하려면 상대방의 입장을 요약해서 다시 언급하는 공감적 피드백을 자주 활용해야 합니다. 합의된 내용은 반드시 정리하여 회신함으로써 약속을 지키는 신뢰를 쌓고, 영상회의 시에는 카메라를 켜고 시선을 맞추며 진정성을 보이는 것이 중요합니다.

(3) 기술적 문제에 대한 철저한 대비

인터넷 불안정, 음성 끊김, 화면 공유 오류 등 기술적인 문제는 협상의 흐름을 끊고 집중력을 떨어뜨릴 수 있습니다. 협상 전에 미리 기기를 점검하고, 혹시 모를 상황을 대비해 전화 연결과 같은 예비 채널을 확보해 두세요. 또한, 협상 내용을 공유 문서 형태로 실시간으로 함께 정리하면 오류를 줄이고 협의 과정을 투명하게 만들 수 있습니다.

(4) 기록성과 투명성 적극 활용

비대면 협상에서는 모든 내용이 기록으로 남기 때문에 말실수나 약속 불이행은 상대방의 불신을 쉽게 일으킬 수 있습니다. 따라서 모든 합의 사항은 반드시 문서로 만들어 상대방의 재확인을 받아야 합니다. 협상 초안부터 최종 합의까지 모든 변경 사항을 체계적으로 기록(협상 로그 관리)하여 투명성을 유지하는 것이 중요합니다.

(5) 비언어적 신호 보완 전략 마련

표정이나 목소리의 억양 등 비언어적인 신호가 전달되지 않으면 의도가 왜곡될 수 있습니다. 전화 협상 시에는 목소리의 톤, 속도, 쉼표 등을 의도적으로 조절하여 메시지를 더욱 풍부하게 전달해야합니다. 또 영상 협상에서는 적극적으로 고개를 끄덕이거나 메모를 보여주는 등 시각적인 반응을 강화하여 비언어적 소통의 한계를 보완해야 합니다.

3. 비대면 협상의 유형별 주의 포인트

비대면 협상의 유형별 주의 사항은 아래와 같습니다.

유형	장점	단점	협상 팁
전화 협상	빠른 피드백, 실시간 조율 가능	비언어 정보 부족, 말실수 리스크	명확한 구조로 말하고, 요점을 정리해 반복 확인
이메일 협상	시간 여유, 기록 자동화	감정 전달 어려움, 오해 소지 큼	항목화된 명확한 문장 사용, 감정적 표현 자제
영상 협상	표정과 톤 전달 가능	기술 문제, 화면 밖 정보 한계	배경, 의상, 시선 등도 비언어 정보로 작용함

4. 결론

비대면 협상은 효율성과 기록성이라는 장점이 있지만, 신뢰 형성의 어려움, 비언어적 소통의 한계라는 단점도 가지고 있습니다. 따라서 단순히 기술을 도입하는 데 그칠 것이 아니라, 비대면 상황에서의 심리적 거리감을 좁히고, 커뮤니케이션 오류를 최소화하기 위한 전략적 접근이 필수입니다.

특히, 정확한 문서화, 공감적 커뮤니케이션, 예측 가능한 구조 제공, 기술적 준비가 성공적인 비대면 협상의 핵심입니다.

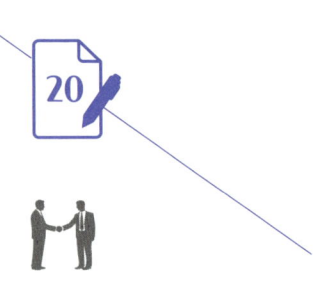

비대면 협상에서 상대가 약속을 자주 어기거나
응답이 느린 경우 대처방안

비대면 협상에서 상대방이 자주 약속을 어기거나 응답이 지연되는 경우, 이는 단순한 소통 오류를 넘어 신뢰 훼손과 협상 실패로 이어질 수 있는 위험 신호입니다. 그러나 무작정 관계를 단절하기보다는, 전략적으로 대응하여 협상 흐름을 복원하거나, 위험 요소를 조기에 관리하는 방향으로 접근합니다. 아래에 실무적으로 유용한 대응 전략을 단계별로 정리해드립니다.

1. 단계별 주요 사항

(1) 1단계: 사실 확인과 해석 명확화
상대방의 늦은 응답이 고의인지, 상황 때문인지 확인이 우선입니다.

예시: "○○님, 최근 일정이 많이 바쁘신 것 같습니다. 혹시 제안에 대한 논의가 부담스러운 시점일까요?"

"이전 일정에 대해 아직 회신이 없으셔서 확인차 연락드립니다. 혹시 내부 검토 중이신지요?"

→ 정중하면서도 책임 회피성 응답을 막는 질문 방식이 효과적입니다.

(2) 2단계: 협상의 '프레임'을 재정립

지연이 반복될 경우, 협상의 규칙과 기대치를 명확히 설정해야 합니다.

예시: "원활한 진행을 위해 서로 일정한 속도를 유지하는 것이 중요하다고 생각합니다. 논의가 계속 지연되면 저희도 검토 경로를 다시 설정해야 할 수 있습니다."

포인트: 강한 압박이 아니라, 협상의 구조적 흐름을 회복하겠다는 의지 표현입니다.

(3) 3단계: 비선형 대응-채널 및 담당자 전환

지속적인 지연 또는 무응답 시, 협상 채널을 바꾸거나, 다른 관계자를 요청하는 것도 방법입니다.

예시: "혹시 ○○님 외에 함께 논의할 수 있는 분이 계시다면 함께 연결해주실 수 있을까요?"

"메일이나 메시지 외에도 짧은 영상 브리핑이나 전화를 드리는 방식을 고려해도 괜찮으실까요?"

→ 상대의 반응 방식을 바꾸게 유도하면서도, 압박을 느끼지 않게 유연하게 접근합니다.

(4) 4단계: 바트나(BATNA) 가동 또는 부분 협상 분리

상황이 개선되지 않을 경우, 협상 전체를 끌고 가지 말고 일부를 분리하거나 대체안을 구체화합니다.

예시: "본 건은 시일이 더 필요해 보이니, 일단 A안만 먼저 협의 마무리하고, B안은 추후로 넘기면 어떨까요?"

"혹시 이 건이 성사되지 않더라도, 내부적으로 다른 파트너사 검토를 병행해야 할 시점이긴 합니다."

→ 협상 종료 경고가 아니라, 협상 진행 조건을 구체화하는 방법입니다.

2. 실제 대응 이메일 예시

제목: 진행 관련 확인 요청드립니다

안녕하세요, ○○님.

지난 주에 공유드린 제안에 대한 논의 일정이 아직 정리되지 않아 확인차 연락드립니다.

혹시 내부 사정이 있으시다면 일정 조정도 가능하니 부담 없이 말씀 부탁드립니다.

다만, 일정 지연이 오래될 경우, 본 건은 저희도 일정상 대안을 검토해야 할 수 있어,

이 부분 함께 고려 부탁드리겠습니다.

감사합니다.

3. 결론

핵심은 '조용한 단호함 + 유연한 문맥'입니다.

비대면 상황에서는 감정이나 긴장감이 전달되기 어려운 만큼, 메시지는 반드시 '이해'와 '책임'이 공존하도록 조율해야 합니다.

비대면 협상에서 상대의 의도적 지연 전략
대응 방법

상대방이 비대면 협상에서 의도적으로 '지연 전략(Delay Tactic)'을 활용하고 있다면, 이는 매우 정교한 협상 기술 중 하나로 볼 수 있습니다. 핵심은 상대가 단순히 바쁜 것인지 아니면 전략적으로 시간을 끌면서 유리한 위치를 확보하려는 것인지를 구분하고, 주도권을 빼앗기지 않고 대응하는 것입니다. 아래에 실제 협상 실무에 기반한 구분법과 대응 전략을 구체적으로 정리해 드립니다.

1. 상대가 의도적으로 지연하고 있는지 '판별'하는 방법

다음과 같은 행동이 반복된다면, 단순한 일정 문제를 넘어 전략적 지연 전술일 가능성이 높습니다.

(1) 반복적으로 '내부 검토 중'이라는 모호한 표현 사용

→ 구체적인 일정, 결정권자, 진행 프로세스가 명확하지 않음

예시: "그 안건은 내부에서 아직 논의 중입니다. 다음 주쯤 다시 말씀드릴게요."

(2) 대안 제시는 하지 않고, 피드백만 늦게 전달

→ 구체적인 제안이나 해결책은 내놓지 않은 채, 피드백만 느리게 주고 시간을 지연시킴

예시: "그 안건은 잘 검토하고 있습니다. 조금만 더 시간을 주세요."

이 경우 검토 중이라는 말은 하지만, 구체적으로 무엇이 문제인지, 어떻게 바꾸면 수용 가능한지는 제시하지 않습니다. 이는 시간만 계속 끌고, 상대방이 먼저 양보하도록 유도하려는 것입니다.

(3) 새로운 정보 요청이나 조건 변경을 계속 제안

→ 요구 조건을 늘려 협상 일정을 지연시키고, 당신의 협상력을 약화시키려는 의도

(4) 타이밍 조절을 통해 "유리한 시장(상황)"을 기다리는 흔적

→ 예시: 환율, 계절성 수요, 경쟁사 동향 등 외부 환경 변화에 맞춰 지연

2. 협상 지연 전략의 숨은 의도

지연 전략의 목적을 정리하면 다음과 같습니다.

지연 전략의 목적	설명
정보 수집	상대의 바람과 한계치를 더 많이 알기 위한 시간 벌기
협상력 약화 유도	당신이 조급해져서 양보하도록 유도
대체 옵션 확보	당신의 제안보다 더 나은 옵션을 찾는 동안 시간 벌기
외부 변수 기다리기	예: 이자율, 정책 변화, 환율 안정 등 대외 여건의 개선

3. 전략적 지연에 '효율적으로 대응'하는 방법

(1) 타임라인 설정을 명확히 제시하기

"○○ 안건은 언제까지 답변을 주시면, 저희도 내부 결정을 맞출 수 있습니다. 혹시 그 전에 논의 일정이 가능하신가요?"

협상 마감일을 조용히 설정하면서도 상대의 대응을 끌어낼 여지를 남깁니다.

(2) 바트나(BATNA)를 언급하되, 위협적으로 들리지 않게 표현하기

"진행이 장기화될 경우, 내부에서는 유사 안건을 병행 검토하게 될 수도 있을 것 같습니다. 함께 진행할 수 있는 방식이 더 좋다고 판단하고 있습니다."

협상 파트너십 선호를 유지하면서도 선택지가 있다는 점을 상기시키는 표현입니다.

(3) 부분 합의 전략 활용

"전체 안건이 부담되신다면, 먼저 A안만 정리하고 B안은 다음 라운드에서 논의해볼 수 있을까요?"

상대의 지연 의도에 따라 협상 주제를 분리하여 '진행 중인 협상'으로 유지합니다.

(4) 의도적 침묵을 '비용'으로 전환하기

"지금 논의가 지연되면, 일정상 4월 출시 시점에 맞출 수 없습니다. 이런 경우 저희도 별도 프로젝트를 재조정해야 해서, 이 안건은 3월 안에 마무리되었으면 합니다."

지연이 상대방에게도 실질적 손실로 이어질 수 있다는 점을 정중하게 전달합니다.

4. 비대면 협상에서 지연 전략을 '기회'로 전환하는 팁

이메일→ 전화→ 화상회의 순으로 협상 채널을 변화하면 좋습니다. 즉, 지연이 심한 경우 비대면에서도 비언어적 신호를 공유할 수 있는 방식으로 전환이 효과적입니다.

상대의 지연 속도에 맞춰 '유리한 정보'만 선별적으로 공개하는 것도 필요합니다. 지나치게 많은 정보를 미리 공유하면 오히려 협상 주도권을 넘겨주게 됩니다.

5. 실제 이메일 예시

제목: 협상 일정 관련 제안드립니다

안녕하세요 ○○님,

앞서 공유드린 제안안 관련 일정이 다소 지연되고 있는 듯하여, 협의의 방향을 정리해보는 것이 어떨까 싶습니다.

내부 일정상 ○○일까지는 1차 안건(A안)에 대해 조율이 필요하여, 그 시점까지 A안에 대해 의견이나 방향(예: 수용 여부, 조정 사항 등)을 주실 수 있으면 가장 좋겠습니다.

만약 현재 진행이 어렵다면, B안은 잠시 보류하고 A안만 우선 논의해도 좋습니다.

함께 좋은 결과로 마무리되기를 기대하겠습니다.